FACULTÉ DE DROIT DE PARIS.

DE L'EXPROPRIATION

POUR CAUSE D'UTILITÉ PUBLIQUE

ENVISAGÉE DANS SON ENSEMBLE

EN DROIT ROMAIN

ET CONSIDÉRÉE SPÉCIALEMENT

EN DROIT FRANÇAIS

AU POINT DE VUE DE LA TRANSLATION DE PROPRIÉTÉ ET DE SES
EFFETS À L'ÉGARD DES TIERS.

THÈSE

POUR LE DOCTORAT

PRÉSENTÉE ET SOUTENUE

PAR

PAUL AUVRAY.

POITIERS

TYPOGRAPHIE DE HENRI OUDIN

RUE DE L'ÉPERON, 4.

1867

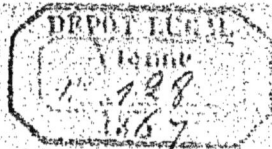

FACULTÉ DE DROIT DE PARIS.

DE L'EXPROPRIATION

POUR CAUSE D'UTILITÉ PUBLIQUE

ENVISAGÉE DANS SON ENSEMBLE

EN DROIT ROMAIN

ET CONSIDÉRÉE SPÉCIALEMENT

EN DROIT FRANÇAIS

AU POINT DE VUE DE LA TRANSLATION DE PROPRIÉTÉ ET DE SES
EFFETS A L'ÉGARD DES TIERS,

THÈSE POUR LE DOCTORAT

PRÉSENTÉE ET SOUTENUE

EN PRÉSENCE DE M. L'INSPECTEUR GÉNÉRAL GIRAUD

LE LUNDI 26 AOUT 1867, A 9 HEURES ET DEMIE

PAR

PAUL AUVRAY

Né à Fondettes-Vallières (Indre-et-Loire).

PRÉSIDENT, M. VUATRIN, PROFESSEUR.

SUFFRAGANTS :
MM. PELLAT. . . .
VALETTE. . . } PROFESSEURS.
ORTOLAN. . .
ACCARIAS. . . . AGRÉGÉ.

POITIERS
TYPOGRAPHIE DE HENRI OUDIN
RUE DE L'ÉPERON, 4.
1867

C.

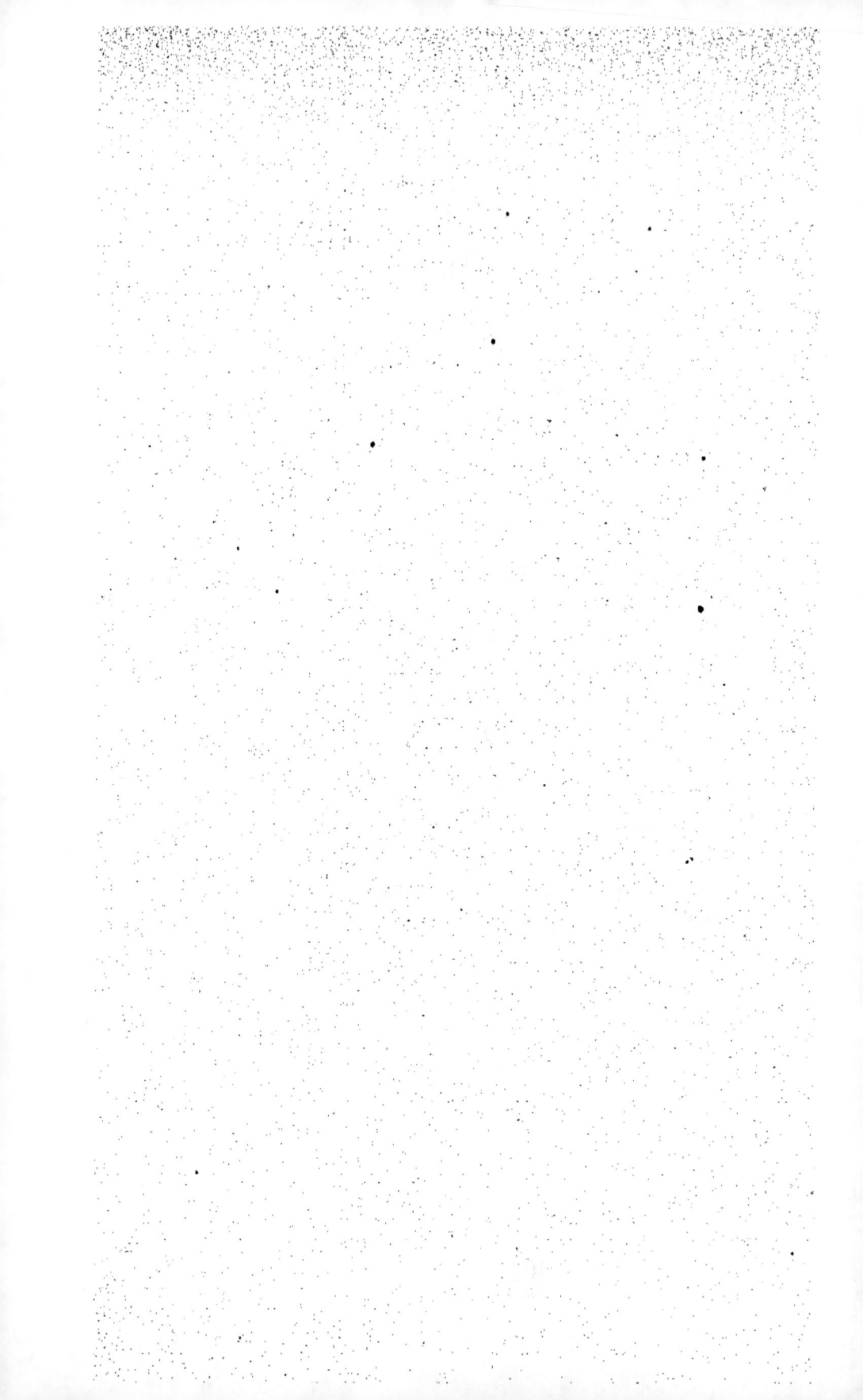

A LA MÉMOIRE DE MON GRAND-PÈRE

LE VICOMTE DE VILLIERS DU TERRAGE.

—

A LA MÉMOIRE DE MON PÈRE.

—

A MA MÈRE.

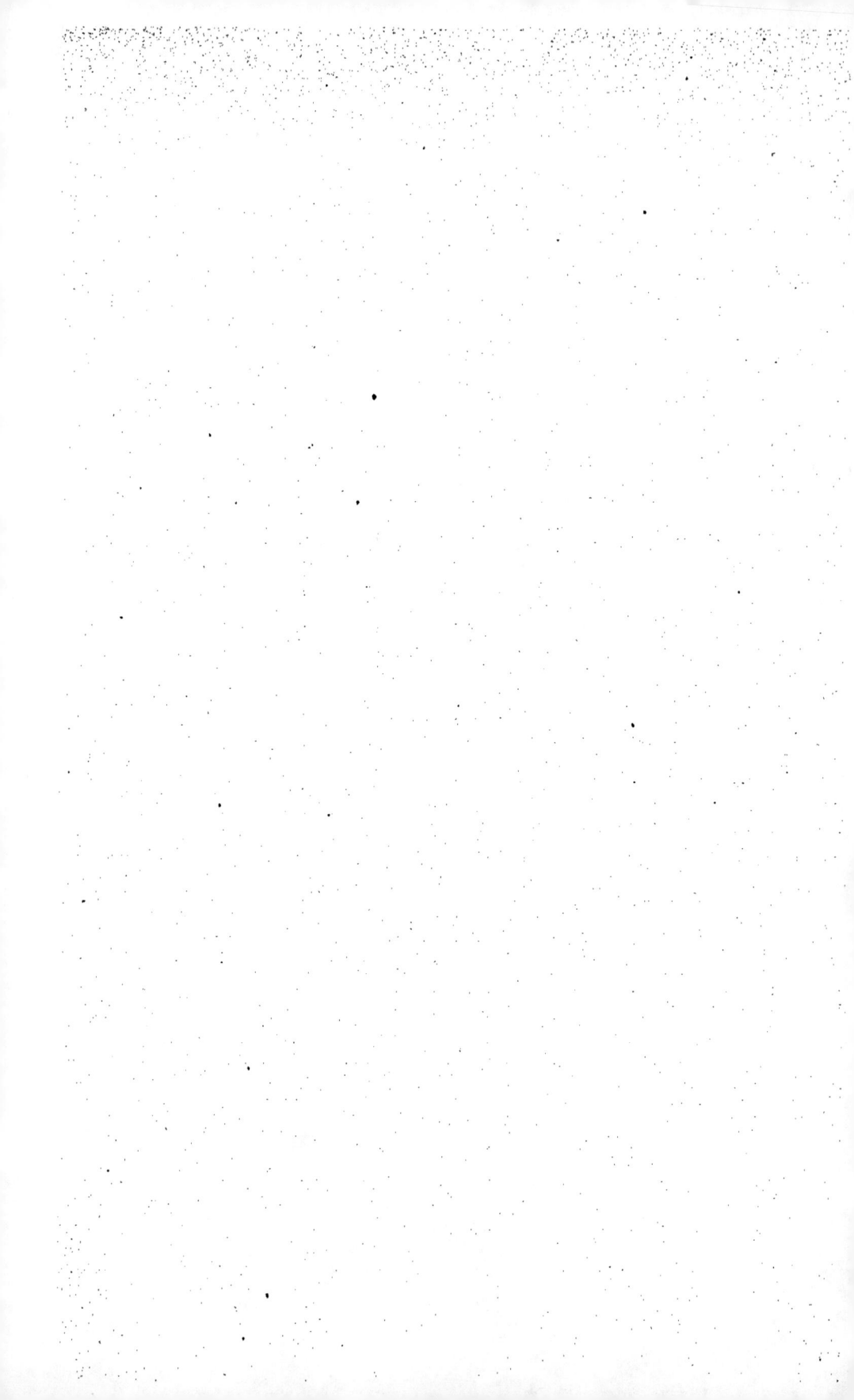

INTRODUCTION.

Si le droit de propriété, eu égard à l'individu pris isolément, se comprend instinctivement et à première vue, comme absolu et exclusif, ce droit, eu égard à l'homme considéré comme membre de la société, ne peut être admis sans restrictions ni sans limites; formée du concours de tous, cette société réclame la contribution de tous, et impose à chacun quelque abandon de son intérêt personnel.

L'antagonisme de droits aussi également considérables, nécessaires, légitimes, est bien digne d'attirer et de retenir l'attention; c'est cet antagonisme qui donne naissance à la multitude de sacrifices entiers ou partiels que le bien public peut réclamer des citoyens pris isolément.

L'expropriation est au nombre de ces sacrifices. Autant qu'aucun d'eux, elle n'est particulière ni à une région ni à une époque; ses conditions, ses formes, sont mobiles, mais, plus ou moins elle est de tous les temps et de tous les pays, et chaque homme qui y pense peut se dire en suite de cette réflexion, que nul n'en est à l'abri : *De mea re agitur*.

Si, comme on l'a dit, le secret de la vie est dans des conciliations en apparence difficiles, il serait infiniment curieux et non inutile de s'enquérir sur ce fait de l'expropriation, de ce que dans des situations différentes ont été les règles de ces conciliations; de noter comment les époques, les races, les formes de gouvernement ayant varié, l'équité, l'habileté des solutions a varié pareillement, et surtout quel plateau de la balance a pu successivement l'emporter, et comment les exigences ont prévalu, tantôt d'un côté, tantôt de l'autre; on trouverait là des enseignements

1

sur l'état normal, sur l'état de prospérité des peuples ; la philo-
sophie, l'histoire, la politique, l'économie politique, la jurisprudence pourraient se donner la main dans ces recherches.

Le but de ce travail est loin d'être aussi ambitieux ; bien que
l'expropriation, ainsi qu'il vient d'être remarqué, ne soit déjà
qu'un démembrement d'un plus vaste ensemble, son étude, réduite même à deux législations, demeurerait encore si elle ten-
dait à être complète, au-dessus de ce qu'une thèse peut recevoir
de charge et d'étendue. Des difficultés toujours égales quoique
différentes, suivant le changement des circonstances, empêche-
raient en outre de tenter de dérouler ce tableau dans une continuité non interrompue et sous un aspect d'une ouverture toujours
égale.

Pour les époques que l'accumulation des siècles a mises hors
de la portée de la vue, comme pour celles où, faute de dévelop-
pement complet, les peuples n'ont pas encore atteint leur matu-
rité, les recherches dont la voie n'est pas tracée, dont la réussite
demeure un peu un effet de hasard, ne fournissent que des détails souvent douteux, plus souvent encore insuffisants, et il
reste bien des obscurités ou bien du vide dans un cadre dont les
dimensions sont pour ainsi dire données fixes par le sujet : au
contraire, sous une législation précise, vivante, résultat et instru-
ment d'un état de société avancé, où l'activité humaine est devenue considérable, les faits sont tous présents, et l'entre-croise-
ment de leurs conséquences soit sur le général, soit sur les relations particulières, substitue la surabondance à la disette, et
donne une consistance extrême à un sujet dont une portion
seule arrive alors à une valeur que, dans des temps et des lieux
différents, elle n'offrait pas même dans son tout.

Ces considérations ont décidé de la composition du travail qui
va suivre :

Pour ce peuple romain qui a laissé de si grands souvenirs
comme législateur et comme puissance de gouvernement, mais
dont la jurisprudence ne nous a été transmise que dans des débris
clair-semés, nous avons essayé d'embrasser tout entière l'expro-

priation motivée par certaines considérations d'intérêt social, et par les travaux publics.

L'ampleur de la loi française actuelle sur ce point nécessite au contraire d'y faire des parts ; celle qui se composerait de la translation de propriété produite par le jugement d'expropriation ou par la cession amiable, nous a semblé la plus appropriée à une épreuve où le droit civil doit être représenté. Ce qui a pu y être ajouté l'a été non comme une dépendance du sujet, mais pour en faciliter l'accès.

Il eût été heureux de suivre la chaîne des temps sans interruption de continuité, d'examiner si ceux qui ont précédé ont préparé ce qui est en vigueur aujourd'hui ; mais quelques détails peu importants défrayeraient seuls et pauvrement cette comparaison ; le passé n'a rien d'analogue à cette expropriation une dans ses trois périodes distinctes, qui est actuellement l'expropriation française, et particulièrement le jugement qui prononce l'expropriation est une institution toute moderne, sans racine dans les idées et dans les pratiques anciennes. Pour ces époques éloignées surtout par la grandeur de la dissemblance où le mot d'expropriation n'était même pas connu, où il n'a existé aucune règle générale, on rencontrerait et le vide et le vague. — « Là où il n'y aurait pas à établir de principes arrêtés, on ne « saurait songer à ouvrir et à façonner un terrain de discus- « sion [1]. »

1. Delalleau, 4e édit., 1845, vol. 1, p. 3.

DROIT ROMAIN.

PREMIÈRE PARTIE.

DE L'EXPROPRIATION
ET DES PRINCIPES QUI LA DOMINENT.

En traitant de l'expropriation pour cause d'utilité publique chez les Romains, nous ne prétendons point pouvoir faire revivre un tableau complet de la marche suivie à Rome en cette matière. L'époque dont nous nous occupons est déjà trop éloignée de nous, pour que les textes qui subsistent, même lorsqu'ils sont précis, puissent nous donner une idée parfaitement exacte des détails de l'administration ; mais ce que nous pouvons avancer en toute sûreté, c'est que l'expropriation pour cause d'utilité publique a été de tout temps une nécessité sociale et que les Romains n'ont pas été les derniers à le reconnaître. Pas de peuple qui ait fait plus de travaux publics que les Romains. Ces grandes voies qui s'étendaient de Rome à l'extrémité du monde connu, de la mer Noire à la Grande-Bretagne [1] , ces aqueducs nécessaires pour fournir de l'eau à la ville ou pour fertiliser une contrée par des irrigations, tous ces monuments enfin dont il subsiste encore de nos jours des restes si imposants, aurait-on permis au mauvais vouloir d'un particulier d'en empêcher la

---

1. Bergier, *Histoire des grands chemins de l'empire romains*, livre III *et passim.*

construction? Certes il y avait des citoyens dont les richesses étaient assez considérables pour leur permettre de refuser toute indemnité, quelque considérable qu'elle fût. Des oppositions de ce genre eurent même lieu en effet de la part des propriétaires; mais, nous le verrons, elles ne triomphèrent que dans des cas où il ne s'agissait pas d'expropriation pour cause d'utilité publique.

A l'origine de Rome, l'expropriation pour cause d'utilité publique n'eut certainement pas une importance égale à celle qu'elle devait avoir plus tard. Et d'abord on peut affirmer qu'à une époque où le peuple romain n'était guère qu'une réunion de soldats, où le chef lui-même n'était qu'un soldat choisi entre tous, il n'eût pas été facile de faire fléchir l'omnipotence du propriétaire sur sa chose. Les institutions de ce temps donnaient à chaque individu une trop grande puissance; d'ailleurs, l'utilité publique de l'expropriation n'était ressentie que dans des cas fort rares. Ce à quoi surtout l'on songeait, c'était à affermir les bases de cette nation qui commençait à se former. Les travaux de circonvallation étaient à peu près les seuls qui puissent intéresser l'universalité des Quirites. Alors qu'on était en lutte avec les voisins, on ne s'occupait point d'établir des cirques, des colisées ou de faire des théâtres, ou si parfois cela arriva, la peuplade peu nombreuse ne manqua pas de terrain, et n'eut pas besoin de s'emparer de la fortune particulière [1].

C'est quand Rome sortira de l'état de bourgade que les expropriations pourront réellement commencer, elles se développeront

---

1. Ce fut seulement en l'année 441 de Rome que fut amenée dans la ville l'eau Appia. Si l'on en croit Frontin (De Aquæductibus, n° 5), les Romains, jusqu'à cette époque, s'étaient contentés, pour leur usage, des eaux qu'ils tiraient du Tibre, des puits ou des sources; il n'y avait donc pas encore de grands aqueducs destinés à l'usage public. Presque vers le même temps, on fit la voie Appienne. Ce fut donc une époque féconde en travaux publics. Frontin nous rapporte qu'au temps où il vivait, on comptait jusqu'à neuf grands canaux ou aqueducs amenant de l'eau dans la ville, et tous par conséquent furent exécutés entre le ve et le vme siècle depuis la fondation de Rome.

en même temps que la puissance romaine, et se pratiqueront sous les empereurs sur une vaste échelle. Plusieurs empereurs du ve et vi^e siècle firent exécuter des travaux publics nombreux et considérables, églises, ports, fortifications, chemins. Justinien en a pour sa part un bon nombre. Son contemporain Procope a consacré tout un traité à l'énumération de ces ouvrages. Or, si quelquefois ces maîtres du pouvoir, législativement affranchis de tout frein, usant des droits excessifs que leur conférait la loi *Regia de Imperio* [1], confisquèrent les biens de leurs sujets, néanmoins la confiscation, nous devons le dire à leur honneur, ne fut pas le mode habituel de procéder, et en la plupart des circonstances ils tinrent compte des droits des particuliers.

Proudhon [2], dans son *Traité du Domaine public*, prétend que l'expropriation pour cause d'utilité publique n'existait pas à Rome. Voici comment il s'exprime : « Chez les Romains l'ex-
« propriation pour cause d'utilité publique était inconnue : le
« refus du particulier limitait la puissance de l'État ; soit par
« oubli du législateur, soit à dessein, la volonté de tous était
« obligée de fléchir devant l'obstination d'un seul citoyen. Ainsi
« l'empereur Commode se trouva dans la nécessité de renoncer
« au projet d'élargir le forum, par respect pour des droits qui
« refusaient de s'abdiquer. » Cette assertion est à peine assez sérieuse pour avoir besoin d'une réfutation. D'abord, Proudhon ne cite aucun texte relatif au fait qu'il avance.

L'illustre doyen de la faculté de Dijon a même été assez malheureusement inspiré en attribuant à Commode ce respect pour le droit de propriété des citoyens. Commode est de tous les empereurs peut-être celui qui s'est le moins occupé de travaux publics. Il ne songea qu'à fonder un établissement de bains, probablement parce que le bain faisait ses délices. U. des écrivains de l'histoire auguste, Ælius Lampridius, nous dit en effet, en

1. *Legibus plebisque scitis. Imp. Cæsar Vespasianus solutus sit* (Loi *Regia de Imperio* pour le règne de Vespasien). Voir M. Giraud, *Hist. du Droit romain*, p. 225.
2. *Traité du domaine public*, tome II, p. 198.

parlant de Commode : *Opera ejus præter lavacrum nulla exs-
tant* [1]. Proudhon a sans doute mal à propos prêté à Commode le
texte de Suétone relatif à Auguste dont nous parlerons plus bas.

Des objections plus sérieuses que celle-ci ont été faites. Nous
devons en tenir compte puisqu'elles sont fondées sur des textes.
Un premier argument contre notre opinion se tire de quelques
lignes de Suétone, qui nous dit dans l'histoire d'Auguste [2] :
« Forum Augustius fecit, non ausus extorquere possessoribus
« proximas domos ». Et l'on s'appuye là-dessus pour dire que
le chef de l'État ne pouvait pas enlever aux particuliers leurs
propriétés. Mais on ne fait pas attention au sens que l'on doit
raisonnablement donner à ce texte. Les grands travaux d'utilité
publique ou d'utilité locale s'accomplissaient fréquemment à
Rome aux frais des simples particuliers, et alors, il n'y avait
pas expropriation ; celui aux frais duquel le travail se faisait
devait subir les conditions que le propriétaire lui imposait, ou
bien le travail ne s'exécutait pas. Un particulier n'était en effet
obligé de céder sa propriété que quand l'utilité publique avait
été déclarée, et voilà pourquoi dans les textes nous trouvons
d'assez fréquents exemples d'oppositions de ce genre, et non-
seulement vis-à-vis des simples citoyens, des magistrats, mais
encore vis-à-vis de l'Empereur qui agissait quelquefois à titre de
simple particulier et comme tel pouvait parfois éprouver des
refus : c'est ce qui avait eu lieu sans doute dans le cas auquel
Suétone fait allusion. Il n'avait pas été déclaré d'utilité publique
que l'on étendrait le forum. L'étendre eût été chose agréable
sans aucun doute. Rome s'en fût certainement bien trouvée.
Auguste le désirait, mais il ne pouvait régulièrement agir que
comme les autres citoyens disposés à faire des sacrifices per-
sonnels pour concourir aux embellissements de Rome. Il devait
obtenir la cession amiable des propriétés et comme, en habile
politique, il cherchait à ménager les riches citoyens, il ne voulut

1. Ælius Lampridius, *Vie de Commode*, § 17.
2. Suétone, *Vie d'Octave-Auguste*, ch. LVI.

pas les offenser en usant à la rigueur d'un droit qui, reconnu peut-être par la loi *Regia*, n'eût pas manqué cependant de les blesser énormément[1]. Les principaux personnages de Rome imitaient souvent l'empereur et celui-ci les y encourageait[2] : « Cæteros principes viros sæpe hortatus est, ut pro facultate « quisque monumentis vel novis vel refectis et excultis urbem « adornarent, multaque a multis exstructa sunt[3] ».

Un passage d'une lettre de Cicéron à Atticus ne constitue pas une objection plus irréfutable : « Cæsaris amici.... in monu- « mentum illud quod tu tollere laudibus solebas, ut forum laxa- « remus et usque ad atrium libertatis explicaremus, contemp- « simus sexcenties H. S. Cum privatis non poterat transigi « minore pecunia. » Et l'on a dit : Puisque les propriétaires imposaient ainsi leurs conditions, on ne pouvait donc pas les forcer à abandonner leurs propriétés ; mais remarquons que c'est là une espèce analogue à celle dont nous parlions plus haut. En effet, Cicéron et Appius, pour élargir la place que César fait faire, donnent de leur plein gré et de leurs propres deniers soixante millions de sesterces, de toutes les maisons dont la démolition sera nécessaire; il n'est point étonnant que des citoyens se soient montrés récalcitrants quand il s'agissait de céder leurs propriétés à d'autres plus riches, désireux de devenir célèbres par les travaux qu'ils faisaient exécuter, personnages contre lesquels beaucoup étaient animés d'une secrète jalousie. Il est d'ailleurs naturel qu'un propriétaire tire parti des occasions. Dans le cas qui nous occupe, le travail s'est exécuté parce que Cicéron et son ami n'ont pas regardé à donner de ces maisons une somme considérable; s'ils avaient été

1. C'était par un procédé non moins habile que le même empereur, autorisant la construction d'un aqueduc à Venafrum, stipulait expressément que les conduits ne seraient pas placés dans les propriétés particulières sans le consentement des possesseurs. « Neve ea aqua per locum privatum invito eo « cujus is locus erit, ducatur » (Zell., n° 1756).
2. Suétone, *Vie d'Octave Auguste*, ch. xxix.
3. Cicéron, *Ad Atticum*, liv. iv, ch. xvi.

effrayés de cet immense déboursé, ou si les propriétaires n'avaient voulu vendre à aucun prix, il n'y aurait eu contre ceux-ci aucun moyen légal de contrainte.

Un autre particulier, Lepidus, fit exécuter à ses frais un travail intéressant jusqu'à un certain point tous les citoyens : il fit réparer et orner à son compte une basilique [1] : « Lepidus a senatu « petivit ut basilicam Paulli Æmilia monumenta propria pecunia « firmaret ornaretque. » En outre de ces faits constatés historiquement il y en eut certainement bien d'autres du même genre, que les auteurs n'ont pas mentionnés.

Les citoyens qui entreprenaient des travaux à leurs frais ne se souciaient pas toujours de ne travailler que pour la gloire : c'est ainsi que quelques-uns s'étaient engagés vis-à-vis de l'empereur Claude à lui venir en aide de leur propre argent pour le desséchement du lac Fucin, mais seulement si on leur concédait comme compensation les territoires desséchés [2] : « Fucinum aggressus « est non minus compendii spe quam gloriæ, cum quidam privato « sumptu emissuros se repromitterent si sibi siccati agri con- « cederentur ».

Déjà avant Auguste, César, pour se rendre populaire, s'imposait des sacrifices analogues. Ainsi ce fut à ses frais qu'il acheta à Rome plusieurs maisons qu'il destinait à l'usage public; ce fut encore à sa munificence que l'on dut la construction d'un temple en l'honneur d'Apollon et d'un portique autour de ce temple : c'est ce que nous lisons dans Velléius Paterculus [3] : « Victor « deinde Cæsar reversus in urbem contractas emptionibus com- « plures domos per procuratores, quo laxior fieret ipsius publi- « cis se usibus destinare professus est; templumque Apollini « et circa porticus facturum promisit quod ab eo singulari exs- « tructum munificentia est ».

Dans une autre circonstance il assigna des territoires aux vé-

1. Tacite, *Annales*, livre III, ch. LXXII.
2. Suétone, *Claude*, ch. XX.
3. Velléius Paterculus, liv. II, ch. LXXXI.

térans sans doute pour les récompenser de l'avoir suivi dans ses campagnes. Mais, en s'attirant ainsi la faveur de l'armée par cette attribution de terres, il prenait soin de ne pas indisposer les citoyens déjà assez enclins à la révolte, car à cette époque la République était encore en proie à la guerre civile. « Veteranis « assignavit et agros sed non continuos ne quis possessorum « expelleretur [1] ». Ce n'était donc probablement que les terres sans maîtres qui étaient l'objet de cette attribution. César, la faisant de son propre mouvement, et comme tout autre citoyen, n'aurait pas eu le droit d'exproprier les particuliers, et quand même il l'aurait eu il ne l'aurait pas osé.

Enfin à cette énumération des différentes hypothèses dans lesquelles, soit des personnages importants, soit l'empereur lui-même, entreprirent à leurs frais de grands travaux pour l'avantage du peuple romain, nous pouvons encore ajouter ce texte de Flavius Vopiscus, où nous constatons qu'Aurélien avait acheté aux propriétaires qui voulaient bien y consentir de grands territoires en Étrurie pour y établir les familles des prisonniers : « Etruriæ per Aureliam usque ad Alpes maritimas ingentes agri « sunt, hique fertiles ac silvosi. Statuerat dominis locorum in- « cultorum qui tamen vellent pretia dare atque illic familias cap- « tivas constituere vitibus montes conserere atque ex eo perpe- « tuum vinum dare ut nihil redituum fiscus acciperet, sed « totum populo romano concederet [2]. » Là encore il n'y a point autre chose qu'un acte de générosité de l'empereur, qui consent à acheter de ses deniers, pour le plus grand bien de l'agriculture et l'avantage du peuple romain, des territoires des revenus desquels il ne prétend désormais rien retirer.

Les objections que l'on nous pose tombent donc d'elles-mêmes, quand on considère que les textes sur lesquels on les appuie, de même que ceux que nous avons cités à la suite, ne concernent à proprement parler que des cas d'expropriation. Nous le répétons,

1. Suétone, *César*, ch. XXXVIII.
2. Flavius Vopiscus, *Vie d'Aurélien*.

dans toutes ces hypothèses il n'y avait pas eu de décision émanée de l'autorité compétente et déclarant l'utilité publique des travaux. Lorsqu'une pareille décision avait été prise, l'intérêt privé devait s'incliner. Nous espérons le démontrer par des textes précis.

Entre tous, nous en choisissons quelques-uns relatifs aux immeubles, et qui nous paraissent parfaitement de nature à ne laisser aucun doute sur l'existence de l'expropriation pour cause d'utilité publique chez les Romains. Voici un passage que nous empruntons à Frontin, qui joua à Rome un rôle important, fut successivement consul, préteur et proconsul. Cet auteur, qui vivait au premier siècle de notre ère, après avoir, dans son *Traité sur les aqueducs de Rome*, rapporté un sénatus-consulte dont une des principales dispositions prescrivait qu'un espace vide de quinze pieds serait laissé autour des aqueducs et conduites d'eau, fait remarquer l'équité d'un usage consacré depuis longtemps. Lorsqu'on faisait des aqueducs, et que pour ces travaux, l'on prenait les terrains des particuliers, si ces derniers se montraient trop difficiles pour la cession des parcelles nécessaires, on leur achetait la totalité de leur champ. Les propriétaires étaient donc en définitive forcés de se dessaisir de leurs terrains, sinon en partie, du moins en totalité. L'intérêt privé était obligé de céder. Il y avait expropriation [1] :

« Posset hoc senatus-consultum æquissimum videri etiamsi ex
« rei tantum publicæ utilitate ea spatia judicarentur, multo magis
« cum majores nostri admirabili æquitate ne ea quidem eripue-
« runt privatis, quæ ad modum publicum pertinebant, sed cum
« aquas perducerent, si difficilior possessor in parte vendenda
« fuerat pro toto agro pecuniam intulerunt ac post determinata
« necessaria loca rursus cum agrum vendiderunt, ut in suis
« finibus proprium jus tam res publica quam privata haberet. »

Ce texte est fécond en documents. Il démontre à la fois que les citoyens pouvaient être dépossédés de leur terrain quand il y

[1]. Frontin, *De aquæductibus*, n° 0.

avait utilité pour la république et que l'expropriation n'avait pas lieu sans indemnité. Il est aussi fort intéressant pour nous de savoir que quand le propriétaire dont le terrain était traversé par ces aqueducs se montrait trop récalcitrant vis-à-vis de l'autorité, on lui achetait la totalité de son fonds; et après l'emploi de ce qui était utile pour l'établissement de l'aqueduc, on revendait le surplus. Devons-nous voir là un exemple du droit reconnu aux propriétaires dans tous les travaux d'expropriation, ou au contraire ne leur était-il accordé que dans le cas de conduite d'eau? M. de Fresquet pense que ce droit existait aussi bien pour les propriétaires dont le terrain avoisinait le   es que pour les riverains des aqueducs. M. de Serrigny semble être d'une opinion contraire. Il dit en effet que le sénatus-consulte auquel se réfère Frontin *réglementait d'une matière spéciale*. Nous sommes de l'avis du savant professeur de Dijon. En général, les décisions émanées des divers pouvoirs se limitaient en droit romain étroitement à leur objet. Que lorsqu'un aqueduc est construit, les propriétaires dont il va traverser les fonds puissent exiger qu'on leur prenne tout leur terrain, cela se peut concevoir : il suffit de se rendre compte de la construction des aqueducs romains pour comprendre qu'ils n'embellissaient pas les fonds qu'ils traversaient, et n'ajoutaient guère à leur valeur. Souvent les réparations incessantes qu'ils nécessitaient étaient une cause d'ennui pour les riverains ; souvent même le jeu des eaux altérait leur propriété [1].

On conçoit donc que le Sénat, quand il s'agissait d'aqueducs, ait autorisé le propriétaire à requérir l'acquisition totale de son fonds. Mais quand il s'agit de routes à percer à travers des immeubles, elles sont toujours une cause de plus-value pour les portions de terrain riveraines; et alors l'utilité publique n'exigeant l'expropriation que de telle partie, c'est cette partie seulement qu'on prendra, et le propriétaire serait mal fondé à élever d'autres prétentions. Il n'est pas admissible d'ailleurs que les par-

1. Tacite, *Annales*, liv. I, ch. LXXV.

ticuliers aient pu par leurs exigences faire passer en règle générale une disposition qui, selon l'esprit du droit romain, doit être
interprétée strictement.

Il est d'autres textes de dates diverses et qui ne sont pas moins
probants en faveur de notre opinion. Une constitution de Théodose II le Jeune adressée en l'année 412 à Isidore, préfet de la
ville, est relative à la construction des Thermes d'Honorius à Constantinople, et du portique dont l'empereur veut les entourer. La
splendeur de cet ouvrage est telle, dit l'empereur, que l'intérêt
privé peut à bon droit être négligé devant une considération de
cette importance. Immédiatement après, vient dans cette même
loi la disposition en vertu de laquelle les particuliers qui auront
été privés de leurs propriétés pour l'exécution de ce travail
devront recevoir comme compensation une certaine indemnité.

Il est impossible de ne pas voir là un cas d'expropriation
pour cause d'utilité publique : « Opus cœptum exstruatur
« et Porticus Thermas Honorianas præcurrat acie colum-
« narum. Cujus decus tantum est ut privata juste neglige-
« retur paulisper utilitas. Sed ne census sui quisquam in-
« tercepta lucra deploret, sed e contrario cum pulchritudine
« civitatis etiam fortunas suas auctas esse lætetur, pro loco
« quod quisque possederat, superædificandi licentiam habeat.
« Nam in locum privati ædificii quod in usum publicum trans-
« latum est, occupationem Basilicæ jubemus vetustæ succedere
« ut contractus quidam et permutatio videatur facta, cum domi-
« nus qui suum dederat civitati pro ea habiturus sit ex publico
« remota omni formidine quod inconcusso robore et ipse habere
« et quibus velit tradere habebit liberam facultatem [1]. »

La loi *ultime*, au même titre, est tout aussi positive. Il s'agit
des *exsedræ* ou salles de conférences. Théodose et Valentinien,
s'adressant dans cette constitution à Constantin, préfet de la
ville, lui enjoignent d'attribuer à l'usage des professeurs de
Constantinople ces salles de conférences. Mais quelques-unes
d'entre elles étaient trop basses et trop étroites, il importait de

1. Loi 50, C. Th., *De operibus publicis*. L. xv, titre I.

les agrandir de tout l'espace occupé par les maisons voisines.
Ces maisons furent donc expropriées, et tous ceux qui y habitaient et qui purent justifier d'un juste titre de propriété, vente
ou donation, durent recevoir du trésor public une indemnité.
Les empereurs l'ordonnent en termes exprès : « Exsedras quas
« septentrionali videntur adhærere porticui in quibus tantum
« amplitudinis et decoris esse monstratur, ut publicis commodis
« possint, capacitatis ac pulchritudinis suæ admiratione suffi-
« cere, supradictorum concessibus deputabit ; eas vero quæ tam
« orientali quam occidentali lateri copulantur, quas nulla a
« platea aditus atque egressus patebit, ipsisque humiliores ali-
« quanto atque angustiores putantur, vicinarum spatia cellula-
« rum ex utriusque lateris portione oportet adjungi : ne quid aut
« ministris eorumdem locorum desit aut populis. Sane si qui
« memoratas cellulas probabuntur vel imperatoria largitate vel
« quacumque alia donatione aut emptione legitima possidere,
« eos magnificentia tua competens pro hisdem de publico pre-
« tium jubebit accipere [1] ».

Enfin Justinien, dans sa Novelle VII, autorisant l'expropriation des immeubles qui appartenaient aux églises et autres lieux
vénérables, mentionne positivement les deux conditions d'utilité publique et d'indemnité : « Sinimus igitur imperio si qua
« communis commoditas est, et ad utilitatem reipublicæ respi-
« ciens talis alicujus immobilis rei qualem proposuimus, hoc
« ei a sanctissimis ecclesiis et reliquis venerabilibus domibus et
« collegiis, percipere licere, undique sacris domibus indemni-
« tate servata, et recompensanda re eis ab eo qui percepit, æqua
« aut etiam majore quam data est [2]. »

Si des lieux qui étaient l'objet d'une vénération constante,
dont certainement l'expropriation ne s'opérait pas sans exciter
des protestations, dont même l'inaliénabilité avait été formulée
en règle dans le chapitre précédent [3], pouvaient être atteints ce-

1. Loi 53, C. Th., *De operibus publicis*, liv. xv, titre I.
2. Nov. VII, ch. II, § 1.
3. Nov. VII, ch. I.

pendant lorsque l'intérêt public l'exigeait, comment supposer que des propriétés particulières pussent échapper à l'expropriation réclamée par l'intérêt général ?

L'expropriation peut porter sur des meubles ou des immeubles.

À Rome, cette distinction des choses en mobilières et immobilières n'était pas, à beaucoup près, une des principales et n'avait pas la même importance que de nos jours. Les Romains, plus rationnels que les peuples d'origine germanique, n'imaginaient pas que les immeubles fussent les seules choses qui eussent réellement de la valeur. Ils avaient donc rangé certains meubles au nombre des choses *mancipi* aussi que bien que les fonds situés sur le territoire italique, et les servitudes rurales afférentes à ces mêmes fonds. Ces meubles étaient les esclaves, les bœufs, les ânes et les mulets, qui nécessairement offraient un grand prix aux yeux d'un peuple agriculteur et guerrier.

Il a pu, et nous dirions même il a dû se faire, qu'à l'origine l'expropriation des objets mobiliers de tout ordre ait été plus fréquente que celle des immeubles ; mais cela ne tient pas au plus ou moins d'estime que les Romains faisaient de ces choses, cela résultait uniquement de la multiplicité des occasions.

Quand les armées romaines marchaient en avant et qu'elles avaient besoin de se remonter, il est évident pour nous qu'on expropriait les particuliers de leurs chevaux, de leurs mulets, aussi bien qu'on aurait pu le faire pour leur blé ou leurs denrées.

Nous ne connaissons pas cependant de texte relatif à l'expropriation des choses *mancipi* autres que les esclaves. Il y a bien au Digeste un texte qui suppose des fournitures de chevaux, de mules, pour le transport des bagages, de l'armée, les courriers, le service du prince; mais ce texte ne se réfère qu'à une réquisition qu'il ne faut pas confondre avec une expropriation[1].

L'expropriation peut atteindre un fonds considéré dans son ensemble ou seulement ses produits.

1. Loi 18, § 21, Dig. *De muneribus et honoribus.*

On exproprie des produits du fonds quand on y prend du sable, des pierres ; quand on arrache des arbres voisins d'un aqueduc [1], ou que l'on tire des matériaux d'une carrière [2].

On peut exproprier des fruits de la chose : ainsi des récoltes, ainsi des denrées nécessaires à l'approvisionnement d'une ville [3].

Non-seulement des meubles et des immeubles, mais aussi des choses incorporelles peuvent être l'objet d'une expropriation. Ainsi, par exemple, on peut être exproprié d'une servitude personnelle, d'un usufruit, aussi bien que de la pleine propriété d'un fonds. L'usager pourrait être également exproprié de son droit d'usage ; on peut être exproprié d'une chose qui en elle-même n'est pas cessible.

L'expropriation peut donc porter soit sur l'objet du droit, soit sur le droit lui-même.

En matière d'immeubles, nous avons à distinguer quel est le caractère du sol sur lequel s'accomplit le travail qui a été déclaré d'utilité publique. Le terrain nécessaire pour les travaux d'utilité publique fait-il partie de l'*ager romanus*, lequel comprend le territoire de Rome et un certain espace autour de Rome [4], il y aura certainement lieu de prononcer l'expropriation contre le citoyen qui peut être devenu propriétaire de ce terrain. Il en sera de même après la guerre sociale, en 661 de Rome, de tout le territoire de l'Italie assimilé à l'*ager romanus*, et susceptible comme lui de propriété privée, de même aussi du sol des provinces, colonies ou municipes qui auront obtenu, par suite de concessions, le *jus italicum*. Mais ces concessions ne furent faites qu'à une époque assez avancée de l'histoire romaine, et la plupart des provinces furent la propriété du peuple romain ou de l'empereur.

Lorsqu'un travail s'exécutait en vertu d'une décision législa-

---

1. Frontin, *De aquæductibus*, n° 125.
2. Loi 13, Dig. *Communia prædiorum*, liv. VIII, titre IV.
3. Loi 2, C. Just., *Ut nemini liceat*. — Loi 2, C. Th., *De publica comparatione*.
4. Varron, *De lingua latina*.

tive, sur le territoire d'une province appartenant au peuple
romain, il ne pouvait pas être question de déposséder un particulier, puisque sur ce sol nul ne pouvait en principe être propriétaire, et le peuple romain, fournissant le terrain pour le
travail d'utilité publique, n'avait pas à se payer à lui-même
d'indemnité. Mais dans ces provinces, les agents du peuple
donnaient généralement à bail aux particuliers, pour un très-
long temps, de grandes parties de ces fonds. Nous aurons à examiner, quand nous parlerons de l'indemnité, si les preneurs,
privés de leur jouissance par le fait du peuple romain, lorsque
par exemple, une grande voie publique devait être établie sur le
terrain précédemment donné à bail, si ces preneurs, disons-
nous, n'auraient pu réclamer aucun dédommagement à raison
de la rupture du contrat passé avec eux.

Les provinces dont le territoire appartenait au prince pouvaient, aussi bien que les terres des particuliers, être traversées
par des travaux d'utilité générale, tels que voies publiques,
aqueducs, etc. L'empereur, dans ces circonstances, étant dépossédé, il n'y aurait pas eu de raison de le priver de sa chose
sans indemnité. Cette indemnité lui était fournie par le peuple
romain, intéressé à l'exécution du travail; elle était tirée du
trésor public et versée dans le trésor particulier du prince.

Pas d'expropriation qui ne soit toujours justifiée par un grand
intérêt social. Cependant toutes n'ont pas pour cause un intérêt
public actuel et immédiat.

1º Les unes s'accomplissent dans l'intérêt du peuple romain
tout entier, de l'universalité des citoyens, qui tous profitent de
l'expropriation.

2º Les autres se pratiquent seulement dans un intérêt collectif, au bénéfice d'une collection d'individus ou d'une personne
morale telle qu'une cité ou un municipe.

3º D'autres enfin n'ont lieu, bien que toujours dans l'intérêt
social, qu'au bénéfice d'un particulier. On pourrait concevoir
aussi que l'expropriation eût lieu contre un particulier, s'il se
rendait coupable de certains faits illicites ou immoraux, et dans

ce cas, il serait privé, à titre de peine, de la propriété d'une chose dont il abuse.

Cette distinction, qui fera l'objet des chapitres suivants, n'a pas seulement un intérêt théorique. Nous verrons plus loin, en effet, qu'en matière d'expropriation, l'indemnité est en principe tirée du patrimoine de la personne ou de la collection de personnes qui est directement intéressée à l'expropriation.

Dans la plupart des cas les expropriations sont désirables et désirées, parce qu'elles produisent quelque avantage, soit pour l'ensemble des citoyens, soit pour quelques-uns d'entre eux. Mais quelquefois elles ne sont ni désirables ni désirées. Elles ont lieu, non pas qu'on les désire, mais parce qu'il est d'intérêt public que certains faits ne se produisent pas. Ainsi, quand on expropriait des terrains pour construire un aqueduc et faire venir de l'eau dans Rome, cette expropriation était assurément désirable.

Au contraire si un maître en maltraitant son esclave ou en le livrant à la prostitution se rendait indigne d'en conserver la propriété, l'expropriation qui, dans ces hypothèses, était nécessaire au point de vue de l'intérêt social, n'était pas désirable en ce sens qu'il eût été préférable que les maîtres ne maltraitassent pas leurs esclaves, ou n'exerçassent pas sur eux un trafic honteux.

Il faut observer que les expropriations ne sont pas toujours la conséquence d'une déclaration spéciale d'utilité publique. Si une loi a décidé que dans telles et telles circonstances une expropriation se produirait, au fur et à mesure que ces circonstances la justifieront, le magistrat la poursuivra; on peut dire que dans ce cas l'expropriation est en imminence. Si au contraire un intérêt nouveau vient à naître, alors nécessairement une déclaration d'utilité publique interviendra. Du reste, dans ce cas comme dans l'autre, c'est là même autorité qui décidera l'expropriation; seulement, dans le premier, c'est une disposition générale et préétablie qui fondera l'expropriation; dans l'autre ce sera une disposition spéciale et accidentelle.

CHAPITRE PREMIER.

DES EXPROPRIATIONS D'INTÉRÊT PUBLIC.

---

§ 1. — *Des expropriations de valeurs mobilières.*

L'intérêt public réclame la répression des crimes et leur poursuite. Cet intérêt veut que la constatation en soit facilitée. Dès
lors, quand une personne dirigeait contre une autre une accusation publique, son droit était d'acquérir, afin de les pouvoir faire
mettre à la torture, les esclaves dont on espérait obtenir des renseignements. Toute personne pouvait donc faire mettre à la torture l'esclave d'autrui, à la condition de désintéresser largement
le maître et dans une mesure que nous verrons plus bas [1].

« Si postulaverit accusator ut quæstio habeatur de servo adul-
« terii accusato, sive voluerit ipse interesse, sive noluit, jubent
« judices eum servum æstimari, et ubi æstimaverint, tantam pe-
« cuniam et alterum tantum cum qui nomen ejus servi detulerit,
« ei ad quem ea res pertinet, dare jubebunt. » L'espèce prévue
par la loi est celle-ci : Un esclave est accusé d'adultère, et l'accusateur est obligé de fournir au maître de l'esclave, après estimation faite par le juge, une somme d'argent équivalente à cette
estimation et en outre un esclave de même valeur. Il va de soi
que si l'esclave est condamné, celui qui a fait les frais de l'accusation devra être remboursé de cette avance, parce qu'il a porté
cette accusation non pas tant dans son intérêt particulier qu'en
vue de l'utilité publique, dans l'intérêt de la morale ; l'indemnité
sera servie par le fisc, et la preuve de cette assertion nous est
fournie par le fragment 6 *De quæstionibus* [2], qui décide qu'après
condamnation, si les esclaves survivent, ils sont vendus aux

---

1. Fr. 27 Pr. *De adulteriis*, D. liv. XLVIII, titre V.
2. Fr. 6, *De quæstionibus*, D., liv. XLVIII, titre XVIII.

enchères, *publicantur*, expression qui suppose une vente faite dans l'intérêt du trésor auquel par conséquent l'esclave est revenu.

Si au contraire l'esclave était absous, les frais de l'accusation resteraient à la charge de l'accusateur ; cela se démontrerait au besoin par le fragment 9 *De calumniatoribus* et par la loi 6 du même titre au Code[1]. Ces deux textes raisonnant évidemment dans l'hypothèse où l'on n'avait pas préalablement payé au maître l'indemnité prévue par le fragment 27, *De adulteriis*, décident en effet qu'après l'acquittement de l'esclave et aux termes de la loi *Julia*, le maître de cet esclave obtiendrait contre l'accusateur une condamnation au double.

Une application du droit d'exproprier le maître des esclaves qu'on voulait soumettre à la torture est rapportée dans les annales de Tacite, relativement à Silanus, proconsul d'Asie. On y voit en-effet que l'accusateur de Silanus acheta les esclaves de celui-ci, afin de les pouvoir faire soumettre à la torture; seulement dans ce cas les esclaves furent interrogés *in caput domini*, ce qui était régulier puisque Silanus n'étant pas seulement accusé de concussion, mais aussi poursuivi comme coupable de lèse-majesté, se trouvait dans un des cas exceptionnels où les esclaves peuvent être torturés *in caput domini*[2].

M. de Fresquet[3] traite comme une question douteuse du point de savoir si en toute matière les esclaves d'une personne n'auraient pas pu être appliqués à la question pour témoigner contre leur maître. Selon nous ce point n'a jamais été douteux.

Le principe a toujours été que les esclaves ne peuvent être interrogés *in caput domini*, et il n'y aurait eu d'exception à ce

1. Fr. 9, *De calumniatoribus*, D., liv. 3, titre v. — Loi 6, *De calumniatoribus*, C., liv. ix, titre xlvi.

2. « Servos... Silani ut tormentis interrogarentur actor publicus mancipio « acceperat et ne quis necessariorum juvaret periclitantem majestatis crimina « subdebantur, vinclum et necessitas silendi » (Tacite, *Annales*, liv. iii, ch. lxvii).

3. M. de Fresquet, *Principes de l'expropriation pour cause d'utilité publique à Rome et à Constantinople, jusqu'à l'époque de Justinien*, p. 10.

principe que dans le cas de lèse-majesté et dans le cas d'adultère;
le fragment dans lequel M. de Fresquet croit trouver la raison
de douter démontre au contraire pour nous que le doute n'a
jamais existé[1]. Un particulier s'avisa de demander l'application
à la torture dans une accusation publique ordinaire, d'esclaves
qu'il voulait faire entendre contre leur maître et dont il offrait
d'ailleurs de consigner le prix. Cette demande fut rejetée par les
empereurs Sévère et Antonin. S'il avait été précédemment d'u-
sage que des esclaves fussent interrogés *in caput domini*, le re-
quérant n'eût pas eu à solliciter une autorisation des empereurs,
et il est bien certain que, une fois le refus impérial formulé dans
un rescrit, il ne fut jamais ultérieurement possible d'interroger
des esclaves contre la personne de leur maître.

Il y a mieux ; quelquefois des esclaves accusés personnellement d'un crime et conséquemment valablement torturés lais-
saient échapper quelque aveu compromettant pour leur maître ;
or un rescrit de Trajan qui avait décidé que le juge pourrait tenir
compte de cet aveu fut positivement révoqué par les constitutions ultérieures[2].

Ajoutons que la loi *Julia, De adulteriis*, a dû positivement permettre d'appliquer à la torture les esclaves des personnes accu-
sées d'adultère. Cette nécessité d'une disposition spéciale prouve
bien qu'il n'allait pas de soi que les esclaves fussent torturés *in
caput domini*. En général donc les esclaves ne peuvent produire
aucune charge contre leur maître.

Une remarque à faire qui ne laisse pas d'être intéressante est
que dans cette procédure d'exception, quand des esclaves avaient
été soumis à la question *in caput domini*, on devait toujours les
vendre. S'ils avaient dû rentrer sous la puissance de leur premier

---

1. Fr. 1, § 18, *De quæstionibus*, D., liv. XLVIII, titre XVIII.
2. Si servi quasi sceleris participes in se torqueantur, deque domino
aliquid fuerint confessi, apud judicem prout causa exegerit, ita pronuntiari
cum divus Trajanus rescripsit, quo rescripto ostenditur gravari dominos
confessione servorum. Sed ab hoc rescripto recessum constitutiones poste-
riores ostendunt (Loi 1, § 19, *De quæstionibus*, D., liv. XLVIII, titre XVIII).

maître, ils auraient pu être influencés dans leur réponse par la
cupidité ou la crainte d'une vengeance. Assurés qu'ils étaient
d'être toujours vendus après leur témoignage, on pouvait espérer
obtenir d'eux une déposition impartiale.

« Ratio publicandorum servorum ea est ut sine ullo metu ve-
« rum dicant et nedum timeant se in potestatem reorum regres-
« suros obdurent in quæstione [1] ».

Les esclaves qui dénonçaient les faux-monnayeurs obtenaient
leur liberté [2] : « Servi qui monetarios adulterinam monetam clan-
destinis sceleribus exercentes in publicum detulerint, civitate
romana donentur, ut eorum domini pretium a fisco percipiant. »
Ici l'expropriation de l'esclave donne satisfaction à un besoin
social. L'ensemble des citoyens est intéressé à ce qu'il n'y ait pas
de faux-monnayeurs. Aussi l'indemnité prévue spécialement dans
la loi est-elle tirée du trésor public.

L'esclave qui avait fait retrouver un déserteur obtenait également le bénéfice de l'affranchissement; il importe en effet à la
sûreté de l'État que les soldats chargés de le défendre ne quit-
tent pas leur poste [3] : — « Si desertorem militiæ servus prodi-
derit, libertate donetur. » Dans cette hypothèse comme dans
la précédente et par la même raison, il est bien à penser qu'il
y avait une indemnité payée par l'État ; la loi cependant
n'en dit rien, mais cela peut s'induire de la loi 1, *De desertoribus* [4], qui nous dit que si le déserteur a été livré par un
ingénu de médiocre condition, on le rémunère, et bien évidemment c'est aux frais du trésor. Or, quand il s'agira d'affranchir
l'esclave d'un citoyen quelconque, il est probable que le prix de
cet esclave devra être pris également sur la caisse publique.

Une constitution qui, tout en étant rédigée avec les plus artificieux
ménagements, n'en est pas moins au fond très-impérative, nous

1. Loi 27, § 11, *De adulteriis*, D., liv. XLVIII, titre V.
2. Loi 2, C. Just. *Pro quibus causis servi*, liv. VII, titre XIII.
3. Loi 4, C. Just. *Pro quibus causis servi*, liv. VII, titre XIII.
4. Loi 1, *De desertoribus*, C., liv. XII, titre XLVI. — Si quis... desertorem pro-
diderit, mediocris loci ingenuus immunitate potiatur.

donne encore un cas où les particuliers étaient forcés de se dessaisir de leur propriété dans l'intérêt public; les habitants des provinces, dit l'empereur, auront à vendre, sans contrainte, de bon gré, par dévouement, aux agents chargés d'assurer l'approvisionnement de l'empire, leurs denrées au prix qu'ils en eussent obtenu sur la place. Ils ne devront pas cependant prétendre ne pas les délivrer tant qu'ils n'en auraient pas touché le prix; il est entendu que ce n'est pas une nécessité que l'on impose, mais tout simplement une exhortation que l'on adresse aux principales familles du pays. Quant aux petits et aux plébéiens, telle est la mention par laquelle se termine la persuasive exhortation impériale, ils ne sont pas tenus de vendre leurs denrées pour le plus grand avantage public. — « Unusquisque provincialium
« nostrorum arbitratu proprio et mente devota species petitas
« iisdem pretiis quæ in foro rerum venalium habebuntur, libens
« præstet ac distrahat ita ut prius vendendas det species quam
« omne quod in ratione distractionis venerit aurum fuerit con-
« secutus. Potiorum tantum id est possessorum domibus dele-
« gatis quibus tamen cohortatio imponitur non necessitas im-
« peratur, ut consensum facilem præbeant, super speciebus
« annonariis distrahendis. Hæc autem adscriptio inferiores vel
« plebeios non tenebit, *ut usibus publicis profuturas* distrahant
« fruges[1]. »

§ II. — *Des expropriations d'immeubles.*

Rome étant jusqu'à un certain point la chose du peuple romain tout entier, on peut considérer comme accomplies dans l'intérêt de l'universalité des citoyens les expropriations qui avaient lieu à Rome, ou pour l'avantage de Rome.

De grands travaux d'utilité générale furent exécutés soit dans la ville même, soit aux environs, pendant la seconde moitié de la république. Le *Traité des aqueducs* de Frontin en mentionne un grand nombre. Vers l'an 440 de Rome fut créée la

1. Loi 2. C. Th., *De publica comparatione*, liv. xi, titre xv.

voie Appienne, et presque dans le même temps un aqueduc auquel le magistrat chargé d'en diriger la construction, donna son nom : « Anno post initium Samnitici belli 31 aqua Appia « inducta est, ab Appio Claudio Crasso censore, cui postea « Cæco cognomen fuit, qui et viam Appiam a porta Capena us- « que ad urbem Capuam muniendam curavit [1] ».

En l'année 489 le censeur Curius Dentatus avait fait un traité pour amener dans la ville les eaux de l'Anio : « Post annos qua- « draginta quam Appia perducta est, anno ab urbe condita 489, « M. Curius Dentatus qui censuram cum L. Papirio Cursore ges- « sit, Anionis qui nunc dicitur vetus, aquam perducendam in « urbem ex mannubiis de Pyrrho captis curavit [2] ».

En 627 un grand travail du même genre fut exécuté. Les cen- seurs furent chargés de conduire jusqu'au Capitole l'eau appelée Tépula prise dans le territoire de Lucullus. Celui-ci avait donc été obligé, par une considération d'intérêt social, d'abandonner la propriété de sa source et de son terrain [3].

Environ un siècle après, en 719 de Rome, l'édile Agrippa fut désigné pour amener, au moyen d'un aqueduc, les eaux d'une source. Et un fait curieux à remarquer, c'est que cet aqueduc fut superposé à un aqueduc déjà existant, de sorte que, pour une assez grande partie du moins, il n'y eut pas d'expropriation à pratiquer [4].

Enfin, 13 ans plus tard, et par les soins du même édile, fut conduite dans Rome *l'eau vierge* prise encore sur le terrain de Lucullus [5].

A l'époque de la guerre de Macédoine, selon le récit de Tite- Live, le censeur Titus Sempronius acheta aux frais du trésor public des maisons sur l'emplacement desquelles il fit construire une basilique. « Titus Sempronius ædes P. Africani pone veteres

1. Frontin, *De aquæductibus*, n° 5.
2. — — n° 6.
3. — — n° 8.
4. — — n° 9.
5. — — n° 10.

« ad Vertumni signum lanionasque et tabernas conjunctas in
« publicum emit, basilicamque faciendam curavit quæ postea
« Sempronia appellata est [1]. » Ce texte suppose l'expropriation
de boucheries et de cabarets, établissements qui peuvent cho-
quer les regards et que l'on était sans doute assez porté à démolir.

Ailleurs l'historien nous rapporte que le censeur Flaccus fit
élever une digue et ouvrir une route : « Flaccus locavit molem
« ad Neptunias aquas ut iter populo esset, et viam per Formia-
« num montem [2]. »

Caton achète également aux frais du Trésor, dans les Lautumies,
deux vestibules et quatre boutiques : « duo atria et quatuor ta-
« bernas in publicum emit », et il fit élever sur leur emplacement une basilique appelée Porcia.

Le Code Théodosien nous donne de fréquents exemples d'expropriation dans l'intérêt général. —Des incendies récents avaient
détruit les greniers publics et avec eux les provisions qu'ils contenaient; pour éviter de nouveaux accidents de ce genre, qui
compromettaient les ressources de l'État, Constantin interdit de
construire désormais dans un rayon déterminé autour des magasins d'approvisionnement, et ne se bornant pas à cela, il décida
que des maisons qui auraient existé antérieurement dans ce
même rayon seraient rasées. Voilà bien une expropriation [3].
« Omnes intra centum pedes vicinitus quantum ad horrea perti-
« net arceantur, ac si quid constructum fuerit diruatur, quoniam
« experimentis nuperrimis palam factum est, ædificiorum quæ
« horreis adhærebant incendiis, fiscales copias laborasse. » Y
eut-il une indemnité fournie? Nous aimerions assez à le croire.
Mais aucun texte de cette époque ne nous renseigne sur ce
point.

Pour le cas où, postérieurement à la constitution, des citoyens
viendraient à bâtir dans l'espace prohibé, non-seulement leurs

1. Tite-Live, liv. LXIV, ch. XVI.
2. Tite-Live, liv. XXXIX, ch. XLIV.
3. Loi 4, C. Th. *De operib. publicis*, liv. XV, tit. I.

constructions seraient détruites, mais ils encourraient en outre la confiscation de tous leurs biens.

Deux constitutions d'Arcadius et Honorius (398), adressées l'une au préfet du prétoire, l'autre au préfet de la ville, ont pour objet d'ordonner la démolition des maisons appartenant à des particuliers et attenant aux greniers publics [1]; elles sont également muettes sur la question de l'indemnité. Et cela se comprend, car elles se réfèrent au cas où il a été construit en dedans d'un rayon de servitudes déjà établi; on exproprie les particuliers parce qu'ils ne se sont pas conformés aux distances, et à titre de peine on les prive d'indemnité. La loi 38 relative aux greniers publics ne fait qu'appliquer du reste la constitution de Constantin qui soixante-dix ans auparavant avait déterminé la portion de terrain sur lequel on ne pourrait pas construire; mais nous aurions peine à admettre qu'il n'y eût pas d'indemnité dans les hypothèses analogues à celle prévue dans la première partie de la loi IV, c'est-à-dire dans les cas où pour créer un nouveau rayon de servitudes on aurait à exproprier des particuliers de leurs maisons. Et en effet, d'après un ancien plébiscite qui nous est rapporté par Denys d'Halicarnasse, on accordait indemnité même aux usurpateurs de terrains publics, quand ils avaient construit sur ces terrains contrairement à tout droit. Et cette indemnité était égale à leur dépense [2].

Lorsque la capitale de l'Empire fut Constantinople, on put considérer comme d'utilité générale les expropriations accomplies dans cette ville : telles furent celles auxquelles donna lieu la cons-

---

1. Excellens eminentia tua cuncta privata ædificia quæ conjuncta horreis publicis esse cognoverit dirui ac demoliri præcipiet; ita ut ex quatuor lateribus privatorum consortio separata sint ac libero spatio recernantur ut a principio fuerant fabricata (Loi 38, C. Th., *De operibus publ.*, liv. XV, tit. 1).

Ædificia quæ vulgi more Parapetasia nuncupantur, vel si qua aliqua opera publicis mænibus vel privatis sociata cohærent, ut ex his incendium vel insidias vicinitas reformidet, aut augustentur spatia platearum, vel minuatur porticibus latitudo, dirui ac prosterni præcipimus (Loi 39, C. Th., *De operib. publicis*, liv. XV, titre 1).

2. Denys d'Halicarnasse, liv. X, ch. VII, § 5.

truction du nouveau mur de Constantinople; l'universalité des citoyens a intérêt à ce que la cité-mère soit défendue [1].

Tels furent encore les travaux exécutés pour la construction des Thermes d'Honorius, et pour l'agrandissement des salles de conférences de cette même ville, travaux qui, ainsi que nous l'avons vu plus haut, entraînèrent des expropriations [2].

La création des voies publiques pouvait, aussi bien que la construction des édifices, nécessiter des expropriations; chez les Romains ces voies de communication étaient de plusieurs sortes; il est important de les distinguer parce que, selon qu'elles faisaient partie d'une classe ou d'une autre, le mode de leur établissement différait.

Voici comment Ulpien pose au Digeste cette distinction : « Viarum quædam *publicæ* sunt, quædam *privatæ*, quædam *vici-« nales*. Publicas vias dicimus quas Græci Βασιλικας, nostri præ-« torias, alii consulares vias appellant. Privatæ sunt quas agra-« rias quidam dicunt. Vicinales sunt viæ quæ in vicis sunt vel « quæ in vicos ducunt [3]... » Ainsi trois classes de chemins. Ceux de la première classe *viæ publicæ*, les seuls dont nous nous occupons ici, s'étendaient d'une extrémité à l'autre de l'Empire. Les Grecs les appelaient Βασιλικας, c'est-à-dire royales. La création de ces voies publiques intéressait l'État tout entier; aussi les frais qu'elle entraînait étaient-ils à la charge du trésor public. Siculus Flaccus nous l'enseigne en ces termes [4] : « Sunt viæ publicæ « regales quæ publice muniuntur. » C'était également du trésor qu'était tirée l'indemnité due à raison du terrain pris pour la confection de ces routes.

1. Loi 51, C. Th., *De operibus publicis*, liv. xv, tit. 1.
2. Loi 50, C. Th., *De operibus publicis*, et Loi 53, C. Th., *De operibus publicis*, liv. xv, tit. 1.
3. Fr. 2, § 22, D. *Ne quid in loco publico*, liv. xliii, titre viii.
4. Siculus Flaccus, *De agrorum conditionibus*.

CHAPITRE II.

DES EXPROPRIATIONS D'INTÉRÊT COLLECTIF.

En principe, les habitants d'une cité richement pourvue de blé ou d'autres denrées alimentaires n'auraient pu être forcés de porter même de leur superflu aux villes voisines ; si cependant celles-ci se trouvaient dépourvues de vivres, menacées par la famine, de hautes considérations d'intérêt social faisaient fléchir la règle que nous venons d'indiquer ; et les villes favorisées étaient tenues d'envoyer leurs denrées à celles qui étaient dans des conditions moins heureuses ; le prix de ces denrées était payé au prix qu'on en eût donné dans la ville même d'où elles étaient sorties, et cela était très équitable, car autrement, les habitants des villes affamées auraient pu être rançonnés d'une façon outrageuse :

« Civitatum incolæ vel qui in eis aliquid possident non cogantur
« in aliam civitatem vel metropolim species conferre, sed et si
« inevitabilis quædam causa id fieri exigat, justis pretiis quæ in
« ea civitate obtinent, ex qua præbentur species, eas indigenti-
« bus vendant. Compensentur autem venditoribus pretia cum
« auraria collatione ; nec enim æquum est, qui nunc præbuit
« species et annonæ copiam attulit, ei postea pretia compu-
« tari ; et hoc fiat cura et solertia præsidis cujusque provinciæ;
« nullus vero cogatur vendere omne id quod sui usus gratia
« comparaverit, sed superflua tantum [1]... »

On peut comprendre que des expropriations se produisent au profit de personnes morales, d'êtres collectifs, que telle aggré- gation d'individus reçoive un avantage particulier, que l'on

[1]. Loi 2, C. Just. *Ut nemini liceat*, liv. x, titre xxvii. Nous pouvons rap- procher de cette hypothèse le fr. 27, § 3, *De usufructu*, Dig., liv. vii, tit. 1, dans lequel Ulpien, énumérant les charges de l'usufruitier, mentionne celle qui consiste à vendre des denrées à un municipe pour un prix très-bas. C'est encore là une restriction au droit de propriété.

fasse exécuter tel travail en faveur d'une cité ; dans ces hypothèses l'expropriation se produira au profit de l'aggrégation d'individus ou de la cité, c'est celle-ci qui en sera bénéficiaire, mais
elle ne sera pas nécessairement le plus directement intéressée
à l'expropriation. Autre chose est en effet le bénéficiaire d'une
expropriation, autre chose est l'intéressé. Quelquefois le bénéficiaire et l'intéressé, et même l'exproprié pourront être réunis
dans la même personne, mais cela n'arrivera pas forcément.

Ainsi Auguste expropria les habitants des provinces et des
municipes, pour attribuer des terres aux soldats [1]; il est tout
spécialement dans l'intérêt de l'État que les hommes qui ont
servi la République ne soient pas laissés dans l'abandon ; et que
ceux qui plus tard seraient appelés à servir le pays sachent bien
qu'après avoir combattu pour sa défense ils recevront une
rémunération. Le bénéfice est directement pour la collection
d'individus, pour les soldats, mais c'est dans l'intérêt de l'État
que l'expropriation se produit; aussi est-ce l'État qui fournit l'indemnité.

Dion Cassius rapporte un fait du même genre. César avait exproprié les citoyens qui avaient embrassé le parti d'Antoine et
avait donné aux soldats les terres de ceux qu'il avait dépossédés.
Τους γαρ δημους τινας εν τη Ιταλια τους τα του Αντωνιου φρονησαντας
εξοικισας τοις μεν στρατιωταις τας τε πολεις και τα χωρια αυτων εχαρισατο.
Εκεινων δε δη τοις μεν πλεοσι τε τε Δυρραχιον και τους Φιλιππους αλλα
τι επιεικη αντεδωκε. Τοις δε λοιποις αργυριον αντι της χωρας το μεν ειτεμι
τι δ'υπεσχετο [2]. Bien que les soldats aient encore ici le bénéfice de
l'expropriation, c'est l'État qui est intéressé, et comme dans le

1. *Inscription d'Ancyre* (Zell, n° 1740). — Cet intéressant document est le
dernier qui subsiste des trois écrits qu'Auguste laissa à sa mort avec son testament. Le premier était relatif aux solennités de son convoi funèbre. Le second, appelé aujourd'hui *Inscription d'Ancyre*, énumérait les actions de sa
vie. Le troisième était un état de la situation de l'armée et du trésor public.
   Ce récit des actions principales d'Auguste ne nous a été conservé que grâce
à la reproduction qui en fut faite sur le portique du temple d'Ancyre, dédié à
Auguste.
   2. Dion Cassius, LI, 4.

cas précédent, c'est du trésor public que l'indemnité est tirée.

Des travaux d'utilité publique s'accomplirent fréquemment dans les villes de province, et ces travaux eurent pour objet soit la défense des cités contre les invasions des barbares[1], soit un intérêt municipal. Quand de pareils travaux se firent, les cités qui y étaient intéressées durent en supporter les frais; et l'indemnité, à raison des expropriations, dut être prise sur la caisse de la ville. La somme affectée aux travaux publics est fixée par Valentinien au tiers du revenu de la ville; pour le cas où cette somme ne suffirait pas à couvrir les frais, la ville fut autorisée à prendre sur la caisse des autres cités une somme égale au tiers du revenu de celles-ci. « Si Civitatis ejus Respublica tantum in « tertia pensionis parte non habeat quantum cœptæ fabricæ pos- « cat impendium, ex aliarum civitatum reipublicæ canone præ- « sumant, tertiæ videlicet portionis. » — Une constitution égale- ment de Valentinien, et adressée en 300 à Polémius, préfet d'Illyrie et d'Italie, décide que quand une des villes les plus im- portantes, une métropole, se trouvera absolument dépourvue de ressources, elle pourra recourir à la caisse des moindres cités, qui seront alors obligées de fournir leurs fonds[2]. « Quotiens « clariores urbes per singulas quasque provincias expensis pro- « priis et vectigalibus, majorem pecuniam absolvendi cujus- « libet operis necessitate deposcunt id ex minorum viribus vin- « dicetur..... » On serait disposé à trouver bien étrange cette réversion de capitaux pris dans la caisse des villes inférieures pour les porter dans la caisse des villes plus importantes, dans les cas surtout où le travail ne serait pas, comme les travaux de défense, conçu dans l'intérêt de la République tout entière. Mais si l'on y réfléchit un peu, on se rend compte de cela; les monu- ments, et principalement les temples, les cirques, les théâtres, construits dans les villes principales, profitent aux villes secon- daires, les habitants de celles-ci se portant nécessairement vers

1. Loi 18, C. Th., *De operib. publicis,* liv. xv, tit. i.
2. Loi 26, C. Th., *De operib. publicis.*
3. Loi 28, C. Th., *De operib. publicis.*

celles-là avec lesquelles ils ont des relations et des rapports nombreux : aussi, et à plus forte raison, lorsque s'accomplissaient des travaux militaires, destinés à sauvegarder l'intérêt d'une province tout entière, était-il bien naturel que chacune des villes de la province en supportât les frais; chacune d'elles en effet y contribuait, et à défaut de capitaux suffisants dans ces villes, on retournait vers les villes des autres provinces. Il pouvait ainsi s'opérer de province à province, ce qui d'après le texte qui nous occupe s'opérait de ville à ville. Du reste on ne devait pas permettre légèrement que des villes fussent ainsi dépouillées de leurs revenus; aussi, quand un fait de ce genre s'était produit, devait-il être soumis à l'approbation de l'Empereur. C'est ce à quoi se réfère la disposition finale de la loi 26: « Consequens... erit ut in notitiam serenitatis nostræ quotiens habita « fuerit hæc vectigalium usurpatio, derivetur, quantum fuerit, « aliunde præsumptum, quatenus consummatum. »

L'établissement des voies vicinales intéressait les cités qu'elles reliaient entre elles et les particuliers dont elles traversaient les fonds. Quelques-unes de ces voies, bien que de moindre importance que les *viæ publicæ*, *viæ prætoriæ*, en avaient cependant une assez considérable, celles entre autres qui conduisaient aux voies militaires...*pars earum in militares vias exitum habent*. Parmi ces voies vicinales, les unes étaient une dépendance du domaine public, d'autres n'en faisaient pas partie; cette distinction reposait sur le point de savoir aux frais de qui le chemin avait été établi. Était-ce aux frais des particuliers, la voie n'était pas du domaine public; n'était-ce point à leurs frais, mais bien aux frais des cités, alors le chemin était public. Et même dans le doute on interprétait dans le sens du caractère public. Quant aux chemins vicinaux, qu'ils fissent ou non partie du domaine public, leur entretien était à la charge des particuliers, et la raison qu'en donne Ulpien est que les propriétaires doivent contribuer en commun à l'entretien des chemins dont l'usage est commun à tous [1].

1. Vicinales sunt viæ quæ in vicis sunt vel quæ in vicos ducunt. Has quo-

Pour les voies rurales, celles qui conduisaient d'un champ à l'autre, il est bien évident qu'elles ne pouvaient faire partie du domaine public, et que leur établissement et leur entretien étaient à la charge des particuliers dont elles traversaient les fonds; leur existence intéressait seulement ceux auxquels de pareilles voies pouvaient servir à l'exploitation des terres; il n'y avait jamais lieu pour leur établissement à recourir à l'expropriation, ni à déclarer l'utilité publique.

CHAPITRE III.

EXPROPRIATION D'INTÉRÊT PRIVÉ.

Nous avons vu que l'on considérait comme d'une haute importance sociale, et comme étant d'intérêt public, l'expropriation, et l'affranchissement des esclaves qui avaient par leurs dénonciations contribué à la défense et assuré la sécurité de l'État. Il n'est pas moins important pour la société que les homicides ne se commettent pas. Aussi un esclave devenait libre quand il avait dénoncé le meurtre de son maître. « Quoniam[1] », disent les empereurs Dioclétien et Maximin dans un rescrit adressé à l'esclave Firminus, « religiosa sollicitudo ad augen-
« dam provocandamque fidei observationem, juris præmio
« affici debet, si ad ulciscendam cædem domini incorruptis pro-
« bationibus ac strenuo nisu constiteris, libertatem quam his
« qui dominorum cædem vindicant, jampridem senatus-consul-
« tis et statutis principum præstari sancitum est, etiam tu pro
« tam ingentibus meritis non ex ipso facto sed aditione et sen-

que publicas esse quidam dicunt, quod ita verum est, si non ex collatione privatorum hoc iter constitutum est : aliter atque si ex collatione privatorum reficiatur nam si ex collatione privatorum reficiatur non utique privata est, refectio enim idcirco de communi fit quia usum utilitatemque communem habet (Fr. 2, § 22. Dig., liv. XLIII, tit. VIII).

1: Loi 1, C. *Pro quibus causis*, liv. VII, tit. XIII.

« tentia præsidis reportabis. » L'esclave ne devenait pas libre de plein droit; son affranchissement résultait d'une sentence du président de la province : la loi ne dit point qu'une indemnité dût être payée à l'héritier du défunt dépossédé de son esclave; il n'est pas probable qu'il en fût alloué dans ce cas; car l'esclave en dénonçant le meurtre de son maître a amplement dédommagé la famille. Le zèle de l'esclave aura amené en effet l'expiation du crime, et aura ainsi donné satisfaction à un sentiment d'affection non moins qu'à un besoin de haute moralité. C'est donc aux frais de la famille principale intéressée à la vengeance du meurtre de son chef que, dans l'espèce, l'expropriation a lieu : c'est qu'en effet chez les Romains comme chez nous, l'utilité publique de l'expropriation doit toujours être déclarée par un pouvoir supérieur, après quoi l'indemnité est fournie selon les cas, soit par l'État soit par le particulier ou l'agrégation de personnes que l'expropriation intéresse le plus directement; dans l'hypothèse de l'esclave qui, aux termes de la loi, obtient sa liberté, si l'on satisfait au sentiment de la moralité publique aux frais des héritiers du défunt, cela s'explique certainement fort bien. Il est évident en effet que le défunt n'eût pas manqué d'affranchir par son testament l'esclave qui eût poursuivi son meurtrier et vengé sa mort : il n'eût pas hésité à imposer la charge de l'affranchissement à son héritier si la chose lui eût été possible. Il est d'ailleurs de l'intérêt propre des maîtres que leur vie soit épargnée; que leurs esclaves les protègent quand ils le peuvent et soient encouragés à faire leur devoir par l'espérance d'une rémunération, la liberté; rien de plus naturel et de plus juste que de tirer l'indemnité du patrimoine même de la personne dont l'intérêt est principalement en jeu. A vrai dire, au regard du maître décédé, il n'y a pas là expropriation, car qui dit expropriation dit contrainte, et dans ce cas au contraire on ne fait que se conformer aux intentions probables du défunt; mais il y a expropriation au regard des héritiers parce que, qu'ils le veuillent ou non, l'esclave sera affranchi.

Une femme esclave devenait libre si on la prostituait contrai-

rement à la clause contenue en l'acte de vente : « Præfectus urbi
« amicus noster, eam quæ ita veniit ut si prostituta fuisset ab-
« ducendi potestas esset, ei cui secundum constitutionem divi
« Hadriani id competit, abducendi impertiet facultatem[1]. » La
société romaine n'avait pas considéré comme d'un intérêt absolu
que les esclaves ne fussent pas prostituées. Cependant il était
utile d'empêcher de prostituer des esclaves que leur ancien
maître avait jugées dignes de n'être pas livrées à la prostitution. La convention dont il s'agit devait en effet généralement concerner des femmes véritablement intéressantes. Certes
dans l'ordre d'une morale plus élevée, il n'aurait peut-être
pas été nécessaire que cette clause eût été mentionnée pour
que les magistrats intervinssent, et que l'esclave fût affranchie.
Mais les Romains n'avaient pas été jusque-là : ce qui jusqu'à
un certain point se comprend, eu égard à la perversité de la
plupart des femmes esclaves. Le maître devait donc dans
l'acte de vente exprimer positivement sa volonté que l'esclave
ne fût pas prostituée. Mais, une fois cette volonté exprimée, il y
avait en quelque sorte pour l'esclave un droit acquis à n'être
pas soumise à la prostitution : aussi, même quand elle avait passé
par plusieurs acheteurs successifs, et arrivait à celui qui la prostituait sans que, dans ce dernier acte d'achat, et même dans les
actes intermédiaires, cette clause eût été reproduite, le bénéfice
assuré à cette femme, en vertu de la convention première, ne
cessait-il pas d'exister.

Le maître qui prostituait l'esclave dans l'hypothèse que nous
indiquons, ne recevait certainement aucune indemnité du
trésor. En effet, l'expropriation n'était pas, à proprement parler,
motivée par une considération d'intérêt public. Si l'affranchissement avait eu lieu par respect de la morale publique, tout
maître qui aurait prostitué une esclave en eût été privé, et cette
esclave fût devenue libre, tandis que dans cette constitution
d'Alexandre, on voit que l'esclave n'est affranchie qu'autant

---

1. Loi 1, C. *Si mancipium ita venierit*, liv. IV, tit. LVI.

qu'elle a été prostituée malgré la clause contraire de l'acte de vente.

L'expropriation n'a donc pour but que de satisfaire au sentiment de la morale privée du maître. Du reste, dans l'hypothèse dont il s'agit, l'acheteur qui, contrairement à la convention intervenue entre lui et l'ancien maître, prostituerait l'esclave, n'aurait certainement pas d'indemnité à réclamer ; son vendeur userait de son *jus abducendi*, et ne lui devrait rien, pas même le remboursement d'un prix de vente qui a probablement été d'autant moindre, qu'une réduction était apportée au droit assez peu moral, mais néanmoins existant pour le propriétaire.

Ce serait une question fort délicate de savoir si un subséquent acheteur évincé pour avoir prostitué l'esclave pourrait recourir *ex empto* contre son vendeur qui n'aurait pas reproduit la clause primitive ou ne l'en aurait pas averti. Il n'aurait certainement pas droit à une indemnité pour ce fait de n'avoir pu livrer ses esclaves à la prostitution. La preuve en est que, dès le règne de Sévère, et en vertu d'une constitution de cet empereur, le préfet de la ville intervenait pour empêcher un maître de prostituer son esclave [1]. Quand donc, en l'absence même de toute clause à cet égard, le maître eût pu se voir empêché de livrer ses esclaves à la prostitution, un acheteur aurait eu mauvaise grâce à réclamer une indemnité, sous ce prétexte que, en vertu d'une clause qui avait été formellement exprimée, mais dont il ignorait l'existence, il se serait trouvé dans l'impossibilité de réaliser des bénéfices, sinon prohibés absolument, du moins immoraux et infamants [2]. Mais assurément il pourrait appuyer sa demande sur ce que, contre toute attente, il a été privé de la propriété de son esclave, propriété que, dans les conditions ordinaires, il n'aurait certainement pas perdue. Son recours alors se serait exercé contre le vendeur qui n'aurait pas

---

1. Fr. 1, § 8, D. *De officio Præfecti urbi*, liv. 1, tit. xii.
2. Fr. 4, § 2, D. *De his qui notantur infamia*, liv. 111, tit. 11.

reproduit la convention dans l'acte de vente, ou ne l'aurait pas averti..

Le rapt est un fait immoral dont l'intérêt social demande la répression. « Si quis servus raptus virginis facinus dissimula- « tione praeteritum, aut pactione transmissum, detulerit in pu- « blicum, libertate donetur [1] ». D'après cette constitution, l'es- clave qui avait fait connaître le rapt d'une jeune fille quand les parents avaient transigé ou gardé le silence, désireux peut-être qu'ils étaient d'assoupir l'affaire, avait le bénéfice de l'affranchis- sement. Que devons-nous décider ici en ce qui concerne l'in- demnité? Ce qui est bien certain, c'est que la loi qui nous occupe ne dit pas du tout qu'une indemnité soit à fournir par le trésor public; pour nous, nous sommes très-disposé à croire que lorsque l'esclave dont il s'agit appartenait aux parents de la jeune fille, il n'y avait aucune indemnité à payer à ceux-ci. Loin de là, en les privant de leur esclave qui devenait libre, on leur infligeait une peine qui était dans l'économie générale du système introduit par Constantin. Et si l'esclave appartenait à d'autres personnes, nous serions enclin à penser que l'indem- nité, à raison de son affranchissement, aurait été fournie aux frais des parents de la jeune fille.

Après l'introduction du christianisme, l'Eglise dont les empe- reurs chrétiens suivaient volontiers les inspirations, était évidem- ment favorable aux affranchissements; sous le bas Empire prin- cipalement, on voit se manifester la plus grande tendance à multiplier le nombre des hommes libres; le titre de citoyen romain était loin d'ailleurs d'avoir conservé son prestige, ainsi que l'atteste la constitution de Justinien par laquelle il supprime la catégorie des déditices; on ne craint plus de rencontrer dans la cité des hommes dont la perversité était certifiée par les con- damnations qu'ils avaient encourues étant esclaves. En réalité, grâce à la dépravation de toutes les classes de la société, ingénus et affranchis se valent.

---

1. Loi 3, *Pro quibus causis servi*, C., liv. VII, tit. XIII.

Cette tendance à accroître le nombre des hommes libres est très-marquée sous Justinien. Aussi une constitution du Code [1] a-t-elle pour but de favoriser l'affranchissement de l'esclave commun qu'un maître veut faire déclarer libre tandis que l'autre s'y oppose. Il est intéressant d'observer le progrès du droit à cet égard.

Autrefois, le maître qui se refusait à l'affranchissement se trouvait avoir le bénéfice de la propriété tout entière de l'esclave, parce qu'il était impossible qu'une personne fût en partie libre et en partie esclave; les résistances du propriétaire le moins généreux procuraient à celui-ci un accroissement de patrimoine [2]; une constitution de Sévère, dans le but de donner satisfaction autant qu'il était possible à l'expression de la volonté suprême d'un militaire, enjoignit aux héritiers de celui-ci d'acheter la part qu'avaient dans l'esclave les copropriétaires du défunt. Mais ce n'était là qu'une conséquence de la faveur dont les militaires étaient constamment entourés; aussi bientôt une autre constitution de Sévère et Antonin décida-t-elle d'une façon plus générale et sans distinguer si les héritiers étaient ceux d'un militaire ou d'un autre particulier, que les copropriétaires du défunt seraient tenus de céder leur part à ces héritiers, moyennant un prix que le préteur se chargeait de déterminer : *pretio... arbitrio prætoris constituendo.* Mais ceci ne concernait encore que les affranchissements testamentaires.

Justinien, dans sa constitution, ne maintient pas ces distinctions, et ne faisant plus de différence entre les esclaves d'un militaire et ceux d'un simple particulier, entre les dispositions entre vifs ou testamentaires, il décide que quand un maître aura manifesté son intention d'affranchir un esclave, cet esclave fût-il commun entre deux ou plusieurs, peu importe; sa volonté sera exécutée, il y aura expropriation. Les autres maîtres seront privés de leur part dans l'esclave, toutefois moyennant un prix

1. Loi 1, C. *De communi servo manumisso,* liv. VII, tit. VII.
2. *Domino pars libertatem imponentis accrescit,* loi 1, C. Just. *De com. serv. man.,* liv. VII, tit. VII.

fixé dans la loi, prix variable selon les talents de l'esclave, et fourni bien entendu par l'auteur de l'affranchissement; puisque, dans ce cas, aussi bien que dans l'espèce citée plus haut de la loi, *si mancipium ita venierit*, l'expropriation a surtout pour objet de favoriser des sentiments de bienveillance pour l'esclave.

Si les copropriétaires refusent de recevoir l'indemnité, on ne tiendra pas plus compte de ce refus que de leur résistance à abandonner leur part dans l'esclave ; leur intérêt particulier devra céder devant l'intérêt social. Aussi Justinien permit-il, par une disposition spéciale, de leur faire faire des offres réelles et de consigner l'indemnité[1] : « Sin autem socius vel socii recusa-« verint pretium accipere, licentiam ei damus offerre hoc per « personas publicas, et sigillo impresso in ædem sacram de-« ponere et sic habere facultatem servum libertate donare, et « eum habere plenissimam libertatem, et civitate Romana per-« frui et nullum timere ex sociis : sibimet enim imputent, si, « cum liceret (eis) lucrari pretium, hoc accipere distule-« runt[2]. »

M. de Fresquet[3] range au nombre des cas d'expropriation pour cause d'utilité publique l'hypothèse réglée par le rescrit d'Antonin le Pieux, et rapportée aux Instituts[4]. Nous ne partageons pas son avis. D'après nous, on aurait pu envisager la question sous un double point de vue. On aurait dit par exemple : Il importe à la société que les maîtres n'accablent pas leurs esclaves de mauvais traitements. Elle doit réprimer de pareils actes. L'esclave ainsi maltraité sera affranchi; son maître en sera privé, mais à titre pénal et sans indemnité. Ou bien l'on eût pu dire : Le maître est coupable dans une certaine mesure; et à titre de peine, il doit perdre le droit de puissance qu'il avait sur

1. Voir loi du 3 mai 1841, art. 53.
2. Loi 1, C. *De com. serv. man.*, liv. vii, tit. vii.
3. *Principes de l'expropriation pour cause d'utilité publique à Rome et à Constantinople, jusqu'à l'époque de Justinien.*
4. *Instituts*, liv. 1, tit. viii, § 2.

l'esclave; mais on doit tenir compte aussi du droit de propriété qui confère à tout maître un pouvoir absolu sur sa chose; que si en respectant ce droit de propriété on avait décidé qu'une indemnité serait fournie au maître dépossédé, cette indemnité aurait été tirée du trésor public. A l'un ou l'autre de ces deux points de vue, on eût pu dire qu'il y avait expropriation; mais telle n'est pas l'hypothèse du rescrit. On y voit seulement l'exemple d'une réduction à la puissance dominicale au profit des esclaves maltraités; ceux-ci ne sont point affranchis, mais bien vendus, et le maître touche non une indemnité comme exproprié, mais un prix comme vendeur.

Sous les empereurs chrétiens, le bien de la religion prend une importance sociale. On comprend donc qu'il y ait eu des expropriations d'esclaves motivées par la religion.

Nous avons vu qu'à une époque assez reculée du Droit romain, dès le temps des Antonins, le préfet de la ville avait le pouvoir d'intervenir sur la plainte des esclaves, pour les protéger contre la cruauté ou la dépravation de leurs maîtres, et spécialement pour les empêcher d'être victimes de l'immoralité de ceux-ci [1].

Mais à notre connaissance les constitutions qui déclarent que les maîtres coupables de vouloir soumettre leurs esclaves à la prostitution seront privés de la propriété de ces esclaves, ne datent que des empereurs chrétiens. La plus ancienne qui nous soit parvenue est de Constance. Après avoir consacré le droit ancien en ce point que les magistrats et particulièrement les évêques doivent intervenir pour empêcher les maîtres de prostituer leurs esclaves, cet empereur innova aux principes anciens, en réservant aux membres du clergé et aux chrétiens d'une moralité sans doute reconnue le droit d'acheter, moyennant bon prix, lesdits esclaves [2].

---

1. Fr. 1, § 8. Dig. De officio præfecti urbi, liv. 1, tit. xii.

2. « Si quis feminas quas se dedicasse venerationi christianæ leges sanctissimæ dignoscuntur ludibriis quibusdam subjicere voluerit, ac lupanaribus
« venditas faciat vile ministerium prostituti pudoris explere, nemo alter easdem

Prostituer sous le bas Empire une esclave chrétienne était lui faire subir un outrage égal aux plus mauvais traitements. Aussi est-il évident pour nous que d'après l'espèce de cette loi le *leno* était forcé de vendre ses esclaves comme aurait été forcé de le faire, aux termes du rescrit d'Antonin le Pieux, le maître qui se serait rendu coupable de mauvais traitements corporels (*Inst.* liv. 1, titre viii, § 2).

En l'année 428, Théodose le Jeune décida positivement que les maîtres odieux dont il s'agit, non-seulement perdraient la propriété de leurs esclaves, mais subiraient encore certaines peines des plus graves[1] ; la puissance paternelle était perdue dans les mêmes conditions que la puissance dominicale : de sorte que, si l'on considérait cette puissance comme comptant dans le patrimoine, on pouvait dire que le père en était exproprié. Enfin par une constitution qui révèle plutôt l'esprit de fanatisme que l'esprit de justice, Justinien défend à tout juif, païen ou hérétique d'avoir des esclaves chrétiens ; lorsque ce cas se présentera, les esclaves recevront la liberté, et si parmi des esclaves appartenant à des maîtres païens, il s'en trouve qui, n'ayant point encore embrassé la foi catholique, manifestent le désir de le faire, ces esclaves recevront la liberté après leur abjuration,

----

« coemendi habeat facultatem nisi aut hii qui ecclesiastici esse noscuntur « aut christiani homines demonstrantur, competenti pretio persoluto ». — Loi 1, C. Th. *De Lenonibus*, liv. xv, tit. viii (anno 313).

1. Loi 2, *De Lenonibus*, C. Th., liv. xv, tit. viii, et loi 12, C. Just., *De Episcopali audientia*, liv. 1, tit. iv. Lenones patres et dominos qui suis filiis vel ancillis peccandi necessitatem imponunt, nec jure frui dominii nec tanti criminis patimur libertate gaudere. Igitur tali placet hanc indignatione subduci, nec potestatis jure frui valeat, ne quid eis ita possit adquiri sed ancillis filiabusque, si velint, conductisque pro paupertate personis, quas sors damnavit humilior, episcoporum liceat, judicum etiam defensorumque implorato suffragio omni miserarum necessitate absolvi ; ita ut si insistendum eis lenones esse crediderint, vel peccandi ingerant necessitatem invitis, non amittant solam eam quam habuerant potestatem sed proscripti poena mancipentur exilii, metallis addicendi publicis. Quae minor poena est quam si praecepto lenonis cogatur quispiam coitionis sordes ferre quas nolit.

et Justinien ajoute [1] : *Nihil pro eorum pretiis accipientibus dominis.* Ce cas d'expropriation bien dur pour les maîtres dut se produire fréquemment. Justinien put se donner le mérite de bien des conversions; du reste, si plus tard, les maîtres des esclaves étaient devenus à leur tour catholiques, ils n'auraient pu reprendre un droit de puissance sur les esclaves qui auraient abjuré avant eux. Ils étaient donc dépouillés irrévocablement de leur propriété, ce qui n'a rien de contraire aux principes, car la liberté une fois conférée ne se retire pas; mais ils restaient toujours privés d'indemnité, ce qui est beaucoup moins régulier. Leur conversion à eux avait ainsi le mérite d'être désintéressée.

1. Loi 6, § 3, *De episcopis et clericis*, C., liv. 1, tit. III.

DEUXIÈME PARTIE.

PROCÉDURE DE L'EXPROPRIATION

POUR CAUSE D'UTILITÉ PUBLIQUE.

PREMIÈRE PÉRIODE.

LES ROIS.

Les documents que nous possédons sur la marche suivie à Rome en matière d'expropriation pour cause d'utilité publique sont loin d'être complets. Mais sur la première époque, règne une incertitude plus grande encore que sur toutes les autres. N'y eut-il que peu de travaux publics sous les gouvernements des rois ? Nous le penserions volontiers, d'après le texte de Frontin cité plus haut[1], lequel ne fait remonter qu'à l'année 481 de Rome, plus de deux siècles par conséquent après l'extinction de la royauté, les travaux publics qui devaient être le plus désirés. Servius Tullus, l'avant-dernier roi, étendit l'enceinte de la ville de manière à y enfermer les sept collines qui depuis n'ont pas cessé d'en faire partie; on peut bien dire que c'est là un travail d'utilité publique, mais il ne dut pas y avoir de difficultés d'expropriation à cette occasion, parce que, selon toute probabilité, le sol nécessaire pour la construction de la muraille fut pris sur le terrain dont l'usage était commun à tous les guerriers qui alors composaient le peuple.

A la manière des bandits, les premiers Romains devaient éviter de s'isoler et se concentraient dans le bas fond qui constituait encore leur ville.

Quoi qu'il en soit, nous pouvons poser ici un principe gé-

---

1. Frontin, *De aquæductibus*, n° 5.

néral qui dominera toute la matière. C'est que si l'expropriation pour cause d'utilité publique est pratiquée dans ces premiers temps, il a fallu nécessairement que cette utilité soit déclarée par une autorité législative. En effet, si parfois il arrive qu'un agent du pouvoir exécutif déclare l'utilité publique, ce n'est point en tant que pouvoir exécutif. Celui qui fonctionne comme agent du pouvoir exécutif ne fait qu'appliquer une décision prise, ce qui suppose nécessairement qu'un autre pouvoir a pris antérieurement cette décision ; et conséquemment, quand même un agent du pouvoir exécutif ferait une déclaration d'utilité publique, à la suite de laquelle une expropriation se pratiquerait, au moment où cet agent exécuterait, il n'aurait plus la même qualité que quand il a pris la décision.

Or, sous les rois, le pouvoir constitutionnellement compétent pour déclarer l'utilité publique, c'est le peuple; c'est à lui, réuni en comices, qu'appartient le droit de rendre, sur la proposition du roi, les seules décisions qui alors fussent obligatoires. Le roi ne fait pas les lois; il doit même, avant de les proposer, s'assurer de l'approbation du sénat, corps qui apparaît de bonne heure dans l'histoire romaine, et qui, dans le principe, dut être composé de guerriers les plus influents par leur âge et les plus remarquables par leurs faits d'armes.

De là il résulte que quand une expropriation doit avoir lieu, la marche suivie est sans doute celle-ci : le roi propose, le sénat donne son avis, et s'il est favorable, la loi est portée au peuple[1] qui, dans l'assemblée des comices, donne ou refuse sa sanction; si bien que rien ne peut se faire sans la volonté de cette peuplade, car les Romains ne sont encore que cela. En définitive c'est elle qui veut et qui peut.

Si nous nous demandons à qui il appartient de faire exécuter la loi qui a décidé une expropriation, nous n'avons guère de données précises. Cependant il est des magistratures qui remontent certainement à cette époque.

1. Fr. 2, § 2, *De origine juris*, Dig. liv. 1, tit. 11.

Ainsi entre autres, on doit considérer comme de date fort ancienne la création du *præfectus urbi*, *préfet de la ville*.[1]

D'après M. Giraud ce serait sous les rois qu'auraient été institués les *questeurs* chargés de la garde de la caisse publique[2], composée alors des produits du pillage.

On ne reconnaît pas qu'il y ait eu dans cette période d'autres magistrats. Ainsi les consuls n'apparaissent qu'à l'expulsion des rois, en l'année 245.

Les édiles qui recevront plus tard la mission de surveiller les travaux publics ne sont institués qu'en l'année 261. Encore n'est-il question que des édiles plébéiens ; les édiles curules ne datent que de l'an 351 de Rome, et sont postérieurs d'un siècle à l'établissement de la République.

Toutes les fonctions se réunissaient en la personne du roi ; c'est donc lui qui aurait déterminé les portions de terrain soumises à l'expropriation; c'est lui aussi qui aurait tenu la haute main sur les travaux ; mais il nous semble permis de croire que le préfet de la ville par une délégation du roi présidait à l'exécution du travail.

Les peuples vaincus et asservis déjà à la domination de Rome devaient sans doute fournir un contingent de travailleurs, car il n'est pas probable qu'il y eût déjà sous les rois le perfectionnement d'une adjudication de travaux publics à des entrepreneurs.

Des colonies. — Dans les premières années de Rome, on employa fréquemment le système qui consistait à détruire la ville vaincue et incorporer ses habitants à la cité-mère. Ce procédé, utile d'abord parce que Rome avait besoin d'augmenter sa population, eut bientôt l'inconvénient de l'accroître à l'excès. Aussi dut-on se résigner à user d'un système inverse, en envoyant au dehors, pour former de nouveaux établissements, soit une partie

1. Tite-Live, liv. 1. — *Voir* aussi M. Giraud, *Histoire du droit romain.*
2. *Dictionnaire* de Calvin.
Ulpien fait remonter les questeurs au règne de Tullius Hostilius. *Tullo Hostilio rege quæstores fuisse certum est.* Fr. 1, *De officio quæstoris,* D. liv. 1, tit. XIII.

du peuple précédemment vaincu, soit des citoyens romains lesquels prenaient la place des anciens habitants, dépouillés de leurs biens et désormais réduits en esclavage. Telle fut l'origine des colonies. D'après Tite-Live[1], nous devons la faire remonter à l'an IV de Rome au règne de Romulus. Les premières colonies furent *Antemnes* et *Crustuminum*. Dès lors on distingue : 1° Les colonies romaines, celles où l'on envoyait particulièrement des Romains, constituées à l'image de Rome; chez elles on retrouve le sénat, *senatus, curia*; quand Rome aura ses consuls, elles auront leurs duumvirs, *duumviri*. 2° Les colonies latines composées soit de Romains, soit de Latins, assimilées non pas à Rome, mais aux villes jouissant du *Jus Latii*, et n'ayant comme celles-ci que le *commercium* et non le *connubium*.

Or, pour ces colonies et sans différence entre les romaines et les latines, il ne pouvait être question d'aucune indépendance; Aulu-Gelle dit à leur sujet : « Ex civitate quasi propagatæ sunt; et « jura institutaque omnia populi romani, non sui arbitrii ha- « bent[2]. » Par le seul fait qu'une colonie était fondée dans une ville, cette ville perdait sa propre législation, et était soumise à la loi romaine. Les territoires sur lesquels on installait des colons, étant, par le fait de la conquête, devenus le domaine du peuple romain, domaine qui à cette époque était absolument inaliénable, il s'ensuit que les colons n'étaient que des tenanciers ou plus exactement des détenteurs précaires du fonds qu'on leur livrait à cultiver, et le peuple avait toujours le droit de reprendre pour un travail d'utilité publique le terrain concédé.

La colonie, n'étant pas une personne morale, ne pouvait pas non plus être propriétaire: il est probable que le peuple romain, s'il avait jugé à propos à cette époque de reprendre pour une destination publique un terrain dépendant d'une colonie, n'aurait eu ni expropriation à pratiquer, ni indemnité à payer.

1. Tite-Live, liv. I, ch. II.
2. Aulu-Gelle, *Nuits attiques*, XVI, 13.

DEUXIÈME PÉRIODE.

—

LA RÉPUBLIQUE.

La Révolution accomplie contre les Tarquins fut plutôt en faveur des patriciens qu'à l'avantage de la *plebs*. Aussi la puissance
acquise par le sénat pendant cette période fut considérable ; le
pouvoir législatif ne cesse pas, comme il cessera sous les empereurs, d'appartenir au peuple ; mais il est singulièrement mitigé
par toutes les entraves constitutionnelles infligées à l'expansion
populaire. Ainsi sous la République la loi est proposée dans les
comices par les consuls magistrats de l'ordre sénatorial, et une
fois la volonté du peuple exprimée, elle n'a de valeur qu'à la condition d'être approuvée par le sénat : Cicéron nous le dit dans
son *Traité de la République* : « Tenuit.... hoc in statu rempu-
« blicam temporibus illis ut in populo libero pauca per populum
« pleraque senatus auctoritate, et instituto ac more gereren-
« tur ; atque uti consules potestatem haberent tempore duntaxat
« annuam genere ipso ac jure regiam. Quodque erat ad obti-
« nendam potentiam nobilium vel maximum, vehementer id
« retinebatur, populi comitia ne essent rata, nisi ea patrum ap-
« probavisset auctoritas [1]. »

Malgré l'autorité du sénat, nous ne devons pas avancer trop
légèrement que ce corps ait eu qualité pour déclarer l'utilité publique d'une expropriation. M. de Fresquet ne fait pas difficulté
de l'admettre. Mais les textes qu'il cite ne nous semblent nullement probants en faveur de son opinion. Nous pensons au contraire que, pendant la République, c'était encore le peuple qui
dans ses comices déclarait législativement l'utilité publique. Assurément, selon que le sénat trouvait l'expropriation proposée désirable ou non, il devait presser les consuls ou autres magistrats
compétents de provoquer la réunion des comices et de prendre
l'initiative de la déclaration d'utilité publique : on ne peut donc

---

[1]. Cicéron, *De republicâ*, liv. 2, § 32.

méconnaître qu'il n'eût une influence sur la décision du peuple ; mais sa principale fonction était de délibérer comme conseil administratif et, en cette qualité, d'ordonner certaines mesures qui, la plupart du temps il est vrai, avaient un caractère d'utilité publique.

Ainsi quand un travail était en souffrance ou était retardé, le sénat intervenait pour faire procéder à son achèvement. C'est ce qui arriva lorsqu'on amena à Rome l'eau Appia [1] : « actum est in « senatu de consummando ejus aquæ opere ».

Les consuls ayant fait un rapport sur la nécessité de réparer des canaux, voûtes et arcades des aqueducs, le sénat rendit en cette circonstance un décret que nous rapporte Frontin, et par lequel il ordonna certaines mesures administratives, comme d'arracher les arbres dont les racines pourraient endommager l'aqueduc, et de faire les réparations avec des matériaux pris sur le terrain des propriétaires, bien entendu moyennant indemnité fixée par un arbitre équitable. Le même sénatus-consulte autorisait les agents chargés de ces réparations à passer sur le terrain des propriétaires, toutes les fois qu'il en serait besoin, pour le transport des matériaux [2].

C'est encore à Frontin que nous empruntons la disposition d'un sénatus-consulte qui défendait aux particuliers de détourner l'eau des canaux publics, et imposait aux concessionnaires l'obligation de n'en prendre que dans les châteaux d'eau [3].

Toutes ces mesures étaient bien des restrictions apportées au droit de propriété; mais ces restrictions n'étaient pas d'une importance assez grande pour qu'il y eût lieu à une déclaration d'utilité publique.

C'était aussi le sénat qui votait les fonds destinés aux travaux d'utilité publique, et déterminait la somme qui y serait affectée : « dimidium ex vectigalibus attributum ex senatus-consulto [4] ».

1. Frontin, *De aquæductibus*, n° 6.
2. — — n° 125.
3. — — n° 106.
4. Tite-Live, liv. LXIV, ch. XVI.

Il avait également mission de désigner les magistrats chargés de veiller à l'exécution du travail public[1]. « Ex senatus-consulto « duumviri aquæ perducendæ creati » ; il exerçait enfin une sorte de contrôle sur les adjudications faites par les magistrats , ayant le droit de les faire réduire ou même annuler si les prix en étaient excessifs : « Quas locationes cum senatus precibus et « lacrymis publicanorum victus, induci et de integro locari jus- « sisset [1]..... »

L'utilité publique une fois déclarée , il fallait déterminer les conditions du travail , conséquemment fixer les lieux qu'il pouvait atteindre. Or , le plus souvent l'acte législatif qui déclarait l'utilité publique indiquait implicitement les parties de terrain entamées par l'expropriation, par exemple si l'on avait décidé qu'une voie publique irait de tel point à tel autre, ou qu'un monument serait élevé à tel endroit déterminé de la ville. Mais il y avait des travaux pour lesquels la direction était indifférente. Ainsi les aqueducs : quand il avait été déclaré d'utilité publique que l'eau fût amenée à Rome ou à quelque autre ville, les magis- trats chargés de l'exécution de ce travail pouvaient traiter avec un entrepreneur ou une compagnie qui s'engageait, moyennant un prix, à faire venir au moyen d'un aqueduc l'eau désirée. C'était donc désormais l'affaire de cet entrepreneur qui devait obtenir des particuliers qu'ils se prêtassent à l'accomplissement de l'entreprise et s'ils se refusaient, à laisser prendre leur terrain ; ce refus pouvait quelquefois empêcher le travail tout entier. C'est ce qui, d'après Tite-Live, arriva en l'an 179, lorsque des censeurs ayant donné à l'adjudication la confection d'un aque- duc, ce travail ne put être terminé parce que Licinius Crassus ne souffrit pas qu'on fît passer l'aqueduc à travers son héritage. « Censores..... locarunt aquam adducendam fornicesque facien- « das; impedimento operi fuit M. Licinius Crassus qui per fun- « dum suum duci non est passus[3] ».

1. Frontin, *De aquæductibus*, n° 6.
2. Tite-Live, liv. xxxix, ch. xliv.
3. — liv. xl, ch. li.

De l'exécution des travaux publics. — Pendant la République, il y a un grand nombre de fonctionnaires, d'agents, qui concourent avec un rôle plus ou moins actif, plus ou moins important, à l'œuvre qu'il s'agit d'accomplir sous l'impulsion du sénat.

Entre tous ces fonctionnaires, les magistrats chargés à Rome d'intervenir dans les travaux publics sont les censeurs, les préteurs, les consuls, les questeurs, enfin les édiles qui ont plus spécialement des attributions de police et d'entretien des monuments et voies publiques.

Des censeurs. — Ces magistrats sont plus fréquemment que tous autres mentionnés dans les textes relatifs aux expropriations.

L'autorité morale du censeur devait en effet rendre son intervention très-efficace, quand il s'agissait d'accomplir un travail d'utilité publique, et de prendre pour cela des propriétés privées. La cession amiable des terrains était chose désirable, et qu'on devait toujours d'abord s'efforcer d'obtenir. C'était même le seul moyen qui pût être employé quand la loi, en déclarant l'utilité publique, n'avait pas déterminé la direction du travail. Les censeurs tâchaient donc de traiter avec les particuliers, et il est à penser que la plupart n'émettaient pas des prétentions exagérées en présence d'un citoyen qui eût pu justement les flétrir ensuite, en les signalant comme ayant sans raison et cupidement préféré leur intérêt particulier à l'intérêt général. En dernière ressource et si les résistances étaient systématiques et déraisonnables, une loi particulière déclarant l'utilité publique de l'expropriation du terrain aurait pu être proposée. Et une fois cette loi portée, il n'y aurait plus eu de refus possible.

Il nous suffit de rappeler ici les textes relatifs à la période de la République, textes où nous avons eu déjà l'occasion de constater que les censeurs se chargèrent de faire mener à terme les travaux antérieurement décidés [1].

Ainsi ce fut un censeur, Appius, qui fit exécuter l'aqueduc

1. Frontin, *De aquæductibus*, n° 5.

auquel il donna son nom, selon un usage déjà fort répandu , et qui se perpétuera sous l'empire [1].

Ce fut encore sous les ordres d'un censeur que fut accompli le travail qui fit venir à Rome les eaux de l'Anio, et plus tard la construction de l'aqueduc qui avait pour objet d'amener au Ca-pitole l'eau Tepula [2].

Les basiliques *Sempronia* et *Porcia* furent encore élevées par les soins des censeurs Des routes furent ouvertes [3], des digues furent construites, et les faits que nous rapportent les historiens ne furent assurément que les plus remarquables parmi un grand nombre d'autres,

Des préteurs. — La mission du préteur était principalement d'assurer la libre circulation sur les voies publiques , et le libre cours des eaux ; quand des particuliers causaient quelque dom-mage aux aqueducs ou voies publiques, alors le préteur inter-venait , et rendait un interdit [4]. Frontin mentionne une hypo-thèse de cette nature; les canaux qui amenaient à Rome les eaux de l'Anio étant endommagés par la vétusté et le mauvais vouloir des particuliers, le sénat donna mission au préteur Marcien de veiller à la réparation de ces aqueducs et à la répression de ces délits ; ne se bornant pas à cette injonction , le sénat ordonna à ce magistrat de faire élargir les canaux primitifs , insuffisants pour amener l'eau nécessaire à la ville dont la population s'était considérablement accrue [5]. « Quoniam incrementum urbis exi-« gere videbatur ampliorem modum aquæ eidem mandatum a « senatu est ut curaret, quatenus alias aquas quas posset in « urbem perduceret per ampliores ductus. »

L'intervention du préteur dans les travaux publics n'était pas de droit commun. Elle n'avait lieu que par exception et lors-

1. Frontin, *De aquæductibus*, n° 6.
2. —   —   n° 8.
3. Tite-Live, liv. xxxix, ch. lxiv, et liv. xliv, ch. xvi.
4. Dig., liv. xliii, tit. viii. Fr. 2, §§ 1, 2, 3 et suiv., et liv. xliii, tit. xii, Fr. 1.
5. Frontin, *De aquæductibus*, n° 7.

que les travaux n'étaient en quelque sorte qu'une conséquence
des réparations auxquelles le préteur devait présider.

Des édiles. — La haute surveillance des travaux publics appartenait aux censeurs aussi bien que le droit de veiller à la réparation et à l'entretien des édifices et voies publiques.

Mais pour le détail cette surveillance était confiée aux édiles
curules et aux édiles plébéiens qui l'exerçaient chacun suivant la
circonscription qu'ils s'étaient attribuée dans les cinq jours qui
suivaient leur nomination. Ce renseignement nous est fourni par
un texte législatif assez capable d'éclairer sur l'État du droit romain pendant la République : la table d'Héraclée. On appelle
ainsi deux fragments d'une table de bronze, trouvés en 1732 et
1735, à Héraclée, ville située près du golfe de Tarente; on a cru
longtemps que cette table n'était autre chose que le texte de la
loi régissant la ville d'Héraclée[1]; mais il est aujourd'hui avéré
qu'elle fut écrite en 709, que les articles qu'elle renferme eurent
une application générale et avaient été extraits de la loi *Julia
municipalis*, rendue par Jules César sur les municipalités romaines. Les données assez nombreuses que l'on peut extraire de
la table d'Héraclée offrent donc de réelles garanties. Or, cette
table ne paraît pas reconnaître aux édiles d'autre attribution que
celle de veiller à l'entretien de travaux déjà faits. Cependant
nous avons vu que d'après Frontin un édile avait été chargé de
présider à la construction d'un aqueduc[2]; il est bien vrai que le
sénat quand il désignait un magistrat pour faire exécuter un travail public, pouvait choisir qui bon lui semblait.

1. Ædilis curulis ædilis plebis, qui nunc sunt quique post hanc legem facti
creati erunt eumve magistratum inierint, ii in diebus quinque proximis quibus ei magistratui designati erunt, eumve magistratum inierint inter se pa-
ranto aut sortiunto qua in parte urbis, quisque eorum vias publicas, in urbe
Roma propiusve urbem Romam passus mille reficiundas sternendas curet,
ejusque rei procurationem habeat. Quæ pars cuique ædili ita hac lege obve-
nerit, ejus ædilis in iis locis quæ in ea parte erunt viarum reficiendarum
tuendarum procuratio esto uti hac lege oportebit (Table d'Héraclée.)— Blon-
deau, *Textes relatifs au droit antéjustinianéen*).

2. Frontin, *De aquæductibus*, nos 9 et 10.

Des questeurs. — Les questeurs avaient le maniement des deniers publics ; ils recevaient par conséquent la mission de distribuer les fonds nécessaires aux travaux d'expropriation. Ainsi
c'étaient les questeurs qui avaient remis de l'argent aux censeurs
pour acheter à l'amiable ou exproprier en cas de résistance les
maisons dont l'emprise était nécessaire. « Ad opera publica fa-
« cienda cum eis dimidium ex vectigalibus ejus anni adtributum
« ex senatus-consulto a quæstoribus esset [1]…. »

D'après ce texte c'étaient les censeurs qui ayant reçu les fonds
payaient soit les ouvriers, soit les entrepreneurs avec lesquels
ils avaient traité, soit enfin les indemnités dues aux expropriés.

Le questeur intervenait quelquefois plus directement. Quand
un magistrat avait été chargé de faire exécuter un travail public,
et avait à cet effet traité avec des entrepreneurs, régulièrement,
et d'après le jeu des actions, ces entrepreneurs auraient pu
agir contre lui pour se faire payer aux échéances. Mais les censeurs, les préteurs, les édiles n'étaient pas détenteurs des deniers
publics ; il fallait donc que le questeur urbain investi de cette
qualité intervînt pour pouvoir se trouver personnellement soumis à délivrer les sommes à ceux qui y avaient droit. La
Table d'Héraclée enseigne bien la marche suivie en cette matière : « Quam viam hac lege tuendam locari oportebit, ædilis
« quem eam viam tuendam locare oportebit, is eam viam *per*
« *quæstorem urbanum* quive ærario præerit, tuendam locato uti
« eam viam arbitratu ejus qui eam viam locandam curaverit
« tucatur ; quanta pecunia ita quæque via locata erit, tantam
« pecuniam quæstor urbanus quive ærario præerit, redemptori
« cui e lege locationis dari oportebit, hæredive ejus dandam, ad
« tribuendam curato [2] ».

De l'adjudication des travaux publics. — La plupart des
textes qui mentionnent l'exécution de quelque travail public
parlent d'une *locatio* faite par le magistrat chargé de la direction. Il nous semble impossible de ne pas voir dans cette

1. Tite-Live, liv. XLI, ch. XVI.
2. Table d'Héraclée.

locatio une adjudication du genre de celles qui se pratiquent de nos jours. Les censeurs firent très-souvent des traités de cette sorte [1], et certainement, leur autorité morale aussi bien pour l'adjudication des travaux que pour la cession des propriétés ne fut pas inutile, et put contribuer à obtenir des entrepreneurs des conditions plus avantageuses. Dans une circonstance que rapporte Tite-Live, les censeurs parvinrent à faire prendre à des prix très-bas l'entreprise des travaux publics : « Ultro tributa infimis « locaverunt [2] ». Ce mode de procéder était à Rome d'un usage fort ancien : les censeurs l'avaient mis en pratique dès l'an 489.

Dans un cas particulier c'étaient les consuls qui avaient donné à l'adjudication l'entreprise des édifices publics : « Quum Octavius et Aurelius consules ædes sacras locavissent [3]... » Cette intervention des consuls s'était produite en 674 ; or, dans cette année il n'y avait point de censeurs, ce n'était donc probablement que par exception et à défaut de censeurs que les consuls avaient reçu une pareille mission.

L'entretien, la réparation des voies publiques était, aussi bien que l'entreprise des ouvrages nouveaux, l'objet d'adjudications. Cette dernière sorte de traités était passée par les édiles dont la principale mission, ainsi que nous l'avons vu, était de pourvoir à l'entretien et aux réparations des voies publiques [4].

Les magistrats que nous avons passés en revue étaient les magistrats de Rome, mais leurs fonctions ne s'exerçaient pas seulement dans la ville. Les travaux dont l'exécution leur était confiée, les aqueducs, les routes, s'étendaient sur tout le sol de l'Italie et dans les provinces, et il est certain que le sénat déléguait souvent les censeurs, les préteurs, les édiles, pour veiller à l'exécution des travaux publics qui se faisaient au loin. Nous ne parlons,

---

1. Tite-Live, liv. XXXIX, ch. XLIV. — Liv. XXIV, ch. XVIII. — Liv. XLI, ch. XXVII. *Vias sternendas marginandasque locaverunt.*
2. Frontin, *De aquæductibus*, n° 6.
3. Cicéron, *Deuxième Discours contre Verrès*, liv. I, ch. L.
4. Table d'Héraclée.

bien entendu, que des travaux d'utilité générale, se faisant aux frais du trésor. Il n'en eût pas été de même si les travaux n'avaient eu qu'une utilité municipale ou provinciale. Dans ce dernier cas quelle était la procédure de l'expropriation? Nous essayerons de répondre à cette question, en examinant comment étaient gouvernées les fondations qui se multiplient ou prennent naissance pendant la république, les colonies, les provinces, les cités et municipes.

Des colonies. — Pendant la république, le nombre des colonies s'augmenta considérablement. À la suite des guerres qui signalèrent la fin de cette seconde période, on prit l'habitude de fonder ou de renforcer les colonies en y établissant des vétérans. Ce mode de colonisation offrait un double avantage ; il était un moyen de récompenser les vétérans de leurs services militaires, et il fortifiait les colonies en y envoyant des hommes dont la fidélité était a toute épreuve, et qui, au besoin, pouvaient encore prendre les armes [1]. Les colons ne recevaient pas la propriété du sol qui leur était attribué. Leur nom indique assez qu'ils n'étaient placés dans la colonie que pour cultiver une terre dont la propriété restait au peuple romain.

Certaines expropriations pouvaient intéresser une colonie; quand leur utilité était reconnue, les habitants de la colonie pouvaient, par la voix de leurs députés (*legati*), émettre des vœux près du sénat romain. Le peuple romain, s'il y avait lieu, déclarait l'utilité publique, puis des magistrats délégués de Rome exécutaient; toutes les colonies avaient la même organisation municipale ; un sénat, des consuls, qui, à notre avis, auraient bien pu prendre certaines décisions concernant l'administration de la colonie , toutes les fois que ces mesures n'auraient pas engagé la propriété du peuple romain , ni les fonds publics. Mais il aurait fallu une décision venue de Rome pour autoriser un travail d'utilité même coloniale, parce que ce travail eût né-

---

1. Coloniæ Capua atque Nuceria additis veteranis firmatæ sunt (Tacite, *Annales*, liv. XIII, ch. XXXI).

cessité l'emprise d'une partie de terrain qui appartenait au peuple romain.

Des provinces. — Les provinces sont les pays qui, après avoir été conquis par les Romains, ont reçu une organisation spéciale et un magistrat pour les gouverner. Sous la république, il en existe déjà un grand nombre. Ainsi la Sicile, la Sardaigne, la Gaule, l'Illyrie, l'Asie, l'Afrique sont des provinces. La province n'est point une personne morale, c'est une circonscription territoriale et administrative dans laquelle sont comprises d'autres circonscriptions qui pourront, elles, être investies de la qualité de personnes morales: telles seront les cités, les municipes dont nous parlerons plus loin. Les provinces appartiennent au peuple romain, elles sont gouvernées par des proconsuls choisis et nommés par le sénat, ayant sur leurs administrés droit de vie et de mort, les taxant à leur gré et les soumettant à des impôts excessifs, que des questeurs également venus de Rome se chargeaient de recueillir. Cicéron nous rapporte que Verrès se vantait d'avoir à sa disposition un homme puissant sous le couvert duquel il pillait impunément la province [1].

Nous pensons que les travaux d'utilité publique qui traversaient le territoire d'une province, tels que voies militaires ou autres, ne pouvaient être décidés que par une loi votée dans les comices.

En ce qui concernait l'exécution, le proconsul qui réunissait en ses mains tous les pouvoirs avait certainement une importance considérable; il agissait donc avec l'aide de ses lieutenants, et dans les limites de la province qui lui avait été assignée, il avait les attributions des magistrats de Rome, censeurs, préteurs, tribuns, etc.

La situation assez misérable qui avait été faite aux habitants des provinces ne devait pas leur permettre d'opposer grande résistance à l'autorité du proconsul. On sait du reste que ces habitants

1. *Se habere hominem potentem cujus fiducia provinciam spoliaret* (Cicéron, *Premier discours contre Verrès*, ch. xiv).

n'étaient pas propriétaires, et qu'ils n'auraient jamais pu réclamer d'indemnité que pour la perte de leur jouissance.

L'exécution des travaux avait lieu au moyen de corvées et de prestations imposées aux habitants des provinces. Ceux-ci travaillaient sous les ordres des *curatores*, magistrats qui sont mentionnés au Digeste par Ulpien [1] et qui existaient certainement déjà sous la République. Siculus Flaccus dit en effet, en parlant de la confection et de l'entretien des routes qu'il appelle royales : « *Curatores* accipiunt, et per redemptores muniuntur. In quarumdam tutelam a possessoribus per tempora summa certa exigitur [2]. »

Des cités et municipes. — Certaines villes, par suite de quelques services rendus au peuple romain, reçurent des priviléges particuliers, une organisation locale indépendante ; ainsi commença l'institution des municipes ; Cœre est la première ville qui ait été érigée en municipe ; elle reçut ce titre en l'an 563 pour avoir gardé les choses sacrées des Romains et donné asile à leurs prêtres pendant la guerre contre les Gaulois [3]. Dans le principe la qualité de municipe est donc une faveur spéciale et qui n'est accordée qu'à un petit nombre ; pendant la République, il n'y en a point en dehors de l'Italie ; mais un temps viendra où leur nombre s'augmentera considérablement, la condition des cités s'égalisera, les unes perdant de leurs priviléges, les autres en acquérant de nouveaux ; on confondra sous une même dénomination la ville et le municipe ; et sous l'Empire il semble qu'on emploie presque indistinctement le nom de *civitas* ou celui de *municipium*.

Le municipe, en vertu de cette indépendance locale qui lui était attribuée, aurait-il pu prononcer une expropriation ? Il faut, croyons-nous, distinguer les diverses espèces de travaux publics : les uns pouvaient se faire dans l'intérêt général et atteindre le

<hr/>

1. Fr. 7, § 1, Dig. *De officio proconsulis et legati*, liv. 1, tit. XVI.
2. Siculi Flacci lib. 1, *De agrorum conditionibus et constitutionibus limitum*.
3. Aulu-Gelle, *Nuits attiques*, XVII, 13.

sol appartenant à un municipe; ceux-là, c'est à Rome seulement qu'ils auraient pu être décidés; mais, pour certains travaux n'intéressant que le municipe, n'engageant que sa caisse municipale, il est fort probable qu'ils auraient pu être décidés dans le sein du municipe.

Le peuple des cités, des municipes, comme celui de Rome, se réunissait en comices à des époques fixes, pour rendre, en vertu d'une autonomie qui généralement lui était reconnue, des décisions obligatoires, de véritables lois, pour désigner les magistrats, et en général traiter des affaires de la cité; le sénat municipal dans ces circonstances intervenait aussi comme le sénat romain. — Lorsque par une loi le peuple d'une cité avait déclaré une expropriation d'utilité publique, l'exécution appartenait aux magistrats. C'est à peine si les noms de quelques-uns d'entre eux nous sont parvenus; les documents que nous possédons sur l'organisation municipale pendant la République sont en effet fort peu nombreux. La Table d'Héraclée [1] emploie dans plusieurs plusieurs passages les mots: *qui maximam potestatem habet*, pour signifier le premier magistrat de la cité. Ces magistrats qui avaient le premier rang étaient sans doute les duumvirs ou le préfet chargé de les remplacer; puis on rencontrait aussi des édiles, *duumviri ædilitiæ potestatis* [2]; enfin des *legati* [3] mentionnés fréquemment par les auteurs avaient la mission de porter à Rome les vœux de la cité.

Les magistrats municipaux, dont la compétence était du reste limitée au territoire de la cité, avaient certainement le droit de faire exécuter les travaux, mais nous ne pouvons nous fonder sur des textes précis pour leur attribuer telle ou telle fonction.

Constatons toutefois que seul parmi toutes les aggrégations disséminées dans l'*orbs romanus*, le municipe aurait pu décider une expropriation.

1. Table d'Héraclée.
2. *Lex Galliæ Cisalpinæ* (Voir M. Giraud, *Histoire du droit romain*, p. 251).
3. Tite-Live, *passim*. — Cæsar, *de Bello Gallico*, liv. III, ch. IX.

Des villes de moindre importance, les bourgs et villages, *pagi*, *vici*, avaient aussi leurs magistrats. Ceux-ci recevaient une certaine compétence relativement à l'exécution des travaux ; ils faisaient faire les voies vicinales qui, partant des voies publiques, traversaient les champs des particuliers et reliaient entre eux les bourgs et les villages, souvent même allaient d'une voie publique à l'autre. Les *magistri pagorum* exigeaient des particuliers certaines prestations qui, selon les cas et probablement selon la fortune du possesseur, étaient en nature ou en argent : Siculus Flaccus s'exprime ainsi à ce sujet : « Vicinales,... viæ de publi-
« cis quæ divertuntur in agros, et sæpe ad alteras publicas perve-
« niunt. Aliter muniuntur per pagos, id est per magistros pagorum
« qui operas a possessoribus ad eas tuendas exigere soliti sunt,
« aut ut comperimus unicuique per singulos agros possessori
« certa spatia assignantur, quæ suis impensis tuentur; etiam ti-
« tulos finitis spatiis positos habent, qui indicant cujus agri
« quod spatium tueatur [1]. »

1. Siculi Flacci lib. i, *De agrorum conditionibus et constitutionibus limitum.*

TROISIÈME PÉRIODE.

LES EMPEREURS.

La transition du gouvernement consulaire au gouvernement impérial est ménagée, du moins juridiquement, car l'empereur n'est d'abord pas autre chose qu'un consul, avec l'avantage toutefois d'être en même temps souverain pontife, tribun, etc., c'est-à-dire de participer à toutes les charges de la République.

En ce qui concerne le pouvoir législatif, les modifications ne sont pas non plus brusques ni radicales. Le peuple conserve son autorité à côté de l'autorité nouvelle de l'empereur, et dans le commencement de cette troisième période il y a encore des lois, des plébiscites en même temps que des constitutions impériales. Le sénat conserve aussi jusque sous Septime-Sévère un pouvoir considérable comme corps administratif. Les magistratures anciennes subsistent également, elles continuent d'être à peu près ce qu'elles étaient sous la République; seulement les personnages qui les exercent ont toujours pour collègue, et collègue bien influent, l'empereur, et à raison de cette influence, ils se font un devoir de déférer à ses avis et à ses vœux.

Sous l'Empire, pas plus que sous la République, nous ne devons reconnaître au sénat de pouvoir pour déclarer l'utilité d'une expropriation, il a seulement qualité comme précédemment pour prendre certaines décisions administratives. Ainsi pour un travail qui devait s'accomplir aux frais d'un particulier, mais qui cependant pouvait jusqu'à un certain point toucher les citoyens, la réparation d'une basilique et son ornementation, c'était au sénat qu'on demandait l'autorisation. « Lepidus a senatu petivit ut « basilicam Paulli Æmilia monumenta propria pecunia firmaret « ornaretque[1]. » — Lorsque des travaux pouvaient intéresser une colonie ou un municipe ou lui causer préjudice, des députés

1. Tacite, *Annales*, liv. III, ch. LXXII.

de ce municipe, délégués pour porter à Rome l'expression des vœux favorables ou opposés[1], s'adressaient au sénat qui délibérait sur leur rapport; à la suite de cette délibération, le peuple romain, s'il y avait lieu, votait dans les comices la loi décidant que tel travail s'accomplirait; il fallait bien que les députés s'adressassent à un corps institué, le sénat, ne pouvant s'adresser au peuple qui est un être insaisissable.

Nous avons vu que sous la République le sénat désignait les magistrats préposés aux travaux : il avait encore sous l'Empire la même attribution. Il s'agissait de prendre certaines mesures pour contenir les eaux du Tibre qui, grossi par des pluies continuelles, avait inondé la ville. « Remedium coercendi fluminis « Ateio Capitoni et Arruntio mandatum[2] ». Mais de tout cela on ne peut pas conclure que le sénat déclarât jamais l'utilité publique.

Ainsi, nous admettrons que, tant qu'il y eut des lois, des plébiscites, le peuple dans les comices put déclarer l'utilité des expropriations. Quand les plébiscites eurent cessé, alors les constitutions impériales, qui trouvaient leur origine dans les diverses magistratures dont l'empereur était investi, et devaient bientôt devenir l'unique source du droit, furent aussi les seuls actes législatifs par lesquels l'utilité des expropriations pût être déclarée.

En principe donc, et à partir du règne de Tibère, l'empereur peut seul décider les expropriations; cela est incontestable pour toutes celles qui ont lieu dans l'intérêt général. Nous avons vu que dans tous les cas où les maîtres sont par un motif d'utilité publique privés de la propriété de leurs esclaves, l'utilité de cette expropriation est déclarée par des constitutions impériales; seulement alors l'expropriation, suivant la distinction que nous avons faite plus haut, était en imminence et résultait d'une décision générale prise une fois pour toutes. Tels étaient les cas où

1. Auditæ municipiorum et coloniarum legationes, orantibus Florentinis ne Clanis solito alveo demotus in amnem Arnum transferretur, idque ipsis perniciem afferret (Tacite, *Annales*, liv. I, ch. LXXIX).

2. Tacite, *Annales*, liv. I, ch. LXXXVI.

un esclave était affranchi pour avoir dénoncé un déserteur ou un faux monnayeur [1]; c'était également une décision générale qui ordonnait l'expropriation dans certains cas d'intérêt individuel; par exemple, quand un esclave était accusé d'adultère, le maître était forcé de s'en dessaisir pour que l'esclave pût être appliqué à la torture; de même enfin quand un esclave devenait libre pour avoir dénoncé le rapt d'une jeune fille [2] ou le meurtre de son maître. Les constitutions qui prévoient ces hypothèses ne disent pas : tel esclave en particulier sera affranchi ; mais elles disent : toutes les fois qu'un fait de telle nature se sera produit, le maître sera privé de son esclave. Il est à remarquer que dans certains cas où une décision générale de la nature de celle dont nous parlons a été prise, c'est un simple citoyen qui est juge de l'opportunité de l'expropriation. Ainsi dans l'hypothèse de la loi 1, *Si mancipium* [3], c'est le maître qui a déclaré que l'esclave méritait de n'être pas prostituée. D'après la loi 1, *De communi servo manumisso* [4], c'est encore le maître qui décide de l'utilité de l'affranchissement. Cette décision ultérieure du maître était indispensable; l'empereur ne pouvait prévoir en effet dans sa constitution tous les cas où les esclaves se rendraient dignes de l'affranchissement.

Pour les travaux d'utilité publique qui se faisaient à Rome et à Constantinople, l'empereur seul pouvait décider de l'expropriation des immeubles, et ici cette décision était spéciale. Plusieurs constitutions insérées au Code Théodosien, et toutes d'empereurs chrétiens bien postérieurs à Tibère, supposent une déclaration d'utilité publique émanée de l'empereur : telles sont les lois déjà citées relatives à la construction des Thermes d'Ho-

---

1. Loi 2, C. Just. *Pro quibus causis*, liv. VII, tit. XIII. — Fr. 27, pr. Dig. de *adulteriis*, liv. XLVII, tit. V.

2. Loi 1, C. *Pro quibus causis servi*, liv. VII, tit. XIII. — Loi 3, C. *Pro quibus causis servi*, liv. VII, tit. XIII.

3. Loi 1, C. *Si mancipium ita venierit*, liv. IV, tit. LVI.

4. Loi 1, C. *De communi servo manumisso*, liv. VII, tit. VII.

norius et à l'agrandissement des salles de conférences[1]. Deux
autres constitutions rapportées au même Code indiquent d'une
façon encore plus précise que la déclaration d'utilité publique est
toujours le point de départ, la formalité préalable et nécessaire.
« Intra urbem Romam æternam », dit Valentinien dans la loi 11,
« nullus judicum novum opus informet quotiens serenitatis nos-
« træ arbitra cessabunt[2] ». Et Théodose dans la loi 30 s'exprime
ainsi : « Si quando concessa a nobis licentia fuerit exs-
« truendi[3]... »

Quelquefois les entreprises de constructions nouvelles n'a-
vaient pas besoin d'être précédées d'une déclaration d'utilité publique; c'est ce qui arrivait quand un particulier faisait faire un travail non pas aux dépens de l'État, mais à ses frais; la déclaration
d'utilité publique peut en effet être considérée comme une garantie du bon emploi des fonds publics. Or, un particulier peut
au contraire s'engager dans les entreprises qui lui conviennent.
Cependant ces travaux qui n'étaient d'aucune conséquence pour
le trésor ne pouvaient pas toujours se faire sans autorisation.
Des magistrats et même de simples citoyens avaient le droit
d'élever à leurs frais des monuments, d'exécuter des travaux
avantageux pour le peuple. Des faits de ce genre se produisirent
fréquemment dans l'histoire romaine, ainsi que nous l'avons vu
plus haut, et le principe en est consacré au Digeste en ces termes:
« Opus novum privato etiam sine principis auctoritate facere
« licet[4] »; mais ces actes de générosité pouvaient donner une
grande influence à celui qui les faisait, ils pouvaient aussi être
une cause de sédition ou une source de rivalité avec d'autres
villes. Pour éviter ce danger, l'empereur soumit les citoyens à
lui demander dans certains cas son autorisation : « si ad æmula-
« tionem alterius civitatis pertineat, vel materiam seditionis
« præbeat, vel circum, theatrum, vel amphitheatrum sit[5]. »

1. Loi 50, et 53, C. Th. *De operibus publicis*, liv. xv, tit. i.
2. Loi 11, C. Th. *De oper. publ.*, liv. xv, tit. i.
3. Loi 30, C. Th. *De oper. publ.*, liv. xv, tit. i.
4. Fr. 3, pr. Dig. *De oper. publ.*, liv. l, tit. x.
5. Fr. 3, pr. Dig. *De oper. publ.*, liv. l, tit. x.

Bien entendu que si un particulier voulait se charger de faire exécuter un travail quelconque, non plus à ses frais, mais aux frais du trésor, il faudrait toujours que le projet reçût l'approbation de l'empereur ; ce travail rentrerait alors dans la catégorie des travaux publics qui ne peuvent être exécutés qu'après déclaration d'utilité publique. « Publico sumptu opus novum sine « principis auctoritate fieri non licere constitutionibus decla- « ratur[1]. »

Devait-on en droit romain préalablement à toute déclaration d'utilité publique faire une enquête *de commodo et incommodo*. M. de Fresquet[2] a pour soutenir l'affirmative invoqué le texte de la loi 3, *De ædificiis privatis*[3]. Mais nous remarquerons que ce texte n'est nullement relatif à une expropriation pour cause d'utilité publique. Voici l'hypothèse : Un particulier dont la maison est tombé en ruine en veut convertir le sol en jardin. En principe, rien ne s'oppose à cette modification, le droit de la faire résulte de la qualité de propriétaire; cependant le président de la province devra statuer, après avoir vérifié si la création de ce jardin n'est point préjudiciable aux voisins, et si les magistrats n'y font point d'opposition. Il y a bien là une limitation au droit de propriété, mais c'est une limitation particulière assez analogue à l'obligation imposée chez nous aux propriétaires de demander l'alignement. Ainsi point de travail public, puisqu'il s'agit d'une maison, *ædificium privatum*; point d'expropriation, puisque c'est le même terrain dont on change seulement la destination; M. de Fresquet invoque donc cette loi assez mal à propos.

1. Fr. 3, § 1, D., liv. L, tit. x, *De operibus publi is*.
2. *Principes de l'expropriation pour cause d'utilité publique*, p. 16.
3. « An in totum ex ruina domus licuerit non eandem faciem in civitate « restituere sed in hortum convertere et an hoc consensu tunc magistratuum « non prohibentium item vicinorum factum sit, præses, probatis his quæ in « oppido frequenter in eodem genere controversiarum servata sunt, causa « cognita statuet » (*Const. de Sévère et Antonin*, anno 225). Loi 3, C. De *ædificiis privatis*, liv. viii, tit. x.

Pour nous, nous sommes convaincu que chez les Romains il n'y eut jamais, en matière d'expropriation, une procédure d'enquête organisée; mais en revanche nous tenons pour certain qu'en fait, l'enquête avait lieu presque toujours. Dans la plupart des expropriations en imminence, il fallait bien que le magistrat vérifiât si l'on se trouvait dans les conditions où cette expropriation devait avoir lieu; lorsque le peuple déclarait spécialement par une loi l'utilité de certains travaux, ce n'était pas, évidemment, sans qu'il fût entré dans l'opinion publique que cette loi était nécessaire; et, quant aux empereurs, toutes les fois qu'ils eurent à décider des expropriations, ils ne dérogèrent certainement pas à leur habitude, révélée par la plupart de leurs constitutions, et qui était de s'informer auprès de leurs agents de l'utilité des mesures qu'ils allaient prescrire.

Y avait-il sous l'empire une autorité spéciale chargée de prononcer l'expropriation ? M. Garboulcau [1] a prétendu que les *censitores* avaient à cet égard une mission semblable à celle qu'ont aujourd'hui nos tribunaux civils; et c'est ainsi qu'il explique ce passage de Pomponius : « Flumina censitorum vice « funguntur, ut ex privato in publicum addicant et ex publico « in privatum [2] ». M. Garboulcau nous semble n'avoir pas compris ce texte. Le *censitor* (*qui censum agit*) était tout simplement un agent du cens [3]; il rentrait dans sa fonction de vendre les immeubles hypothéqués à la créance du trésor [4], quand le débiteur ne payait pas. En ce cas, le fonds pour être vendu devait commencer par passer du patrimoine du débiteur dans le domaine de l'État, *ex privato in publicum*, et quand on le vendait, il passait du domaine de l'État dans celui du particulier qui s'en rendait acquéreur : *ex publico in privatum*. C'est là tout l'*addictio* que le *censitor* avait à faire, et à laquelle le fragment 30

1. Du domaine public, p. 141.
2. Fr. 30, § 3, De acquirendo rerum dominio, D., liv. XLI, tit. I.
3. Fr. 4, § 1, D., liv. I, tit. XV, De censibus.
4. Fr. 6, § 3, D., liv. I, tit. XV, De censibus.

fait allusion. Or, il y a loin de cette fonction au pouvoir que le *censitor* devrait à M. Garbouleau, de prononcer l'expropriation, c'est-à-dire de faire par sa décision passer la fortune des particuliers dans le domaine de l'État auquel ils ne devraient rien.

Nous pensons qu'il n'y eut jamais à aucune époque de l'histoire romaine une autorité spéciale chargée de prononcer l'expropriation, dans le sens où nous l'entendons aujourd'hui.

Lorsque, sous l'empire, la constitution impériale déterminait le parcours des travaux, tout en déclarant l'utilité publique, les propriétés qui devaient être atteintes se trouvaient toutes désignées pour l'expropriation [1]. Dans ce cas pas de difficulté.

Quand au contraire la constitution avait décidé que des travaux auraient lieu, mais sans indiquer les parties de terrain qu'ils atteindraient [2], les magistrats (le plus souvent le préfet de la ville) tâchaient de traiter à l'amiable comme l'auraient fait les censeurs sous la République. Probablement, ils y parvenaient en général; et s'ils n'y parvenaient pas, ils sollicitaient de l'Empereur une constitution nouvelle, fixant les directions et les parties de terrain à exproprier. Alors les récalcitrants étaient toujours forcés de se soumettre devant l'autorité impériale, et la seule ressource qui existât pour eux était de ne pas se contenter de la somme offerte, et de faire régler par des experts le montant de l'indemnité qui leur devait être allouée.

De l'exécution des travaux publics. — Quand l'utilité publique a été déclarée par l'empereur, celui-ci s'adresse directement au magistrat placé sous ses ordres, et, souvent par la même constitution qui a déclaré l'utilité publique, il le charge de faire exécuter le travail. Sous la République, le sénat votait les fonds, désignait les magistrats, approuvait le travail; pendant la période qui nous occupe, du moins après Septime-Sévère, il n'en est plus ainsi : le sénat perd son autorité; presque tous les pouvoirs se concentrent sur la personne de l'empereur, c'est lui qui décide l'expropriation, c'est lui qui fixe la somme qu'on y consa-

1. Loi 53, C. Th., *De operibus publicis*, liv. xv, tit. i.
2. Loi 18, C. *De operib. publ.*, liv. viii, tit. xii.

crera, c'est lui aussi qui tient la haute main et exerce toujours
son contrôle sur l'exécution. Ainsi, lorsqu'après déclaration
préalable d'utilité publique, le magistrat était autorisé à procéder à l'expropriation des maisons, il était compétent pour ordonner leur démolition, jusqu'à concurrence de deux cents livres
d'argent, c'est-à-dire de deux cent cinquante solides. Tel était
le taux fixé par une constitution d'Arcadius et Honorius, adressée en 393 à Aurélien, préfet de la ville. Au-dessus de cette
somme, il fallait en référer à l'empereur ; celui-ci voyait-il que
le chiffre des indemnités à fournir dût être trop considérable, il
pouvait donner une autre direction aux travaux ou les arrêter
même complétement. « Si quando concessa a nobis licentia fue-
« rit extruendi, id sublimis magnificentia tua sciat esse ser-
« vandum ut nulla domus inchoandæ publicæ fabricæ gratia
« diruatur nisi usque ad quingenta libras argenti pretii taxa-
« tione æstimabitur; de ædificiis vero majoris pretii ad nostram
« scientiam referatur, ut ubi amplior poscitur quantitas impe-
« rialis exstet auctoritas[1]. »

Le magistrat auquel sont adressées le plus souvent les constitutions relatives aux travaux publics est le préfet de la ville. Ce
fonctionnaire, d'institution fort ancienne, eut, à partir du règne
d'Auguste, une importance considérable. L'autorité du préfet de
la ville s'étendait sur Rome et un rayon de cent mille autour
de Rome [2]; les portions de territoire comprises dans ce rayon,
regiones suburbicariæ, bien que possédant, comme le reste de
l'Italie, des magistrats municipaux, étaient cependant soumises
à la juridiction du préfet de la ville.

Nous avons vu plus haut que le préfet de la ville avait la mission de faire droit aux plaintes des esclaves que leur maître mal-
traitait ou voulait soumettre à la prostitution; parmi les nombreuses fonctions qu'un titre spécial du Digeste reconnaît à ce
magistrat, nous n'y trouvons point celle de faire exécuter les

---

1. Loi 9, C. *De operibus publicis*, liv. VIII, tit. XII. — Loi 30. C. Th., *De
operibus publicis*, liv. XV, tit. I.
2. Fr. 1, § 4, Dig., liv. I, tit. XII, *De officio præfecti urbi*.

travaux publics. On ne peut douter cependant que cette attribution n'ait été la sienne. Le doute est impossible en présence des
constitutions du Code Théodosien, dans lesquelles l'injonction
de faire exécuter des travaux publics est adressée positivement
au préfet de la ville. Plusieurs fois déjà nous avons fait allusion
à ces lois; elles sont relatives à la construction des Thermes
d'Honorius [1] à Constantinople et à l'agrandissement des salles
de conférence dans cette même ville [2]. Deux constitutions d'Arcadius, qui ont pour objet d'ordonner la démolition des maisons
particulières attenantes aux édifices publics [3], sont également
adressées au préfet de la ville. Quant au détail de l'exécution,
celui-ci exerçait sans doute sa surveillance sur des agents su-
balternes avec lesquels il traitait; ces agents avaient sous leurs
ordres des ouvriers qui travaillaient par corvées. Puis le questeur chargé de la perception et du maniement des deniers publics [4] attribuait à qui de droit les sommes dues aux ouvriers à
titre de salaire, et aux expropriés à titre d'indemnités.

Des provinces. — Dès le commencement de l'Empire une
nouvelle division des provinces fut introduite. Quelques-unes,
dans les premières années du règne d'Auguste, furent attribuées
à l'empereur par le sénat; ses successeurs en reçurent à leur
tour. Ainsi Tibère eut l'Achaïe et la Macédoine; ces provinces,
propriété de l'empereur, étaient appelées tributaires; leurs habitants étaient soumis à un impôt, *tributum,* lequel était versé
dans le trésor particulier du prince. Elles étaient gouvernées par
un *legatus Cæsaris* de la nomination du prince, dépendant
directement de lui, et toujours placé sous le coup d'une révocation de sa part. Pour ne pas susciter des révoltes par un
gouvernement trop sévère, le *legatus* était obligé d'user de
ménagements. Il y avait donc amélioration dans la condition des
habitants.

1. Loi 50, C. Th. *De operib. publ.*
2. Loi 53, C. Th. *De operib. publ.*
3. Loi 39 et loi 40, C. Th. *De operib. publ.,* liv. xv, tit. i (anno 398 et 400).
4. Fr. 21. Dig. *De origine juris,* liv. i, tit. ii.

Les autres provinces continuèrent à appartenir au peuple romain, et à être gouvernées comme sous la République par un proconsul dont la nomination appartenait au sénat. Celles-là s'appelaient stipendiaires, parce que l'impôt auquel elles étaient soumises portait le nom de *stipendium*; il était versé dans le trésor public. Telle fut la division de l'empire jusqu'à Théodose; après lui le monde romain fut partagé en deux parties, l'empire d'Orient et l'empire d'Occident; chaque partie comprit deux préfectures; les préfectures furent divisées en diocèses, les diocèses en provinces. Chaque empereur exerçait la juridiction souveraine sur toute la portion de l'empire qu'il gouvernait. A la tête de chaque préfecture était un préfet du prétoire, à la tête de chaque diocèse un vicaire, à la tête de chaque province un proconsul ou un président; puis les cités avaient encore leur duumvirs et leurs magistrats municipaux. Rome et Constantinople étaient en dehors de cette division et avaient une organisation spéciale et un préfet de la ville.

Le but de l'institution des préfets du prétoire avait été de mettre le droit en rapport avec l'organisation politique nouvelle[1]; mais leurs attributions s'étendirent d'une façon prodigieuse. Elles comprenaient en effet la législation, l'administration, la justice. Représentant l'empereur et associés en quelque sorte à son gouvernement, ils proclamaient les lois impériales, rendaient des édits généraux dont l'autorité ne différait guère de celles des lois elles-mêmes. Leurs décisions étaient sans appel comme celles de l'empereur qu'ils représentaient. Les vicaires préposés à l'administration civile et judiciaire des diocèses étaient réputés tenir la place du préfet du prétoire.

Le préfet du prétoire exerçait sa juridiction sur tout le territoire de sa préfecture, qui comprenait plusieurs provinces. Et il était pour ainsi dire l'intermédiaire entre l'empereur et les magistrats de ces provinces, *rectores provinciarum, judices*: ainsi une constitution de Théodose adressée en 394 à Rufin, préfet du

1. *De officio præfecti prætorio.* Dig., liv. I, tit. XI.

prétoire, a pour objet de réprimer l'ambition des gouverneurs de province, qui, paraît-il, faisaient volontiers insérer leur nom bien plutôt que celui de l'empereur, dans l'inscription qui surmontait les monuments publics.

Avant cette constitution, il paraît bien que les travaux publics, abusivement accomplis par les magistrats, étaient cependant payés aux frais du trésor. Le Code de Justinien, qui reproduit la loi 31, le dit même positivement : « Operi perfecto publicis « pecuniis [1] ». A l'avenir il n'en sera plus ainsi, grâce à la rigueur déployée par Théodose contre les magistrats jaloux d'acquérir de la renommée. En effet, si quelqu'un d'entre eux transgressant la défense de l'empereur ose entreprendre la construction d'un édifice public, il sera forcé de l'achever à ses frais et il ne sera pas autorisé à quitter la province avant d'avoir mené à terme son ambitieux projet : « Si qui judices perfecto operi « suum potius nomen quam nostræ perennitatis scripserint, « majestatis teneantur obnoxii : illud etiam repetita sanctione « decernimus ut nemini judicum liceat novis molitionibus « industriæ captare famam. Quod si quis in administratione po- « situs sine jussu nostro ædificii alicujus jacere fundamenta ten- « taverit, is proprio sumptu etiam privatus perficere cogetur, « quod ei non licuerat inchoare. Nec provincia permittetur abs- « cedere priusquam ad perfectum manucœptum perduxerit, « et si quid de quibuslibet *titulis publicis*, in ea ipsa fabrica « præcepto ejus impensum fuerit, reformarit [2]. »

Pour tous les travaux qui devaient être exécutés sur le sol d'une province du peuple romain ou de l'empereur, c'était celui-ci qui déclarait l'utilité publique ; il n'eût pas en effet facilement abdiqué son autorité en faveur d'un gouverneur de province, déjà assez disposé à prendre une prépondérance, toujours ombrageuse pour l'autorité impériale : « Nemo judicum », dit Honorius dans une constitution adressée à Théodose, préfet du

---

1. Loi 10, C. Just. *De operib. publ.*, liv. viii, tit. xii.
2. Loi 31, C. Th. *De operib. publ.*, liv. xv, tit. i.

prétoire, « in id temeritatis erumpat in inconsulta pietate nos-
« tra novi aliquid operis existimet inchoandum [1] ». Dans certains cas cependant il y avait un caractère d'urgence, et les
magistrats devaient de leur propre autorité décider les travaux :
tels étaient ceux que nécessitait la construction des greniers
publics, et des écuries qui devaient sans doute recevoir les
chevaux de l'armée, hypothèse réglée par la disposition finale
de la loi 37 : « Horreorum... vel stabulorum fabricas arbitratu
« proprio provinciarum judices studio laudandæ devotionis adri-
« piant [2]. »

Les proconsuls, présidents ou gouverneurs avaient une juridiction sur tout le territoire de la province; elle s'étendait par
conséquent sur les villes comprises dans cette province. Ils
devaient donc prendre soin que les travaux utiles aux cités fussent exécutés [3] et provoquer s'il y avait lieu, de la part des
magistrats des cités, une déclaration d'utilité publique. Les
gouverneurs de province pouvaient même interposer leur autorité pour faire entreprendre dans les cités les travaux qu'ils ju-
geaient urgents : « Rectores provinciarum quodcumque opus
« inchoandum esse necessario viderint in aliqua civitate id
« arripere non dubitent [4] ». Par cette constitution Valentinien
s'adressant à Probus, préfet du prétoire, manifesta son désir de
voir faire tous les travaux nécessaires à la protection des villes.
On peut induire de diverses circonstances que dans l'espèce il
s'agissait de travaux militaires, qui souvent présentent un caractère d'urgence. A cette époque en effet les Quades menaçaient
l'Empire; Ammien Marcellin le rapporte dans son histoire du
temps. Irrités du meurtre de leur roi Gabinius et de la construction des camps, qui, par l'ordre de Valentinien, avaient été
élevés sur leur territoire, ces peuples avaient passé le Danube et
s'étaient presque avancés jusqu'à Sirmium. Or, la loi qui nous

1. Loi 37, C. Th. *De operib. publ.*, liv. xv, tit. t.
2. Loi 37, C. Th. *De operib. publ.*, liv. xv, tit. t.
3. Fr. 7, § 1. Dig. *De officio proconsulis*, liv. t, tit. xvt.
4. Loi 18, C. Th. *De operib. publ.* Liv. xv, tit. t.

occupé est datée de Sirmium, et Probus à qui elle est adressée
était alors préfet à Sirmium : il est donc évident que cette loi
eut pour objet la protection des provinces d'Illyrie, et les travaux
urgents qui durent être faits à cette occasion n'eurent certainement pas besoin d'être précédés d'une autorisation de l'empereur.

Les travaux une fois décidés pouvaient être donnés à l'entreprise : dans ce cas les entrepreneurs réalisaient, comme ils le
pouvaient, les conditions de leur marché. Quand au contraire
les travaux se faisaient directement, par voie de prestations de
travail, les ouvriers étaient sous la surveillance d', appelés
le plus souvent *curatores operum* [1].

Nous avons vu que c'était par voie de prestations que l'on arrivait à faire les routes : le même mode d'exécution fut employé
pour la construction de murailles en Illyrie ; c'est ce que nous
enseigne une constitution d'Honorius et Théodose adressée en
412 à Herculius, préfet d'Illyrie [2] : « Constructioni murorum
« et comparatione transvectionis specierum universi sine ullo
« privilegio cohartentur, ita ut in his duntaxat titulis, universi
« portione suæ possessionis et jugationis ad hæc mœnia cohar-
« tentur : quo ita demum a summis ad infirmos usque sarcina
« decurrente, ferendi oneris non leve solatium sed in commune
« omnibus profuturum communi labore curetur. Quod in par-
« tibus duntaxat Illyricianis nostram clementiam statuisse tua
« sublimatas recognoscat. »

Des cités et municipes. — Les cités, les municipes, étaient
des personnes morales, des *universitates* [3] ; comme telles, ces
municipes pouvaient être propriétaires. Leur fortune se com-
posait de plusieurs éléments :

1° D'un domaine public municipal qui comprenait les théâtres,

1. Fr. 7, § 1. *De officio proconsulis*, liv. i, tit. xvi.
2. L. 49, C. Th. *De operib. publ.*, liv. xv, tit. i. — *Voir* aussi loi 34, C. Th.
De operib. publ., liv. xv, tit. i.
3. Dig. Fr. 2, liv. iii, tit. iv, *Quod cujuscumque universitatis.*

les stades de la ville, le Forum, les bains, les arènes, les routes
et rues dépendant de leur territoire [1];

2° D'un domaine privé municipal, qui comprenait : — d'une
part, des biens que nous appellerions aujourd'hui biens communaux, dont l'avantage et l'utilité se percevaient directement
par les habitants, comme les pâturages, par exemple, sur lesquels ils pouvaient faire paître leurs troupeaux, gratuitement
ou moyennant une minime redevance [2]; — d'autre part, des
biens dont les habitants du municipe ne profitaient qu'indirectement par suite de l'application faite de leurs revenus à des services publics. Ces biens, la cité les donnait à bail, soit pour le
terme observé dans les locations entre particuliers, soit pour
un temps très-long et même à perpétuité. Dans ce dernier cas,
on les appelait *vectigalia* [3].

Les travaux qui atteignaient le sol appartenant à un municipe
pouvaient être motivés soit par l'intérêt général, soit par l'intérêt spécial du municipe. S'agissait-il d'intérêt général, l'utilité
publique devait être déclarée par l'empereur, à moins que les
travaux ne fussent *urgents* [4], auquel cas, comme nous l'avons
vu plus haut, les gouverneurs, en vertu d'une délégation du
prince, pouvaient décider par eux-mêmes.

Les travaux étaient-ils au contraire d'intérêt municipal;
avaient-ils pour but, par exemple, d'ajouter quelque chose au
domaine public du municipe, comme une muraille, une rue,
un théâtre, un cirque; nous croyons qu'ils auraient été décidés
dans le municipe. Seulement, de même que certains travaux ne
pouvaient être entrepris par un particulier, sans l'autorisation
de l'empereur, de même nous pensons que des travaux du
même genre, la construction d'un amphithéâtre, par exemple,
n'auraient pu être entrepris par un municipe sans qu'on eût
obtenu l'autorisation impériale. Mais, dans ce cas, l'autorisation

1. Fr. 6, § 1. Dig., liv. 1, tit. VIII, *De divisione rerum*.
2. Loi 1, C. *De Pascuis publicis*.
3. Fr. 1, pr. Dig., liv. VI, tit. III. *Si ager Vectigalis*.
4. Loi 18, C. Th. *De operib. publ.*

n'aurait pas eu le caractère d'une déclaration d'utilité publique, et serait intervenue seulement comme une garantie. L'empereur aurait pu empêcher un travail qui aurait eu pour but de donner à une ville, au préjudice des autres, une prépondérance trop grande. Une fois l'autorisation obtenue, l'exécution aurait été assurée par les magistrats municipaux.

Tant que le peuple des cités eut le pouvoir de faire des lois, il est bien certain qu'il put régler tout ce qui concernait l'administration de la cité et décider les travaux d'utilité municipale. Le pouvoir de faire des lois municipales fut conservé au peuple pendant une partie de l'empire; les gouverneurs de province devaient respecter et faire respecter ces lois[1]; puis, quand le pouvoir du peuple s'effaça, le droit de faire ces règlements d'administration intérieure passa au sénat, *cura ordo decurionum* : enfin il vint un moment où il n'appartint plus qu'aux gouverneurs de province.

Sous l'empire, les documents relatifs aux magistrats des cités et municipes ne nous font pas défaut, comme sous la République. Des textes du Digeste nous indiquent les attributions d'un certain nombre d'entre eux. Les duumvirs, les édiles, les *curatores civitatis* ou *reipublicæ*, les *curatores operum*, étaient, dans cette période, les magistrats qui devaient concourir le plus fréquemment à l'exécution des travaux publics.

Quand le *peuple* ou la *curie* avait décrété un travail public d'intérêt municipal, les duumvirs assuraient l'exécution de la décision.

Sous leurs ordres étaient les édiles chargés surtout de veiller à la viabilité des voies publiques, à l'entretien des chemins, mais ayant en outre certaines attributions pour les nouveaux ouvrages publics, comme la construction des ponts.

Le *curator civitatis* ou *reipublicæ*, qui veillait, ainsi que son nom l'indique, aux intérêts de la cité, avait, de plus, l'administration des biens de la ville. Sa fonction la plus importante

---

1. Loi 4. C. *De jure reipublicæ*, liv. xi, tit. xxix.

paraît avoir été d'opérer le recouvrement des créances municipales [1]. On l'appelait aussi *logista*, du mot grec λογιστης, qui signifie percepteur, receveur. Quand il avait opéré les recouvrements, il devait sans délai en verser le montant dans la caisse municipale ; il avait donc le maniement des fonds publics ; cette fonction lui donnait assurément, dans la matière qui nous occupe, un rôle important.

Comme comptable des deniers publics, il devait en effet distribuer des sommes nécessaires pour l'accomplissement des travaux ; il traitait avec des entrepreneurs (*redemptores* [2]) qui se chargeaient du travail ; ceux-ci à leur tour prenaient à leur compte des ouvriers ou traitaient avec des sous-entrepreneurs qui n'avaient rien à démêler avec le *curator reipublicæ*. Quant à ce dernier, il était responsable des entrepreneurs qu'il avait choisis et de la bonne exécution du travail. Cette responsabilité durait quinze ans à compter du jour où les travaux étaient terminés [3].

Le *curator reipublicæ* avait des auxiliaires, appelés *curatores operum* et concourant spécialement à l'exécution des travaux publics. Tels étaient ceux qui faisaient construire les édifices publics, palais, arsenaux, ou casernes : *curatores exstruendi... operis publicis, ad exstruenda vel reficienda ædificia publica sive palatia sive navilia sive mansiones* [4] ; ceux qui faisaient ouvrir les routes, *curatores ad faciendas vias* [5].

N'oublions pas que, en outre de ces divers agents, le procon-

1. Fr. 0 pr. et § 10, Dig. *De adm. rerum ad civ.*, et Loi 3, C. *De modo multarum*, liv. I, tit. LIV.
2. Loi 2, § 1, Dig. *De operib publ.*, liv. L, tit. I.
3. Omnes quibus vel cura mandata fuerit operum publicorum vel pecunia ad exstructionem solito more decreta usque ad annos quindecim ab opere perfecto cum suis heredibus teneantur obnoxii ita ut si quid vitii in ædificatione infra præstitutum tempus provenerit, de eorum patrimonio exceptis tamen his casibus qui sunt fortuiti, reformetur (Loi 21, C. Th. *De operib. publ.* liv. XV, tit. I).
4. Fr. 4 pr. et Fr. 18, § 10. Dig. *De muneribus*.
5. Fr. 1, § 2 et fr. 18, § 7. Dig. *De muneribus*.

sul qui avait autorité sur toute la province devait aussi veiller à
l'exécution des travaux publics avantageux pour les cités. Il
devait en quelque sorte faire des tournées d'inspection ; examiner si les édifices publics étaient en bon état, et, lorsque des
travaux étaient interrompus, en hâter l'achèvement, proportion-
nant, toutefois, le nombre et l'étendue de ces travaux à la fortune de la cité. Il pouvait enfin nommer des *curatores operum* et
préposer, s'il y avait lieu, à l'exécution des travaux des corps de
troupes destinés à venir en aide aux curateurs et à faciliter leur
mission. « Ædes sacras et opera publica circumire inspiciendi
« gratia an sarta tecta quæ sint vel an aliquâ refectione indigeant,
« et si qua cœpta sunt ut consummentur, prout vires ejus rei-
« publicæ permittunt curare debet ; curatóresque operum dili-
« gentes soleimniter præponere, ministeria quoque militaria, ad
« curatores adjuvandos dare [1]. »

Observons, en terminant ce chapitre, que les attributions du
curator reipublicæ se rapprochaient sensiblement de celles qui
appartenaient à Rome aux questeurs. Cette analogie peut donner
à penser que les questeurs dans les cités n'étaient autres que les
curateurs, qu'il n'y avait de curateurs que dans les villes où il
ne se trouvait pas de questeurs, et que les uns correspondaient
aux autres.

1. Fr. 7, § 1. Dig. *De officio proconsulis*, liv. 1, tit. XVI.

TROISIÈME PARTIE.

DE L'INDEMNITÉ.

Nous avons dit que les Romains tinrent compte le plus souvent des droits des particuliers quand l'intérêt social exigeait de la part de ceux-ci l'abandon d'une partie de leur propriété. Et en effet, la plupart des textes que nous avons passés en revue supposent qu'un dédommagement était accordé au propriétaire exproprié.

Il est vrai que parfois, peut-être à la suite d'usurpations de la part des particuliers, il y eut lieu de rechercher quels étaient les biens des citoyens, quels étaient les biens du peuple. Cela ne laissa pas que d'être une cause d'abus, signalés par Cicéron dans son deuxième discours sur la loi agraire [1], abus dont les effets étaient ceux d'une expropriation sans indemnité. A cette époque, les décemvirs furent chargés de déterminer dans les provinces jouissant du *jus italicum* ceux des fonds qui appartenaient au peuple. Assurément, s'il y avait eu des empiétements, il eût été équitable de réintégrer dans le domaine du peuple romain ce qui réellement en dépendait. Mais quels excès n'ont pas dû résulter du pouvoir discrétionnaire reconnu aux décemvirs de classer ainsi sans contrôler les territoires en question ! Cela, à supposer fondées les plaintes exprimées par Cicéron, et elles doivent l'être, car les décemvirs n'étaient certainement pas plus que le tribun Rullus exempts de passions, et par conséquent de préférence ou de haine, cela, disons-nous, n'est plus de l'expropriation, c'est de la spoliation.

En principe une indemnité était allouée aux expropriés.

1. Cicéron (in *Rullum*), *De lege agraria*, II, § 21.

Nous examinerons : 1° à qui cette indemnité était due; 2° d'où elle était tirée ; 3° qui la fixait ; 4° en quoi elle consistait ; 5° si elle était préalable.

§ I. — A qui était due l'indemnité.

L'indemnité était due au propriétaire. Les citoyens Romains seuls pouvaient être propriétaires, et encore, dans le premier état du droit, et en matière immobilière ne pouvaient-ils avoir de droit de propriété que sur le territoire de *l'ager romanus* : par conséquent, en dehors de ce territoire, tout citoyen qui eût éprouvé quelque préjudice par suite de travaux d'utilité publique n'eût pu réclamer de dédommagement qu'à titre de fermier ou de locataire.

Après la guerre sociale tout le territoire de l'Italie fut assimilé à *l'ager romanus* pour l'aptitude au domaine quiritaire ; dès lors l'expropriation pratiquée sur le *solum Italicum* dut donner droit à indemnité pour le citoyen dont les biens étaient atteints par le travail public.

Quant au sol des provinces, nul ne pouvait avoir sur lui le *dominium ex jure quiritium*. Il appartenait au peuple romain ou à l'Empereur. Dans le premier cas la province était *stipendiaire ;* dans le second elle était *tributaire*.

C'est cette qualité de la province qu'il fallait considérer relativement au droit à l'indemnité. Si un travail d'intérêt général s'accomplissait sur un fonds stipendiaire , il est clair que l'État ne pouvait réclamer d'indemnité , car s'il abandonnait le terrain nécessaire au travail, il trouvait un dédommagement dans la satisfaction donnée à son propre intérêt et aux besoins de tous.

Si au contraire le travail d'intérêt général se faisait sur le territoire d'une province *tributaire*, l'Empereur, qui alors était exproprié comme l'eût été un particulier, devait recevoir une indemnité, et cette indemnité lui était fournie par le trésor.

Il est probable du reste que, dans de pareilles circonstances, l'empereur n'était pas bien exigeant pour le chiffre de l'indem-

nité. En mainte occasion en effet il subvenait aux dépenses pu
bliques en cas d'insuffisance du trésor. Auguste dit dans l'inscription d'Ancyre : « Quater *pecunia mea juvi ærarium* [1] ita ut
sestercium milliens et quingentiens ad eos qui præerant ærario
detulerim..... »

Les municipes qui, comme personnes morales, pouvaient être
propriétaires, devaient également recevoir une indemnité quand
leur territoire était atteint par une expropriation. L'inscription
d'Ancyre nous en donne la preuve : « Pecuniq quam pro agris
quos assignavi militibus solvi *municipiis* ea sestertium circiter
sexciens milliens fuit [2]. »

L'expropriation pratiquée contre le propriétaire peut atteindre
dans leurs intérêts des personnes qui ont des droits par rapport
à la chose expropriée. Si donc un bailleur perd par force majeure
la propriété de son fonds, quel sera le droit du preneur? Il n'aura
qu'un droit personnel contre son bailleur. Celui-ci sera tenu
par l'action *ex conducto* [3], bien qu'il ne dépende pas de lui de
procurer la jouissance du fonds à son locataire. Dans ce cas, il
devra restituer à ce dernier les loyers qu'il aurait touchés par
anticipation pour le temps qui restait encore à courir. Tandis
que si c'était par son fait que le bail ne fût pas respecté, il aurait
à indemniser son preneur de tout l'intérêt que celui-ci avait à la
jouissance. Telle est la disposition de la loi 33, *Locati conducti*;
nous pouvons parfaitement l'appliquer à l'expropriation qui elle-
même est un cas de force majeure.

Or, la situation de l'État romain vis-à-vis des détenteurs de
fonds provinciaux était à peu près celle d'un bailleur vis-à-vis
de son preneur. Il en était de même de l'empereur, vis-à-vis de
ceux qui habitaient les provinces tributaires, et jouissaient du
sol moyennant un *tributum*.

Lors donc qu'un travail s'accomplissait sur un fonds stipen-
...re, le peuple romain était obligé envers son tenancier ce

1. *Inscription d'Ancyre* (Zell., n° 1760).
2. *Inscription d'Ancyre* (Zell., n° 1740).
3. Loi 33, *Locati conducti*, D., liv. xix, tit. ii.

conducto; et, comme le contrat se trouvait alors rompu par le fait du propriétaire, le tenancier pouvait réclamer une indemnité qui devait être appréciée d'après son intérêt à continuer de jouir, et le gain qu'il aurait pu faire [1]. Il est bien entendu que si dans les baux à long terme de fonds stipendiaires, le droit de rompre le bail sans indemnité avait été réservé pour le peuple, le preneur n'aurait pu absolument rien réclamer et aurait été seulement affranchi de l'obligation de payer le *stipendium*.

Si les travaux s'accomplissaient sur un fonds tributaire, il y avait alors expropriation contre l'empereur, et c'était à lui que l'indemnité était due. A la rigueur on pouvait prétendre qu'il ne devait au preneur rien de plus qu'un particulier, et que la rupture du bail ne provenait pas de son fait. Cependant, comme c'était l'empereur généralement qui déclarait l'utilité des travaux, peut-être eût-il dû non-seulement restituer au preneur les loyers perçus par anticipation, mais encore lui payer une somme représentative du tort que lui causait la perte de jouissance pour l'avenir. Le tout, bien entendu, sauf le cas où l'empereur lui-même en donnant à bail ses fonds aurait fait une réserve du genre de celle que nous avons supposée ci-dessus pour les fonds stipendiaires, et où il aurait été dit que le preneur n'aurait rien à prétendre pour le cas où le bail viendrait à se rompre par suite d'une expropriation d'utilité publique.

Les municipes donnaient souvent leurs territoires en location à des particuliers. Si des travaux se faisant dans l'intérêt d'un municipe avaient atteint un fonds donné à bail, une indemnité aurait dû être fournie au fermier de ce fonds.

Si nous supposons maintenant qu'une expropriation se pratique contre un municipe, mais dans l'intérêt public, alors, il nous semble que, outre l'indemnité due au municipe propriétaire du fonds, il y en aurait eu une allouée au preneur du fonds; et elle eût bien pu être à peu près aussi considérable que celle

---

1. L. 33, *loc. cond.*, D. liv. xix, tit. ii.

allouée au municipe; car celui qui avait reçu un fonds d'un municipe à titre de concession à perpétuité pouvait exercer sinon de véritables droits de propriété, du moins une action *in rem* contre tout possesseur et contre le municipe lui-même[1].

§ II. — *D'où était tirée l'indemnité.*

L'indemnité était prise en général, ainsi que nous l'avons déjà fait remarquer plus haut, dans le patrimoine de la partie le plus directement intéressée à l'expropriation. Si l'intérêt général était en jeu, l'indemnité était tirée du trésor public. C'est ce qui arriva toutes les fois que la sûreté de l'État exigea qu'un maître fût exproprié de ses esclaves[2]. C'est ce qui dut avoir lieu également, quand les magistrats délégués pour l'exécution des travaux publics achetèrent les maisons ou les terrains nécessaires. Tite-Live rapporte que les travaux publics avaient été interrompus *propter inopiam ærarii*[3]. L'indemnité payée aux municipes et aux habitants des provinces fut prise sur les impôts, *ex collationibus*[4]. Les frais d'ouverture des grandes voies publiques étaient à la charge du trésor : *viæ publicæ regales... publice muniuntur*[5]. Quand l'expropriation intéressait une cité ou un municipe, l'indemnité était tirée du trésor de cette cité ou de ce municipe[6]; quand l'intéressé était un simple citoyen, c'était

1. Fr. 1, § 1, Dig. *Si ager vectigalis.* — Le *curator* ne pouvait révoquer une location *in perpetuum* sans autorisation de l'empereur. Cette révocation avait lieu quand les tenanciers ne payaient pas exactement leur redevance. — Agri publici qui in perpetuum locantur à curatore sine auctoritate principali revocari non possunt. Fr. 1, § 1, *De Publicanis et Vectigalibus*, Dig., liv. xxxix, tit. iv.

2. Loi 2 et loi 4, C. Just. *Pro quibus causis.*

3. Tite-Live, liv. 24, ch. xviii.

4. *Inscription d'Ancyre* (Zell., nᵒ 1710).

5. Siculus Flaccus, *De agrorum conditionibus.*

6. Loi 18 et loi 26 C. Th. *De operib. publ.* — Loi 2, C. Just. *Ut nemini liceat.*

lui qui devait fournir d'indemnité, et s'il réunissait la double qualité d'exproprié et d'intéressé, le plus souvent il ne recevait pas d'indemnité pécuniaire, parce qu'il trouvait un dédommagement dans le fait même de l'expropriation [1].

Les empereurs eux-mêmes contribuaient fréquemment au payement des indemnités. Auguste prit sur son trésor particulier l'indemnité due aux Napolitains pour une colline dont ceux-ci avaient été expropriés et où on avait fondé une colonie de soldats [2].

Tibère, dans un moment de disette, fournit aux marchands de blé une indemnité, afin qu'ils puissent sans trop de préjudice baisser leurs prix. « Sævitiam annonæ incusante plebe, statuit « frumento pretium quod emptor penderet, binosque nummos « se additurum in singulos modios [3]. » Enfin, Justinien prescrivant certains travaux dans l'intérêt des cités dit qu'il pourra fournir une subvention : « Partim ex civilibus redditibus, partim « nostra liberalitate [4] ». Ces exemples n'ébranlent nullement notre principe. Il est évident en effet que les empereurs, surtout quand les finances de l'État ou des cités étaient obérées, durent recourir à ce procédé qui était une mesure de bonne administration.

§ III. — Qui fixait l'indemnité.

Lorsqu'on n'avait pu parvenir à traiter à l'amiable, il fallait qu'une autorité spéciale déterminât le *quantum* du dédommagement auquel avait droit l'exproprié. Le moyen le plus naturel d'arriver à cette estimation était de la faire faire par un *arbiter*, un *judex* ; c'était aussi la garantie la plus efficace de l'intérêt des

1. Loi 1, C. *Pro quibus causis.* — Loi 1, C. *Si mancipium ita venierit.*
2. Pline, *Hist. natur.*, liv. XVIII, ch. XXIX, § 2.
3. Tacite, *Annales*, liv. II, ch. LXXXVII.
4. Novelle 25, ch. IV.

particuliers parmi lesquels les *judices* étaient choisis. Nous pensons donc que l'indemnité due aux expropriés fut en général fixée par experts ; un plébiscite que mentionne Denys d'Halicarnasse portait que le particulier qui aurait construit sur un terrain du domaine public, et serait obligé à démolir, recevrait une indemnité égale à sa dépense et fixée par experts. *Restitutis ex arbitrorum sententia impensis* [1].

C'était encore par des arbitres qu'était fixée l'indemnité dans le cas d'emprise de matériaux nécessaires pour la réparation des aqueducs. Cette indemnité était *viri boni arbitratu æstimata* [2].

Or, nous ne voyons pas qu'aucune raison ait empêché d'appliquer le même procédé à tous les cas d'expropriation de terrains ou de bâtiments.

L'indemnité pouvait n'être pas laissée à l'arbitrage du juge. C'est ce qui avait lieu dans le cas d'expropriation de denrées, pratiquée contre les habitants d'une ville, dans l'intérêt d'autres villes tourmentées par la famine [3] ; les mercuriales étaient là, en effet, pour déterminer le chiffre de l'indemnité que le propriétaire du blé devait recevoir.

Il est vrai que les spéculateurs auraient pu amener une très-grande élévation du cours ; mais leurs calculs auraient été sans doute déjoués par une constitution du genre de celle que nous avons citée, et où nous avons vu que Tibère, à un moment donné, détermina d'une façon invariable le prix du blé [4].

Quelquefois, l'indemnité était fixée par la loi même, comme dans la constitution de Justinien, relative à l'affranchissement de l'esclave commun [5].

Il est certain que le propriétaire aurait pu prétendre que l'es

1. Denys d'Halicarnasse, liv. X, ch. VII, § 5.
2. Frontin, *De aquæductibus*, n° 125.
3. Tacite, *Annales*, liv. II, ch. LXXXVII.
4. Loi 2, C., *Ut nemini liceat*.
5. Loi 1, C. *De communi manumisso*.

clave affranchi par l'autre maître est d'une qualité supérieure à celle que lui attribue celui-ci; il aurait pu soutenir, par exemple, que l'esclave a onze ans, qu'il a une certaine habileté, qu'il est castrat, tandis que son contradicteur affirmerait que l'esclave ne sait absolument rien, qu'il n'a pas atteint dix ans, etc., circonstances qui influeraient beaucoup sur sa valeur. Les difficultés en pareil cas seraient évidemment à résoudre par les voies ordinaires, c'est-à-dire qu'une action pourrait être intentée. Dans l'hypothèse qui nous occupe, nous ne serions pas étonné que l'action fût un *prœjudicium*. La constitution de Sévère, qui réglait le cas de l'affranchissement de l'esclave commun, décidait que le prix devait être fixé par le préteur : « pretio arbitrio « pretoris constituendo [1]; » disposition très-naturelle, puisqu'il s'agissait de fidéicommis qui donnaient toujours lieu à une *cognitio extraordinaria*. — Du reste, dès le règne de Nerva, un préteur avait été institué pour juger les difficultés qui s'élevaient entre le fisc et les particuliers ; et ce magistrat dut être appelé à décider les questions de ce genre que pouvaient fréquemment soulever les expropriations. « Praetorem adjecit divus Nerva qui « inter fiscum et privatos jus diceret [2]. » Bien que le Digeste ne parle que du *fiscus*, il est probable que, s'il s'était agi de l'*œrarium*, le préteur eût été également compétent ; le fisc existant seul lorsque Tribonien fut chargé de la composition du Digeste, on comprend que le mot *œrarium* ait disparu de tous les textes qui le contenaient.

1. Loi 1, C. *De communi servo manumisso.*
2. Fr. 2, § 32, Dig. *De origine juris*, liv. 1, tit. II.

§ IV. — *En quoi consistait l'indemnité.*

La nature de l'indemnité était assez diverse. Le plus souvent, cette indemnité consistait en argent : nous nous bornerons à rappeler ici les lois précitées où il s'agit le plus ordinairement d'un *justum pretium*, d'un *pretium competens* [1], la table d'Ancyre, où Auguste parle de *pecunia* [2] et le texte de Dion Cassius où il est question de ἀργύριον [3].

Dans une circonstance que Pline nous rapporte, l'indemnité accordée par Auguste consista en rentes. Un décret de cet empereur, établissant une colonie romaine à Capoue, ordonna qu'on payât de son trésor particulier vingt mille sesterces par an aux Napolitains pour une colline qui leur appartenait. En les expropriant de cette colline, on les privait d'une substance particulière qu'ils en tiraient et qui leur était fort avantageuse. C'est là sans doute ce qui donna lieu à cette allocation particulière, destinée à dédommager chaque année les Napolitains de la perte d'un revenu : « (Creta) invenitur inter Puteolos et Neapolim « in colle Leucogæo appellato. Exstatque divi Augusti decre- « tum quo annua vicena millia Neapolitanis pro eo numerari « jussit, e fisco suo coloniam deducens Capuam; adjecitque « causam adferendi quoniam negassent Campani alicam confici « sine eo metallo posse [4]. »

Dans certains cas, l'indemnité consistait en un droit que l'on conférait. César concéda un droit d'habitation dans les villes de Dyrrhachium et de Philippes [5].

---

1. Loi 2, *Ut nemini liceat*, C., liv. X, tit. XXVII. — Loi 2, C. Th. *De publica comparatione.* — Loi 1, C. Th. *De lenonibus*, liv. XV, tit. VIII. — Loi 2, *Pro quibus causis*, C., liv. VII, tit. XIII. — Loi 1, C. *De communi servo man.* — Loi 53, C. Th. *De operib. publicis*, liv. XV, tit. I.

2. *Inscription d'Ancyre* (Zell., n° 1710).

3. Dion Cassius, liv. LI, § 1.

4. Pline, *Hist. nat.*, XVIII, 20, 2.

5. Dion Cassius, liv. LI, 4.

Quelquefois des terrains étaient concédés dans un autre pays. C'est ce que fit César pour les habitants de Capoue auxquels il permit de prendre possession du territoire de l'île de Crète. Τὴν χώραν τὴν Χίωσιαι νι καὶ νιν ἐπὶ καρπίνονται ἀντιδῶκι [1]. Dion Cassius et Velléius Paterculus donnent des détails sur ce fait historique. Le dernier de ces historiens fait remarquer que cette compensation était fort avantageuse pour les habitants de Capoue qui trouvaient dans l'île de Crète des territoires bien plus fertiles que ceux dont on les avait dépossédés.

Il y a au Code Théodosien des exemples de compensations du même genre. Théodose dit dans la loi 50 : « In locum privati « ædificii quod in usum publicum translatum est, occupationem « basilicæ jubemus vetustæ succedere. » Les particuliers auront le droit de bâtir, chacun en proportion de la quantité de terrain qu'il possédait antérieurement : « Pro loco quod quisque « possederat, superædificandi licentiam habeat [2] ».

La loi 51 accorde à ceux qu'on avait dû exproprier pour construire la nouvelle muraille de Constantinople le droit d'habiter dans les tours qui en dépendaient : « turres novi muri qui « ad munitionem splendissimæ urbis exstructus est, completo « opere, præcipimus eorum usui deputari per quorum terras « idem murus celebratur [3].... » En définitive, une charge assez lourde leur était imposée, car, aux termes de la constitution de Théodose, ils étaient tenus, eux ou leurs ayants-droit, de réparer ces tours à leurs frais. Pour qu'on donnât une indemnité de cette sorte, il fallait que les terrains pris n'eussent pas une valeur considérable. Les étages supérieurs des tours furent seuls affectés à l'usage des anciens propriétaires. Cela peut se dé-

---

1. Dion Cassius, liv. XLIX, 14. — Velléius Paterculus, liv. II, ch. LXXXI.

2. Loi 50, C. Th. *De operibus publicis*. Serait-ce une route déclassée qui, dans cette circonstance, aurait été concédée comme indemnité? On peut se le demander, parce que l'on appelait les grandes routes *basilicæ*. Mais le mot *vetustæ* indique qu'il s'agissait plutôt d'un édifice en ruines.

3. Loi 51, C. Th. *De operib. publ.*, liv. XV, tit. I.

montrer par la loi 13 *De metalis*, qui est reproduite au Code de Justinien, et dit que les rez-de-chaussée recevront les militaires [1]. — Il n'était du reste pas de droit commun de concéder ainsi aux particuliers la faculté d'habiter dans les murailles de la ville. Cette concession ne pouvait être faite qu'en vertu d'une permission expresse de l'empereur [2].

§ V. — *L'indemnité était-elle préalable.*

L'exproprié pouvait-il ne se dessaisir de sa chose qu'après que l'indemnité à laquelle il avait droit lui avait été comptée ?

Cette question ne peut pas se résoudre d'une façon absolue. Quand l'indemnité consistait en terrains donnés en échange ou bien en droits d'habitation ou d'usage, il n'y avait pas d'obstacle au payement préalable, et même, dans la pratique, les propriétaires expropriés de leurs terrains ou de leurs maisons n'étaient certainement pas expulsés avant qu'ils eussent pris possession des nouveaux logements qu'on leur concédait ; quoi qu'il en soit, les textes n'en parlent pas.

Quelquefois, l'indemnité n'était pas tout entière fournie en même temps. Dion Cassius rapporte que César, expropriant des citoyens en Italie pour donner leurs territoires aux soldats, paya d'abord une partie de l'indemnité, et ce payement fut, sans doute, sinon préalable, du moins connexe à la dépossession ; puis il se réserva de payer plus tard le reste : αργυριον αντι της χωρας τι μεν ευθυς τοδ᾽ υπισχιτο [3]. C'est que, à cette époque, dit l'historien dans la suite de son récit, les victoires remportées versaient au trésor des sommes considérables ; mais

---

1. Loi 7, C. Just. *De metalis*, liv. XII, tit. LXI. Devotissimos milites ex procinctu redeuntes vel proficiscentes ad bella, muri novi sacratissimæ urbis singulæ turres in pedeplanis suis suscipiant.

2. Fr. 3, Dig., liv. XLIII, tit. VI. *Ne quid in loco sacro fiat.* — Neque muri neque portæ habitari sine permissu principis propter fortuita incendia possunt.

3. Dion Cassius, liv. LI, 4.

ces sommes étaient encore tout à fait insuffisantes à couvrir les dépenses.

Quand l'indemnité consistait en rentes, il est évident que, par sa nature même, elle ne pouvait être préalable [1].

Enfin il est une loi qui dit positivement que les habitants des provinces, obligés de fournir une partie de leurs denrées, devront s'en dessaisir avant d'en avoir touché le prix intégral [2].

Il y a des textes qui dans le sens contraire ne sont pas moins positifs : des carrières se trouvent dans le champ d'un particulier ; elles font partie intégrante de ce champ et appartiennent comme lui au propriétaire. Or, à moins d'une concession particulière ou d'un usage établi, on ne pourra prendre des matériaux dans ces carrières qu'après avoir payé préalablement au propriétaire le dédommagement qui lui est dû ; et cela sans distinguer s'il y a intérêt général ou individuel. « Si constat in tuo « agro lapidicinas esse, invito te nec publico nec privato no- « mine quisquam lapidem cædere potest, cui id faciendi jus non « est, nisi talis consuetudo in illis lapidicinis consistat ut si quis « voluerit ex his cædere non aliter hoc faciat nisi prius solitum « solatium pro hoc domino præstat [3]. »

La loi 2 au Code, *ut nemini liceat*, nous donne encore un cas où l'indemnité était préalable. S'il est équitable, ainsi que le remarque Anastase, de dédommager immédiatement la personne dont on prend la propriété, c'est surtout lorsque l'expropriation porte sur des denrées alimentaires. « Nec æquum est, qui nunc præ- « buit species, et annonæ copiam attulit, ei postea pretia com- « putari [4] ». Le président de la province devait apporter le plus grand soin à faire observer cette constitution ; quant à celui qui

1. Pline, *Hist. nat.*, XVIII, ch. XXIX, § 2.
2. Loi 2, C. Th., *De publica comparatione.* — Unusquisque provincialium nostrorum..... prius vendendas det species quam omne quod in ratione distractionis venerit, aurum fuerit consecutus.
3. Fr. 18, Dig., liv. VIII, tit. XIII, *Communia prædiorum.*
4. Loi 2, C. *Ut nemini liceat.*

aurait trompé sur le poids de l'argent donné en payement ou qui n'aurait payé qu'une partie du prix, une condamnation au quadruple eût été prononcée contre lui, et il eût été obligé en outre de fournir à ses frais le reliquat de l'indemnité. Lorsqu'on voit une disposition si formelle, on ne peut s'empêcher de trouver bizarre qu'une loi du Code Théodosien, prévoyant une espèce tout à fait analogue, ait décidé, au contraire, que l'on ne pourrait pas exiger le payement préalable de l'indemnité.

Dans la Novelle VII[1] relative à l'expropriation des biens immobiliers dépendant des églises, la question du préalable de l'indemnité n'est pas soulevée; la parfaite équité que Justinien prescrit dans cette constitution donnerait à penser que le payement était préalable à la dépossession. Du reste l'empereur ne s'explique pas non plus sur la nature de l'indemnité. Le texte semble indiquer qu'elle ne consistait pas en argent, mais en un autre immeuble donné en échange. On y parle en effet d'une *permutatio*.

De tout cela, il est impossible de conclure à une règle précise; quelques textes admettent le payement préalable, d'autres l'excluent complétement, d'autres enfin sont sur ce point absolument muets; ce qui est certain, c'est que toujours on a reconnu la nécessité d'indemniser les expropriés, et ainsi, aux divers âges de la législation romaine, y compris le droit que Justinien s'est approprié et où a été puisée une partie de nos exemples, on trouve la consécration de ces principes d'équité qui seuls peuvent mettre d'accord le bien public et l'intérêt légitime des particuliers.

Ces principes étaient-ils toujours respectés dans la pratique, et ne vint il pas un moment où le trouble moral précurseur et agent de la décadence des nations, obscurcit les notions du juste et de l'injuste? On ne saurait à cet égard complétement négliger les traditions qui ont pris cours au déclin de l'empire de Constantinople.

1. Nov. vii, ch. ii.

L'annaliste Glycas du xii° siècle [1], un auteur anonyme du
même temps [2], enfin Codin le Curopalate [3], familier du palais de
l'empereur et contemporain de la prise de Constantinople, parlent de la construction de l'église de Sainte-Sophie. Ils racon-
tent les traités dont furent l'objet les différentes parties du sol.
Les ventes étaient faites le plus souvent *duplo pretio*.

Mais il se rencontra chez l'eunuque et portier Antiochus
une volonté intraitable : «Imperator» (dit la traduction latine de
Codin) *a justitiæ et probitatis amans*, quod nollet quemquam
« injuria et damno affici, mœstus animo, cogitabat quid cum illo
« ageret : strategius autem, magister, thesauri imperatoris
« præfectus, ejusque adoptivus frater, imperatori promisit se
« aliquo commento illum victurum ut ædes suas etiam invitus
« vendere cogeretur. Prædictus enim Antiochus ostiarius cir-
« censium studio flagrans venétumque colorem sive cæruleum
« amabat; illoque admodum delectabatur. Cum igitur ludi cir-
« censes exercendi essent, magister Strategius ostiarium com-
« prehendit eumque in prætorium inclusit, ipso ludorum die ;
« atque ille cum ejulatu et dolore clamans dicebat : Circenses
« spectam et quidquid imperator jusserit faciam. Imperatoris
« igitur jussu statim in caveam adductus est ibique ædes suas,
« præsente quæstore, et universo senatu scribente vendidit,
« idque octoginta quinque libris auri. »

Il est plus que probable que le malheureux portier s'inquiéta
plutôt de la durée possible de sa détention arbitraire que des jeux
dont la légende le présente comme ardent amateur. Son
désir d'assister aux succès soit des *verts* soit des *bleus*, ne l'aurait
peut-être pas amené à se contenter du prix que lui faisait
offrir cet empereur ami de la justice et de l'honnêteté. Quoi qu'il

1. *Annalium pars* 4, p. 267.
2. L'œuvre de cet anonyme, *Historia et Descriptio Sanctæ Sophiæ*, a été
insérée par le moine italien Banduri, dans son *Imperium orientale seu anti-
quitates Constantinopolitanæ*, liv. iv, p. 65.
3. *Excerpta ex libro chronico de originibus Constantinopolitanis*, p. 65
(Paris in-f°, 1655).

en soit, de pareils procédés ne paraissent pas, pour ces anna-
listes, exclusifs du *justitiæ et probitatis amans.*

Tel est donc le dernier terme de cette civilisation sortie des
beaux jours de la Grèce et de Rome; la lumière de ces vérités
qui font la dignité de l'homme semble s'éteindre en Orient, à
cette époque où les historiographes impériaux applaudissent à
de pareils moyens, et ne comprennent pas qu'en abaissant le
droit du citoyen ils abaissent en même temps le pouvoir su-
prème.

DROIT FRANÇAIS.

DE L'EXPROPRIATION
POUR CAUSE D'UTILITÉ PUBLIQUE.

HISTORIQUE ET ENSEMBLE DE LA LÉGISLATION.

A l'époque où nous sommes parvenus en droit romain, l'empire d'Occident a déjà cessé d'exister; les barbares ont occupé les Gaules; envahissant les diverses provinces de l'Empire, ils se sont emparés du territoire; les chefs se sont attribué la propriété exclusive du sol. S'ils comptent avec quelques-uns de leurs soldats, c'est que ces soldats sont eux-mêmes des chefs, de moindre importance sans doute, mais qui, eux aussi, ne relèvent que de leur épée. Dans cette situation, il est très-évident que s'il s'est pratiqué des travaux que nous appellerions aujourd'hui d'utilité publique, et qui, à cette époque, ne consistaient guère qu'en des établissements pieux, c'était le chef seul propriétaire qui en prenait l'initiative et en faisait les frais. Il prenait sur son patrimoine le terrain qui allait servir aux travaux. Quant à la somme destinée à les réaliser, il la tirait peut-être plus souvent de la caisse d'autrui que de la sienne, les procédés de pillage n'étant pas ceux qui répugnaient aux barbares.

Les seigneurs ecclésiastiques qui se juxtaposèrent bientôt aux seigneurs laïques, et qui, sur certains points, se substituèrent complétement à eux, n'opérèrent pas autrement. Les immeubles qu'ils affectèrent à des fondations d'utilité publique leur appartenant comme tout le sol de leur seigneurie, ils n'avaient à le demander ni à le payer à personne, et quant au prix des travaux, ils le prenaient assez souvent sinon toujours dans leur trésor, ou le devaient aux aumônes des fidèles.

Quand furent institués les bénéfices, lesquels coexistent presque à l'installation des barbares, comme ils n'étaient que temporaires, et limités à la vie du titulaire, ils ne changèrent pas grand'chose aux procédés. Le seigneur attendait sans doute la mort du bénéficiaire, et faisait exécuter alors le travail qu'il avait décidé. S'il avait voulu l'accomplir pendant la durée du titre, il est presque certain qu'il aurait indemnisé le bénéficiaire, à moins qu'il ne voulût rompre avec lui.

Quand, sous Charles-Martel, l'hérédité du bénéfice constitua véritablement le fief, alors les procédés durent changer. Le suzerain, en droit du moins, sinon en fait, n'eût pu consacrer des biens donnés en fief, à des travaux par lui résolus, sans traiter avec le feudataire.

Où il y a droit reconnu, on peut dire qu'il y a constitution d'une société régulière, et il est généralement admis que ce droit ne peut être violé. Seulement le premier soin des feudataires et hauts barons ne fut certainement pas de reconnaître des droits aux vilains qui garnissaient leur fief, et lorsque quelques seigneurs voulaient faire des travaux de défense, de viabilité, ou autres, ils employaient probablement des moyens analogues à ceux dont usaient les chefs Francs au commencement de la conquête; ils respectaient les biens de l'Eglise, soit que l'Eglise tînt elle-même ces biens du suzerain, soit qu'elle les tînt du feudataire ou de ses ancêtres, mais ils ne respectaient guère que cela.

Il est facile de comprendre que l'organisation de la féodalité localisait nécessairement les travaux, et que, d'indemniser les manants, il ne pouvait être question avant l'époque où, étant parvenus à se rendre redoutables par leur association, il leur fut reconnu des droits réels, sinon absolument identiques, du moins presque équivalents à la propriété.

C'est à l'époque où cette situation leur fut faite qu'il fau

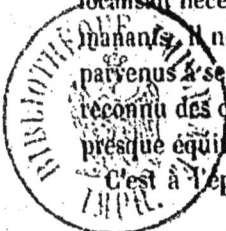

rapporter le droit à indemnité pour cause de travaux d'utilité publique, ou plus généralement d'utilité seigneuriale. Mais il est certain que l'expropriation n'est pas alors réglementée ; le nom ne s'en rencontre même pas. Le droit à obtenir l'indemnité existe, on le viole parfois ; mais quand la victime de l'arbitraire l'ose et le peut , elle ne manque pas de le revendiquer.

Aux funérailles de Guillaume le Conquérant, un homme sortit de la foule , et vint exprimer ces plaintes devant les évêques et abbés de la Normandie : « Cette terre où vous vous trouvez « fut l'emplacement de la maison de mon père ; cet homme « pour lequel vous priez, n'étant encore que duc de Nor- « mandie , la lui enleva violemment et lui ayant refusé toute « justice, y fonda cette église dans l'abus de sa puissance : c'est « pourquoi je réclame ce terrain, et le revendique ouvertement. « De la part de Dieu, je m'oppose à ce que le corps du ravisseur « soit couvert de ma terre et enseveli dans mon héritage. [1] » A ces paroles, dont la vérité fut confirmée par les voisins, les évêques traitèrent avec cet homme, lui payèrent sur-le-champ soixante sous pour le seul emplacement du tombeau, et lui pro- mirent pour le reste du terrain qu'il revendiquait un dédomma- gement équitable. Le fait se passait en 1087. Le droit violé, le droit qui proteste, le droit protégé par le clergé, voilà des faits qui se produisent à la fin du xie siècle. La propriété s'affirme , et l'on ne prétend plus qu'une expropriation puisse avoir lieu sans indemnité.

Les études que le xiie siècle consacre au droit canonique et

---

1. Tunc Ascelinus filius de turba surrexit, et voce magna querimoniam hujus modi cunctis audientibus edidit : Hæc terra ubi consistitis area domus patris mei fuit , quam vir iste pro quo rogatis , dum adhuc esset comes Nor- manniæ, patri meo violenter abstulit , omniumque denegata rectitudine , istam ædem potenter fundavit. Hanc igitur terram calumnior et palam re- clamo ; et ne corpus raptoris operiatur cespite meo , nec in hereditate mea sepeliatur, ex parte Dei prohibeo. — Orderic Vital, liv. vii, in fine. — Du- chesne, *Historiæ Normannorum scriptores* (Paris, 1619, in-folio, p. 662).

au droit romain ne seront pas perdues pour la bonne cause.

C'est par voie d'achat que Philippe-Auguste, quand il veut établir les halles de Paris, se procure, pour le transporter à l'intérieur, le marché qu'une léproserie possédait hors la ville [1].

Le même roi fit exécuter aussi l'enceinte méridionale le Paris et fortifier d'autres villes. Et voici ce que dit encore à ce sujet le narrateur des actions de Philippe-Auguste : « Sed et alias civi- « tates, oppida et municipia regni muris et turribus inexpugnabi- « libus munivit, mira et laudanda justitia principis; licet de « *jure scripto* posset propter publicum regni commodum, in « alieno fundo muros erigere et fossata, ipse tamen juri praefe- « rans aequitatem, damna sua quae per hoc homines incurre- « bant, de fisco proprio compensabat [2]. »

En 1233, Thibault, comte de Champagne, dédommage par 15 livres de revenu annuel le chapitre de saint Quiriace de Pro- vins des pertes qu'il lui a fait subir *propter fossata forticiarum facta in castello et in vallo* [3].

Enfin en 1263 Louis IX prescrit au maire de Verneuil et à tous autres de payer les chevaux qu'ils emploieront pour le service de la ville [4].

On peut, relativement à notre matière, consulter utilement les *Olim* ou registres des arrêts rendus par la cour du Roi sous les règnes de saint Louis, de Philippe-le-Hardi, de Philippe-le-Bel, de Louis-le-Hutin et de Philippe-le-Long [5].

On y voit le chapitre de Chartres condamné à payer 100 francs pour le dommage qu'il a causé à une maison, en construisant le mur de ses cloîtres.

1. Rigord. *De Gestis Phil. Augusti.* — *Historiæ Francorum scriptores* de Duchesne (Paris, 1649, in-folio. Vol. 5, p. 11).

2. Guillaume le Breton, *Historiæ Francorum scriptores* (Paris, 1649, in-folio. Vol. 5, p. 52).

3. Cartulaire cité par Bourquelot (*Histoire de Provins*, Vol. 1, p. 319).

4. *Collection des Ordonnances des Rois de la 3e race*, publiée par de Lau-rière. Vol. 1, p. 293.

5. *Collection des documents inédits sur l'Histoire de France. Les Olim,* Vol. 1 et 2.

•Le roi d'Angleterre doit démolir une forteresse qu'il a cons-
truite dans un fief appartenant à un couvent de Sarlat, contrairement à la volonté de ce dernier.

L'entrepreneur des réparations du pont de Melun est soumis
à dédommager un couvent, pour de la pierre qu'il a extraite sur
les fonds de celui-ci.

Dans le même recueil, on peut lire une consultation que les
échevins de Saint-Disier, affiliés à ceux d'Ypres, adressent à ces
derniers; ils leur exposent que le sire de Saint-Disier a fait
détruire des maisons pour la mise en défense de la ville, et ils
leur demandent si la ville doit rétablir ces maisons, ou si le sire
en est tenu, lui qui les a fait abattre sans l'assentiment des échevins. Les échevins d'Ypres répondent que « li sires les doit res-
« tituer per le dit de certains jureis, quarpentiers et massons à
« ce, pour ce que li loys de la ville ne "i assenti, et que il dient
« que il ne sembla point nécessité as eschevins d'abatre les
« dictes maisons [1] ».

En son traité sur les Coutumes de Beauvoisis, Beaumanoir, dont l'ouvrage, comme il le déclare lui-même, repose
« sur le droit qui est commun à toz ès coustumes de France »,
s'exprime ainsi à la fin du XIIIᵉ siècle, dans un passage souvent
cité : « Quant uns quemins est si durment empiriés en aucuns
« liex, c'on ne le pot refere sans trop grant coust, il loist au
« souverain qu'il le face aler au plus pres du lieu où il estoit, et
« de cele meisme larguece dont il doit estre, en tele manière
« que li damaces soit rendues à cix qui terre on prent por le
« quemin refere [2] ».

On a moins parlé de l'article 25 du chapitre LVIII des mêmes
Coutumes. « Et ce c'on dist que voirs est que li sires doit autant
« foi et loiaté à son home comme li h.. s fet à son seigneur; ce
« doit estre entendu en tant comme çascuns est tenus li uns vers

1. *Collection des Documents sur l'Histoire de France.* (*Les Olim.*, Appendice,
art. XLVII).

2. *Coutumes de Beauvoisis* (Edit. du comte Beugnot. Chap. XXV, art. 13).

« l'autre; car por ce se li sires justice son home par bone cause
« contre se volonté ne ment il pas par se foi vers li.

   « Encore a li sires qui tient en baronie autre signorie sor son
« home que ses hons n'a sor li; car se li quens a un home qui
« ait aucun heritage, li quix heritage li nuise durment à se
« meson, ou à se fortevece, ou contre le commun porfit, il ne
« pot pas devcer au conte qu'il ne prengne soufisant escange de
« son heritage; mais voirs est qu'il ne doit pas estre contrains
« au vendre s'il ne li plest, mais l'escange soufisant ne pot il
« refuser [1] ».

Dans une ordonnance de Philippe-le-Bel de l'année 1303, on
trouve des cexmples d'expropriations justifiées par des fondations
pieuses. « Possessores possessionum quas pro ecclesiis aut do-
« mibus ecclesiarum parochialium de novo fundandis aut ampli-
« andis infra villas non ad superfluitatem sed ad convenientem
« necessitatem acquiri contingit ad eas dimittendas pro *justo*
« *pretio* compelli debent [2] ».

Des lettres patentes de mars 1470, enregistrées au parlement
le 2 septembre 1480, autorisent le maire et les échevins de la
ville d'Amiens à prendre, *moyennant indemnité*, des terrains
nécessaires pour les fortifications de la ville [3].

En 1584, un arrêt du parlement de Paris juge qu'un particulier ayant un jardin près d'un cimetière peut être contraint
de le bailler à l'Église pour accroître le cimetière, en payant la
juste valeur; et cela malgré l'opposition du propriétaire.

Celui-ci dans la circonstance fondait ses résistances sur une
affection particulière; il rappelait qu'il possédait depuis soixante
ans ce jardin, que son père lui avait laissé; ces allégations ne
le firent pas triompher, et il fut décidé que l'utilité publique
passait par-dessus tout intérêt particulier [4].

1. *Coutumes de Beauvoisis* (ch. LVIII, art. 25).
2. *Ancien style du Parlement de Paris*, partie III, titre XLV, § 47.
3. Dalloz, Jur. Gén. v° *Expropriation pour cause d'utilité publique*.
4. Arrêt du 20 nov. 1584. (Louet, *Recueil de notables arrêts*, Lettre A,
§ 6. *De l'aliénation forcée pour le bien public.*)

7

Un arrêt de Toulouse, de l'an 1606, déclarait bonne et valable l'aliénation à laquelle avait été contraint le propriétaire d'une maison nécessaire pour agrandir une église. L'estimation de cette maison fut faite par experts.

Plusieurs arrêts du parlement de Provence [1], rendus dans le courant du XVIIe siècle, se réfèrent à des hypothèses analogues.

Il est remarquable que, dans l'espèce de l'arrêt de 1606, il s'agissait d'une maison appartenant à un mineur; et comme l'expropriation était poursuivie contre le tuteur, la Cour ordonna que les deniers qui proviendraient de la vente de cette maison seraient mis entre les mains de personnes solvables, ou que l'on en ferait un fonds au profit des mineurs.

Par arrêt du conseil d'État, du 22 novembre 1685, Sa Majesté, étant en son conseil, ordonna « que la rue de Saint-Jean-de-Latran, sise au faubourg Saint-Marcel, serait percée et continuée jusqu'à la rue de Loursine, au travers du jardin du sieur de la Follie, aux frais des propriétaires des maisons de ladite rue, et en remboursant par eux, suivant leurs offres, la somme à laquelle se trouverait monter le dédommagement dû audit sieur de la Follie [2]. »

Ici, l'indemnité était fournie par des particuliers, et cela se comprend parce qu'ils avaient évidemment intérêt au prolongement de cette rue, et leurs maisons devaient en recevoir une augmentation de valeur.

Un édit de janvier 1607 contraignait « les coportionnaires des « marais qu'on voulait dessécher, à en faire vente, ou sur le « pied des marais voisins, ou de l'estimation [3]. »

Un édit de Louis XIV, d'octobre 1666 et relatif à la construction du canal du Languedoc, autorisait l'entrepreneur chargé de ce travail à prendre toutes les terres et héritages nécessaires

1. Louet, *Recueil de notables arrêts*, Lettre A, § 6.
2. Louet, *Recueil de notables arrêts*, Lettre A, § 6.
3. Maillart, titre III, *De la Coutume d'Artois*.

pour sa construction, et l'édit ajoutait : « lesquelles terres et
« héritages seront par nous payés aux particuliers propriétaires,
« suivant l'estimation qui en sera faite par experts, qui seront
« nommés par les commissaires par nous députés ».

Dans des lettres patentes de Louis XV, accordant au duc d'Orléans la faculté de faire établir le canal de Loing, on lit ce qui
suit :

Art. 10 : « Pourra notre dit oncle (le duc d'Orléans) et ses ayants-
cause, faire le long et aux environs dudit canal et des rivières et
ruisseaux voisins, les étangs, réservoirs et retenues d'eau qu'il jugera à propos, même prendre et détourner les eaux nécessaires, en
dédommageant, s'il y échoit, les meuniers ou propriétaires des
moulins et autres particuliers qui pourront souffrir de la privation ou diminution desdites eaux ; ce qui aura lieu même à
l'égard des engagistes de notre domaine ; le tout de gré à gré,
ou suivant l'estimation et évaluation qui en sera faite, sur les
titres qui en seront par eux représentés, moyennant quoi notre
dit oncle ou ses ayants-cause auront la propriété incommutable
de ce qu'ils auront ainsi acquis.

Art. 11 : « Voulons que pour la facilité du commerce ils fassent
construire des ponts sur tous les grands chemins qui seront tra-
versés par ledit canal, et vis-à-vis des villages et paroisses qu'il
côtoyera avec les chaussées qu'il conviendra pour l'abord desdits
ponts, et qu'il soit ménagé des abreuvoirs pour les bestiaux des
habitants desdits villages, et en cas qu'il soit nécessaire de faire
des aqueducs pour la conduite des eaux, il sera loisible à notre
dit oncle de les faire construire en toutes sortes de terrains en
dédommageant les propriétaires comme dessus..... Pourra aussi
notre dit oncle et ses ayants-cause à perpétuité tirer à l'exclusion
de tous autres dans toute l'étendue dudit canal, et aux environs
où il y aura des carrières, la pierre dont ils auront besoin, en
dédommageant ceux qui pourraient en souffrir du préjudice [1]. »

On voit encore dans d'autres lettres patentes, du 30 septem-

1. Lettres-patentes de Louis XV, nov. 1719. Collection Pailliet, p. 132.

bre 1770, Louis XV autorisant un sieur Zacharie à continuer à ses frais et dépens la construction du canal de Givors.

« Permettons audit sieur Zacharie de faire passer ledit canal par les lieux désignés audit plan, et, pour cet effet, prendre les terres, abattre et démolir les maisons qui se trouveront dans ledit alignement, après néanmoins en avoir *préalablement indemnisé les propriétaires*, de gré à gré ou à dire d'experts dont les parties conviendront, ou qui seront nommés d'office; et dans le cas où il surviendrait des contestations, ledit sieur Zacharie sera autorisé à consigner la valeur desdites indemnités, même les intérêts, si aucuns sont dus, entre les mains des dépositaires qui seront à cet effet commis; quoi faisant, il demeurera bien et valablement quitte et déchargé; et quant à ce qui se pourrait trouver par lui dû à des mineurs, gens de main-morte et autres qui ne pourront recevoir lesdites indemnités, il en sera par eux fait remplacement dans les formes ordinaires, et, jusqu'à ce, l'intérêt des principaux sera payé sur le pied du denier vingt, pour raison de quoi le sieur Zacharie sera tenu de donner bonne et suffisante caution, si besoin est.

« Permettons audit Zacharie de prendre le long dudit canal deux toises de terrain de chaque côté pour le tirage des bateaux, de même que le terrain nécessaire pour former des bassins, à l'effet d'y recevoir des bateaux, comme aussi de prendre des pierres, grès, terres, propres à faire de la brique et de détourner les eaux qu'il jugera nécessaires, pour les faire passer et conduire par les endroits qu'il jugera les plus convenables pour la navigation dudit canal en *dédommageant préalablement* les propriétaires, ainsi et de la manière prescrite par l'article précédent [1]. »

Dans la plupart de ces documents, l'on retrouve des idées analogues, exprimées dans un langage qui présente à des époques différentes une remarquable similitude, et l'on peut regarder

---

1. Lettres-patentes de septembre 1770. Collection Pailliet, p. 432.

comme existantes en principe, sinon toujours observées, les
règles qui se reproduisent presque dans chacun d'eux.

Ainsi, l'expropriation est ordonnée par le pouvoir gouvernant,
le droit à une indemnité est reconnu aux particuliers ; cette indemnité est fixée par des experts, qui sont même dès le XIII° siècle, qualifiés de jurés ; et elle est, ainsi que nous l'avons vu dans
les lettres patentes de 1719 et 1770, préalable à la dépossession.
Mais ces divers textes ne disposent que pour des cas particuliers ;
et s'ils servent à prouver que de bonne heure on a ressenti la
nécessité de faire céder l'intérêt privé à l'intérêt public, ils indiquent aussi que cette doctrine ancienne et le plus souvent suivie
en pratique est demeurée durant bien des siècles sans expression légale ; cette absence d'une réglementation positive rend
impossible de présenter aujourd'hui dans un résumé à la fois
sommaire, complet, exact, ce que fut en France jusqu'en 1789 la
dépossession au profit de l'intérêt général de la propriété immobilière privée, ou, comme on l'appelait, l'aliénation forcée pour
le bien public[1]. Au lieu de tracer nettement des traits certains,
il faudrait commenter longuement une série de faits, et sans
grande espérance d'en pouvoir déduire des règles précises.

L'arbitraire laissé en cette matière à ce que l'on nommerait
aujourd'hui l'action administrative avait produit des abus
sensibles.

Montesquieu en 1748 avait exprimé des plaintes à ce sujet :
« Si le magistrat politique veut faire quelque édifice public,
« quelque nouveau chemin, il faut qu'il indemnise : le public
« est à cet égard comme un particulier qui traite avec un parti-
« culier. C'est bien assez qu'il puisse contraindre un citoyen de
« lui vendre son héritage et qu'il lui ôte ce grand privilége qu'il
« tient de la loi civile de ne pouvoir être forcé d'aliéner son

---

1. *Voir* notamment Louet, *Recueil de notables Arrêts.* — Denisart, *Collection de Décisions* (1783-1790). — Merlin, au répertoire universel de Guyot et
à son répertoire, s'est servi du mot *Retrait d'utilité publique.*

« bien ». Et se référant à ce passage de Beaumanoir que nous avons cité plus haut, il vante l'équité et la modération du XIIIᵉ siècle, puis il termine en disant : « On se déterminait « pour lors par la loi civile ; on s'est déterminé de nos jours par « la loi politique » (Montesquieu, liv. XXVI, ch. 15, *De l'Esprit des lois*).

Outre que l'État ne payait pas toujours, quand il acceptait de payer il était parfois mauvais payeur.

Un arrêt de conseil du 20 juillet 1770 reconnaît que pour la généralité de Tours il était dû depuis plusieurs années 410,000 livres, à cause des indemnités de dépossession, motivées par la construction de routes nouvelles ; et comme *voie la plus simple et la plus juste* d'y subvenir, l'arrêt impose cette somme de 410,000 livres, sur cette généralité, à fournir en dix ans ; et les intéressés seront payés dans le même intervalle, suivant dix classes formées à l'ancienneté.

Les esprits étaient évidemment soulevés sur ce sujet. Dans la séance du 27 juillet 1789, le comte de Clermont-Tonnerre lisait à l'assemblée nationale un rapport du comité de constitution, réclamant pour chacun des membres de la nation française, et comme résultat uniforme de l'universalité des cahiers, l'inviolabilité de la propriété particulière [1].

Et un mois plus tard, l'article 17 de la déclaration des droits de l'homme, laquelle devait former le préambule de la Constitution du 14 septembre 1791, était voté, le 26 août 1789, au moment où l'Assemblée renvoyait toute autre addition à cette déclaration, jusqu'à ce que la constitution eût été délibérée : « La « propriété étant inviolable et sacrée, nul ne peut en être privé « si ce n'est lorsque la *nécessité publique* légalement constatée « l'exige évidemment, et sous la condition d'une juste et préa« lable indemnité ».

Reproduit par l'article 3 de la Constitution de 1793, par l'ar

1. *Mon.* du 27 juillet 1789, p. 107.

ticle 358 de la Constitution du 5 fructidor de l'an III[1], passant dans l'article 545 C. N., avec cette modification toutefois que les mots *d'utilité publique* y sont substitués à ceux de *nécessité publique*, généralement employés auparavant, ce principe de 1789 devait rester cependant lettre sinon morte, du moins stérile, jusqu'à ce que la note de Schœnbrünn, en 1809, lui fît porter des fruits.

Quoique, aux termes du décret du 4 avril 1793 art. 12, l'acquisition au nom de la nation des maisons ou terrains appartenant à des particuliers, et nécessaires pour faciliter la vente de biens nationaux, ne pût avoir lieu qu'en vertu d'un décret de la Convention, cependant, on peut dire que de 1789 à 1810, nulle sûreté n'a été accordée contre la déclaration de nécessité ou d'utilité publique.

Aux concessionnaires de travaux publics la Constituante a imposé l'obligation du payement préalable à l'occup... qu'il s'agisse de concessions ou de lois générales, l'administration, jusqu'en 1810, restera seule à provoquer et à prononcer l'abandon.

Quant au règlement de l'indemnité, une fois, comme par oubli (art. 19 de la loi du 10 juillet 1791 sur les places de guerre), il est laissé au *tribunal du lieu* d'en décider, si le directoire du département n'est parvenu à la fixer sur l'avis des directoires de district. Mais partout ai   s, aussi bien au décret des 7-11 septembre 1790, tit. xiv, art. 4, lequel suppose le cas de *terrains pris ou fouillés pour la confection des chemins, canaux ou autres ouvrages publics*, aussi bien à l'article 4 de la loi du 28 pluviôse an VIII, qu'au titre xi de la loi du 16 septembre 1807 et que dans plusieurs dispositions d'un effet moins général, l'administration, toujours la même, sous des noms différents, se réserve au moins la part prépondérante. Ce sont les directoires des corps adminis-

---

1. La « Constitution garantit l'inviolabilité de toutes les propriétés ou la juste indemnité de celles dont la nécessité publique légalement constatée exigerait le sacrifice. (art. 358.) »

tratifs qui influent sur l'indemnité, ou directement ou par nomination de tiers experts.

La loi du 16 septembre 1807, incomplétement nommée loi
sur le desséchement des marais (car parmi ses dispositions,
quelques-unes, trop peu nombreuses, il est vrai, se référaient à
l'expropriation pour cause d'utilité publique), semblait faciliter
encore le retour à l'arbitraire qui régnait avant 1789. Elle remet-
tait, sans désignation de degré hiérarchique, et sans condition,
au pouvoir administratif, la déclaration d'utilité publique : elle
le laissait seul maître sans conteste du choix des terrains à
occuper; elle attribuait enfin à la justice administrative le droit
de fixer les indemnités dues à des tiers par suite de l'exécution
des travaux.

La loi de 1807 se montrait à l'avance avare pour les évalua-
tions. L'expropriant pouvait même à son aide négliger le payement préalable de l'indemnité. Aussi, l'opinion opposa bientôt
à cette loi un grand mouvement de résistance.

Une réglementation était nécessaire. Napoléon le sentait, et
l'ayant inutilement deux fois demandée au grand juge, il prend
l'initiative de l'indiquer. Esprit analytique, il sépare à tout jamais
des éléments trop longtemps mêlés; il en forme trois groupes :
déclaration d'utilité publique, prononcé de l'expropriation, fixation de l'indemnité : telles étaient les idées dominantes dans la
note célèbre dictée à Schœnbrünn le 29 septembre 1809, page
remarquable, germe fécond d'une législation nouvelle, et dont
il faut signaler ces mots : « La question est plus importante
qu'on ne veut le croire, puisqu'en s'accoutumant à jouer avec la
propriété on la viole ». — « Aucun citoyen ne peut être expro-
« prié que par un acte judiciaire. »

La loi que Napoléon demandait en terminant sa note de
Schœnbrünn, cette loi dont il discuta lui-même le projet au conseil d'État, et qu'il fit remanier sept fois, est celle du 8 mars
1810.

Elle se lie au passé même ancien, par la réaction qu'elle manifeste; elle doit se lier aux temps subséquents parce que, résultat

d'une longue expérience, imprimant une direction toute nouvelle, très-caractérisée, décisive, elle pose quelques principes
qu'il faut tenir pour inébranlables et qui resteront tant comme
avertissement perpétuel que comme guides d'interprétation.

Sa grande innovation est écrite dans son art. 1er qui reproduit
en ces termes le principe de la note de Schœnbrünn : « L'expro-
« priation pour cause d'utilité publique s'opère par autorité de
« justice ».

Cette disposition, essentiellement conforme aux principes, car
les questions de propriété sont de la compétence des tribunaux
judiciaires, est aussi parfaitement équitable ; l'intervention du tribunal protége les particuliers contre l'arbitraire des services administratifs. Le tribunal est institué le gardien et le défenseur
de la propriété privée.

Mais si, à partir de la loi du 8 mars 1810, l'expropriation,
d'exclusivement administrative, était devenue plus particulièrement judiciaire, cependant cette loi réservait encore à l'autorité
administrative une action considérable; elle laissait à la discré-
tion du pouvoir supérieur la déclaration d'utilité publique, elle
lui reconnaissait le droit de déterminer, après accomplissement de certaines formalités, les propriétés que les travaux
devaient atteindre.

Toutefois la loi de 1810, réagissant toujours dans le même
sens contre les procédés antérieurs, conférait aussi au tribunal
le droit de fixer les indemnités. Cette modification, qui était utile
en ce qu'elle empêchait l'administration d'être juge dans sa propre
cause, n'en était pas moins susceptible de perfectionnement.

Ce à quoi l'on doit tendre, quand il s'agit de fixation d'indemnité, c'est à obtenir tout à la fois promptitude dans l'exécution et justice dans l'évaluation. Or, la loi du 8 mars 1810 n'arrivait ni à
l'un ni à l'autre de ces résultats. D'une part, le tribunal, quand il
n'était pas suffisamment renseigné, pouvait nommer et nommait
le plus souvent des experts qui préparaient sa décision, et par
cela même, la rapidité d'exécution était entravée. D'autre part,
comme l'avis des experts n'était que consultatif et ne liait pas le

tribunal, leur appréciation n'était ni aussi sévère ni aussi juste que s'ils en eussent eu la responsabilité, et comme les juges n'étudiaient pas eux-mêmes le terrain, il n'y avait guère lieu de supposer qu'ils pussent rectifier d'une façon sûre l'évaluation donnée par les experts; il importait donc « de placer la respon-« sabilité morale de la décision sur ceux-là même à qui la déci-« sion réelle appartient[1] ». C'était dans ce sens qu'était présenté en 1832, à la Chambre des députés, le projet d'une loi nouvelle destinée à remplacer celle du 8 mars 1810, à retirer à la magistrature l'évaluation des indemnités, à introduire la grande innovation du jury.

Cette institution garantit tout à la fois les droits de l'administration et ceux des particuliers. Les jurés sont en effet contribuables, intéressés par suite à ne pas exagérer l'indemnité, et en même temps propriétaires; ils sont par conséquent naturellement portés à bien traiter le droit de propriété.

La loi de 1833 a suivi la tradition de 1810, en introduisant l'enquête administrative préliminaire de l'acte du pouvoir supérieur qui ordonne les travaux, en précisant la nature de cet acte, en conservant à l'autorité judiciaire le soin de vérifier si les formes prescrites pour la déclaration d'utilité publique ont été observées. Elle s'est écartée de la loi de 1810, en introduisant le jury qu'il a fallu organiser dans le détail, et en accommodant quelques parties de la législation civile à la plus grande facilité des travaux publics.

Mais il est digne de remarque qu'elle n'a point parlé de la mise en possession provisoire en cas d'urgence. L'art. 19 de la loi de 1810 qui autorisait le tribunal à ordonner cette mise en possession provisoire, selon la nature et l'urgence des travaux, avait été implicitement abrogé par l'art. 9 de la charte constitutionnelle, et aucune disposition de la loi de 1833 n'était venue le remplacer.

La loi du 30 mars 1831, relative à l'expropriation et à l'occu-

1. *Mon.* de 1833, p. 253.

pation temporaire des propriétés privées, en cas d'urgence, ne s'appliquait qu'aux travaux de fortifications. L'expropriation pour les travaux publics civils avait cependant besoin de ce progrès, qu'elle n'avait pas encore réalisé. Aussi, à huit ans à peine de la loi de 1833, était-ce là le motif déterminant d'une loi nouvelle, la loi du 3 mai 1841.

Sans doute, cette dernière, qu'il faut maintenant combiner avec le sénatus-consulte du 25 décembre 1852, amende, en conservant leur ordre jusqu'au n° 61, plusieurs des articles de la loi qui l'a précédée; elle la revise quant aux cessions amiables des biens des incapables; elle innove en fixant à l'indemnité des limites extrêmes; mais son signe distinctif est de reconquérir, et de réglementer de la manière que nous indiquerons plus loin la mise en possession provisoire pour urgence.

Malgré l'espace de temps et le champ d'innovations parcourus depuis 1809, cette loi du 3 mai 1841, qui forme aujourd'hui la base de la législation sur l'expropriation pour cause d'utilité publique, conserve et reproduit les trois périodes désignées par la note de Schœnbrünn [1].

Si on considère l'expropriation dans les lois spéciales qui l'ont réglementée, on peut toujours distinguer dans sa procédure cinq sortes d'opérations :

1° Déclaration d'utilité publique;

2° Désignation précise des terrains nécessaires pour l'exécution des travaux ;

3° Translation de propriété;

[1]. A la loi du 3 mai 1841, plusieurs lois et décrets empruntent leur mode d'application. Nous citerons seulement : la loi du 15 juillet 1845 sur la police des chemins de fer ; — celle du 13 avril 1850 sur les logements insalubres ; — le décret du 26 mars 1852, applicable aux travaux de Paris et d'autres villes, et frappant au besoin la totalité des immeubles atteints et quelquefois même des immeubles contigus ; — la loi du 22 juin 1854 sur les servitudes autour des magasins à poudre ; — celle du 28 juillet 1860 sur le reboisement des montagnes ; — celle du 12 juillet 1865 sur les chemins de fer d'intérêt local.

4° Règlement et payement de l'indemnité ;

5° Prise de possession.

La déclaration d'utilité publique et la désignation des terrains peuvent être comprises dans ce que nous appellerons la période administrative.

La translation de propriété et le règlement de l'indemnité font partie de la période judiciaire.

C'est à l'expiration de cette période que l'administration, moyennant le payement de l'indemnité, se peut mettre en possession des biens et faire procéder à l'exécution des travaux.

Nous exposerons sous cette division les règles générales qui se déduisent des dispositions de la loi de 1841, et nous indiquerons également les modifications qui ont été apportées à ces règles générales, soit par la loi de 1841 elle-même, soit par des lois spéciales.

I. — DE LA DÉCLARATION D'UTILITÉ PUBLIQUE.

Décider que les travaux qui vont être entrepris sont véritablement d'utilité publique, mettre les personnes soumises à l'expropriation en demeure de présenter leurs observations, enfin donner la base du jugement d'expropriation en indiquant au tribunal à quelles propriétés ce jugement, s'il y a lieu de le rendre, devra s'appliquer, telle est la part faite à l'autorité administrative dans l'ensemble d'une expropriation pour cause d'utilité publique.

D'après la loi de 1841, l'autorité investie du droit de déclarer l'utilité publique n'était pas toujours la même.

Cette autorité pouvait être le pouvoir exécutif ou le pouvoir législatif, et cette distinction se faisait selon l'importance des travaux ; certains d'entre eux, énumérés par l'article 3 de la loi de 1841, ne pouvaient être autorisés que par une loi ; au contraire, pour d'autres travaux indiqués dans le deuxième § du même article, une ordonnance du roi suffisait. Cette distinction n'a pas été maintenue par le sénatus-consulte du 25 décembre 1852.

Aux termes de ce sénatus-consulte, « tous les travaux d'utilité
« publique, notamment ceux désignés par l'article 10 de la loi
« du 21 avril 1832, et l'article 3 de la loi du 3 mai 1841, toutes
« les entreprises d'intérêt général sont ordonnés ou autorisés
« par décrets de l'empereur : ces décrets sont rendus dans les
« formes prescrites par les règlements d'administration pu-
« blique.

« Néanmoins si ces travaux et entreprises ont pour condition
« des engagements ou des subsides du trésor, le crédit devra
« être accordé ou l'engagement *ratifié* par une loi avant sa mise
« à exécution.

« Lorsqu'il s'agit de travaux exécutés pour le compte de l'État,
« et qui ne sont pas de nature à devenir l'objet de concessions,
« les crédits peuvent être ouverts, en cas d'urgence, suivant les
« formes prescrites pour les crédits extraordinaires : ces crédits
« seront soumis au Corps législatif dans sa plus prochaine ses-
« sion (art. 4). »

Ainsi, la distinction faite par ce sénatus-consulte repose non
plus sur la nature des travaux, mais sur la provenance des sommes qui doivent être employées à ces travaux.

Ces sommes sont-elles tirées de la caisse de l'État : alors, en
vertu du principe qu'une loi seule peut voter les dépenses de
l'État et l'impôt, une loi devra intervenir pour accorder les fonds
nécessaires ou pour ratifier l'engagement.

D'après le même sénatus-consulte, s'il était nécessaire pour
l'exécution de travaux d'ouvrir des crédits supplémentaires ou
extraordinaires, ces crédits pouvaient être accordés également
par décret, sauf l'obligation de les soumettre au Corps législatif
dans sa plus prochaine session.

Cette disposition du sénatus-consulte du 25 décembre 1852
a été abrogée par le sénatus-consulte du 31 décembre 1861,
art. 3.

Dans son mémoire à l'empereur, en date du 29 septembre 1861,
M. Fould faisait remarquer que « le véritable danger pour nos
« finances est dans la liberté qu'a le gouvernement de dé-

« créer des dépenses sans le contrôle du Corps législatif ».

Partageant cette idée du ministre des finances, l'empereur, dans sa lettre adressée au ministre d'Etat, le 12 novembre 1861, déclarait son intention de « renoncer au pouvoir d'ouvrir dans « l'intervalle des sessions des crédits supplémentaires ou extra- « ordinaires ».

C'est ce qui a été consacré par l'article 3 du sénatus-consulte du 31 décembre 1861 : « Il ne pourra être accordé de crédits « supplémentaires ou de crédits extraordinaires qu'en vertu « d'une loi ».

Observons que le sénatus-consulte de 1861 ne modifie nulle- ment la disposition du sénatus-consulte de 1852, en ce qui concerne la déclaration d'utilité publique. Cette déclaration d'utilité publique est toujours faite par décret impérial. Ce sont seulement les frais du travail qui doivent être votés par le Corps législatif.

Aujourd'hui, les crédits accordés, même dans les cas d'urgence, ou les engagements pris, par décret impérial, seraient non ave- nus, tandis qu'aux termes du sénatus-consulte de 1852, ces crédits ou engagements auraient été simplement sujets à une ra- tification du Corps législatif.

Si, au lieu de l'Etat, les travaux devaient grever les dépar- tements, il n'y aurait pas besoin d'une loi pour autoriser la dépense; mais d'autres mesures tiendraient lieu de l'inter- vention législative. Les dépenses que nécessitent les travaux faits pour le compte du département sont votées par le conseil général. Mais les conseils généraux ne peuvent voter que « dans « la limite d'un maximum qui sera annuellement fixé par la loi « de finances, des centimes extraordinaires affectés à des dépenses « extraordinaires d'utilité départementale. Ils peuvent voter « également les emprunts départementaux remboursables dans « un délai qui ne pourra excéder douze années, sur ces cen- « times extraordinaires, ou sur les ressources ordinaires » (Art. 2, loi des 18-24 juillet 1866).

Quant aux dépenses auxquelles la commune doit contribuer pour l'exécution de travaux d'utilité communale, elles sont votées par le conseil municipal. Seulement, « le conseil général fixe chaque « année le maximum du nombre de centimes extraordinaires « que les conseils municipaux sont autorisés à voter, pour en « affecter le produit à des dépenses extraordinaires d'utilité « communale » (art. 4, loi du 18 juillet 1866).

II.—DE LA DÉSIGNATION DES TERRAINS QUE L'EXPROPRIATION DOIT ATTEINDRE.

La désignation des territoires doit nécessairement être faite d'une manière précise. Comment, en effet, les parties pourraient-elles exprimer, relativement au terrain qu'on leur enlève, telle ou telle prétention, si elles ne connaissaient d'une façon exacte la contenance de ce terrain ? La confection des plans parcellaires a pour but de les éclairer sur ce point. Aussitôt après la désignation des territoires sur lesquels un travail public doit être dirigé, désignation qui peut être faite soit par le décret qui a déclaré l'utilité publique, soit par arrêté préfectoral, les agents des ponts et chaussées doivent s'occuper de dresser les plans des terrains menacés par l'expropriation.

Des mesures de publicité sont prises ensuite dans l'intérêt des tiers, et c'est seulement lorsque le plan parcellaire a été déposé à la mairie de chacune des communes où sont situés les immeubles à acquérir, lorsque, par un avertissement affiché et publié à son de trompe ou de caisse, les propriétaires et autres intéressés ont été mis en demeure d'en prendre connaissance, lorsqu'une insertion dans les journaux a pu informer les tiers qui auraient ignoré les publications et affiches, lorsqu'enfin les tiers ont pu librement faire leurs réclamations, c'est seulement alors que le préfet peut prendre son arrêté désignant d'une manière définitive et conformément aux plans, les parcelles comprises dans le tracé d'expropriation.

Relativement à l'insertion dans les journaux, prescrite par l'article 6 de la loi de 1841, une difficulté s'est élevée. Cet article dit que l'avertissement est inséré dans l'un des journaux publiés dans l'arrondissement, ou s'il n'en existe aucun, dans l'un de ceux du département.

L'article 23 du décret organique sur la presse, en date du 17 février 1852, est ainsi conçu : « Les annonces judiciaires « exigées par les lois pour la validité ou la publicité des procé- « dures ou des contrats, seront insérées à peine de nullité de « l'insertion dans le journal ou les journaux de l'arrondissement « qui seront désignés chaque année par le préfet : à défaut *du* « *journal* dans l'arrondissement, le préfet désignera un ou plu- « sieurs journaux du département. »

La controverse porte sur ces mots *du journal* : De ce mot *du*, doit-on conclure que le préfet aurait qualité pour désigner un journal du département lors même qu'un journal serait publié dans l'arrondissement, par exemple si ce journal n'avait qu'une publicité très-restreinte ?

La Cour de cassation interprète l'article 23 du décret de 1852 en ce sens que le préfet ne peut désigner un journal d'un autre arrondissement que lorsqu'il n'y a pas de journal dans l'arron- dissement où les publications doivent être faites [1].

D'après cette jurisprudence, le décret de 1852 n'aurait rien changé aux dispositions des articles 6 et 15 de la loi du 3 mai 1811. Le conseil d'Etat décide au contraire que le préfet a la faculté de désigner un journal dans un autre arrondissement, lors même qu'il en est publié un dans l'arrondissement où les publications doivent être faites [2].

Toutefois, au sein même de l'autorité judiciaire, il y a division. La cour de Metz, jugeant dans une question d'expropriation, a décidé, d'après le système suivi par le conseil d'Etat, que le préfet avait le pouvoir de désigner un journal autre que celui publié dans l'arrondissement [3].

1. Cass, Arrêt du 4 mai 1863. (D. P. 1863, 1. 318.) — 2. Cons. d'Et. Arrêt du 10 mars 1854. (D. P. 1854, 3. 44.) — 3. Cour de Metz. Arrêt du 15 janv. 1863. (D. P. 1863. 2. 172.)

C'est aussi l'opinion vers laquelle nous penchons. Nous croyons en effet qu'il serait fâcheux, pour les parties, que le préfet dût désigner, dans l'arrondissement, un journal qui, n'ayant pas une publicité suffisante, ne porterait pas à la connaissance des tiers, selon le vœu de la loi, les avertissements qu'il doit contenir.

Une autre question se rattache directement à celle-ci :

Quelle autorité a pu compétemment décider que le préfet avait le pouvoir que nous sommes disposé à lui reconnaître? Il y a encore sur ce point dissentiment entre la Cour de cassation et le conseil d'État. La Cour de cassation prétend que la question à trancher rentre dans la compétence judiciaire; le conseil d'État au contraire soutient qu'elle est de la compétence administrative.

Nous pensons que le conseil d'État est dans le vrai, car les actes par lesquels les préfets, en vertu de l'article 23 du décret du 17 février 1832, désignent chaque année le journal ou les journaux dans lesquels seront insérées les annonces judiciaires, constituent des actes administratifs dont il appartient à l'administration seule de déterminer le sens et la validité.

Nous avons dit que la désignation des territoires pouvait être faite par le décret qui a déclaré l'utilité publique, lequel remplace alors l'arrêté du préfet.

Quant à la détermination des parcelles, elle doit toujours être faite par un arrêté préfectoral, connu sous le nom d'*arrêté de cessibilité*. Le décret impérial ne pourrait jamais, lors même qu'il aurait désigné spécialement les parcelles soumises à l'expropriation, tenir lieu de cet arrêté, dont l'absence serait une cause de nullité absolue de la procédure.

Ainsi, à la différence du premier arrêté préfectoral, le second est indispensable. Le motif de cette distinction est que l'arrêté qui détermine les parcelles doit servir de base au jugement d'expropriation, et pour cela, il doit relater l'accomplissement de toutes les formalités prescrites par le titre II de la loi de 1841, formalités auxquelles le décret est nécessairement antérieur. De

plus, l'arrêté de cessibilité est le point de départ d'un droit nouveau pour le propriétaire. En effet, aux termes de l'article 14
§ 2, le propriétaire serait lui-même en droit de requérir l'expropriation, si l'administration ne l'avait pas poursuivie dans l'année
à compter de l'arrêté de cessibilité.

III. — DE LA TRANSLATION DE PROPRIÉTÉ.

L'accomplissement des formalités que nous venons de passer
en revue a pour résultat forcé de placer le propriétaire sous le
coup de l'expropriation, si bien qu'il ne peut désormais y échapper par sa volonté ou sa résistance.

L'utilité publique est déclarée, le terrain nécessaire pour l'exécution des travaux est désigné ; il ne reste plus qu'à opérer la
translation de propriété à l'administration.

Or, cette translation de propriété doit nécessairement avoir
lieu, et cela, ou du consentement du propriétaire, ou contre son
gré, c'est-à-dire qu'il y aura cession à l'amiable ou jugement
d'expropriation.

Dans le premier cas, et s'il y a cession à l'amiable, un jugement
interviendra bien encore, mais seulement pour donner acte du
consentement du propriétaire. La translation de propriété ne
résultera pas de ce jugement.

Dans le second cas, la translation de propriété à laquelle le
propriétaire n'aura pas voulu consentir, le jugement du tribunal
l'opérera.

La translation de propriété n'est pas nécessairement définitive ; elle peut être résolue, si le jugement qui l'a opérée vient
à être réformé pour une cause autorisée par la loi. Seulement
l'article 20 de la loi de 1841 n'autorise contre le jugement d'expropriation que le recours en cassation. L'opposition ni l'appel
ne sont recevables. Le propriétaire n'étant point appelé au jugement d'expropriation, il est bien évident qu'on ne peut former
opposition contre un jugement qui, n'étant jamais rendu contra-
dictoirement, ne saurait être non plus rendu par défaut.

La non-recevabilité d'un appel contre le jugement qui a prononcé l'expropriation, n'est pas douteuse en présence des termes formels de l'article 20; mais il a pu s'élever quelque doute relativement au jugement qui refuse de prononcer l'expropriation.

Le tribunal de Sarreguemines ayant refusé de prononcer l'expropriation des terrains indiqués pour l'ouverture des houillères du canal de la Sarre, la cour impériale de Metz avait, sur l'appel du ministère public, réformé ce jugement, prononcé l'expropriation, et commis un des juges de ce tribunal pour remplir les fonctions de magistrat directeur du jury [1].

Mais la cour de cassation a annulé, et avec raison, dans l'intérêt de la loi, l'arrêt de la cour impériale de Metz, et elle s'est fondée, entre autres motifs, sur la violation de l'article 20 [2].

On doit donc admettre que l'appel n'est jamais recevable contre les jugements rendus en matière d'expropriation pour cause d'utilité publique, soit qu'ils prononcent, soit qu'ils refusent de prononcer l'expropriation.

La faculté de former appel s'opposerait à la rapidité avec laquelle il doit le plus souvent être opéré dans la matière qui nous occupe.

Les parties intéressées à l'expropriation ne sont en principe tenues de se rendre acquéreurs que de ce qu'il leur importe d'obtenir; toutefois une exception à ce principe est écrite dans l'article 50 de la loi du 3 mai 1841. D'après cet article les propriétaires pourront exiger l'acquisition intégrale des bâtiments dont une portion seulement est nécessaire pour l'exécution des travaux d'utilité publique. — Ils pourront exiger de même l'acquisition de toute parcelle de terrain qui par suite du morcellement se trouvera réduite au quart de la contenance totale, si toutefois ils ne possèdent aucun terrain immédiatement contigu et si la parcelle ainsi réduite est inférieure à dix ares. Cette exception est fondée sur ce que les bâtiments atteints par l'expropria-

1. Arrêt du 15 janv. 1863 (D. P. 1863. 2. 172).
2. Arrêt du 11 avril 1864 (D. P. 1864. 5. 152).

tion peuvent souvent ne plus offrir une habitation commode. Il sera difficile aussi de tirer parti, pour la culture, d'une portion de terrain isolée et fort réduite. Du reste l'article 50 devra toujours être entendu strictement.

IV. — DU RÈGLEMENT DES INDEMNITÉS.

Quand la propriété est transférée, il s'agit de régler l'indemnité. Cette indemnité offerte au propriétaire par l'administration expropriante peut être acceptée à l'amiable; le propriétaire peut aussi ne pas se contenter des offres qui lui sont faites. Dans ce cas, une juridiction spéciale, le jury d'expropriation, doit régler l'indemnité. D'après la loi de 1841, les jurés sont au nombre de douze. Ils statuent après s'être éclairés sur la valeur des immeubles, sur le préjudice causé, sur les questions de plus-value résultant de l'expropriation. Sur ces différents points, ils sont renseignés, au moyen du plan parcellaire, par l'examen du tableau des offres, par le transport sur les lieux, enfin par l'audition des parties elles-mêmes ou de leurs mandataires.

La décision du jury est prise à la majorité des voix; et de même que le jugement d'expropriation, elle ne peut être attaquée que par le recours en cassation, recours qui n'est même pas suspensif, et qui n'empêche pas l'administration de se mettre en possession après consignation de l'indemnité; sauf toutefois le droit pour le propriétaire si la décision du jury était cassée, de demander des dommages intérêts à l'administration.

Si la cassation a lieu, l'affaire est renvoyée devant un autre jury du même arrondissement, et composé de jurés différents.

Nous signalerons ici deux différences entre le jury d'expropriation et le jury tel qu'il est constitué en matière criminelle.

En matière criminelle, le jury ne peut valablement statuer que si les douze jurés sont présents, et l'on obtient ce nombre de douze au moyen du tirage au sort.

En matière d'expropriation, il suffit, pour que la décision du jury soit valable, que neuf jurés soient présents, et ces jurés ne sont pas tirés au sort; mais, sur la liste annuelle dressée par le conseil général pour chaque arrondissement, les jurés sont choisis par la cour impériale ou par le tribunal de première instance.

Pour qu'il y ait lieu d'appliquer la loi d'expropriation, d'observer les formalités énumérées au titre II de la loi du 3 mai 1841 pour qu'il y ait lieu à jugement d'expropriation, à fixation de l'indemnité par le jury et à payement préalable de cette indemnité, il faut qu'il y ait déplacement de la propriété. Il ne suffirait pas qu'il y eût *tort et dommage*. Dans ce cas, ce serait le conseil de préfecture qui aurait compétence pour fixer l'indemnité.

Le doute à cet égard peut résulter de ce que l'on distingue deux sortes de dommages : 1° le dommage temporaire, qui ne porte à la jouissance de l'immeuble qu'une atteinte momentanée ; 2° le dommage permanent, qui, nuisant d'une manière définitive à la jouissance de l'immeuble, pourrait être assimilé à l'expropriation.

De cette assimilation possible, quelques personnes ont cru pouvoir conclure que les lois spéciales de 1810, 1833 et 1841, en attribuant à l'autorité judiciaire la fixation des indemnités dues pour expropriation, ont voulu également conférer à cette autorité le droit de connaître des indemnités dues pour *dommages permanents*.

Mais il faut remarquer que la loi du 28 pluviôse an VIII attribuait au conseil de préfecture la connaissance de toutes les indemnités dues aux particuliers à raison des terrains *pris ou fouillés* pour la confection des chemins, canaux et autres ouvrages publics (art. 4), loi du 28 pluviôse an VIII.—Or, les lois sur l'expropriation, en conférant à l'autorité judiciaire le droit de fixer les indemnités, ont bien supprimé la compétence des conseils de préfecture en ce qui concerne les terrains *pris*, mais elles l'ont conservée en ce qui concerne les terrains *fouillés*. La servitude de fouille rentre assurément dans la catégorie des dommages permanents. Nous devons donc assimiler le dommage permanent, non pas à l'expropriation, mais bien aux torts et dommages en général, et conséquemment maintenir à cet égard, quant à la fixation des indemnités, la compétence du conseil de préfecture.

Nous avons vu qu'en droit romain l'indemnité pouvait consister, soit en argent, soit en terrains donnés en échange, soit en certains droits que l'on concédait aux expropriés.

Chez nous, le principe est que l'indemnité doit être en argent. Cependant, si l'administration expropriante s'arrangeait à l'amiable avec les propriétaires, ceux-ci pourraient parfaitement accepter, à titre d'indemnité, certains terrains. Dans les mêmes conditions d'arrangement à l'amiable, ils pourraient également recevoir comme dédommagement la concession d'un droit, par exemple d'une rente sur l'État.

Mais si la fixation de l'indemnité est faite par jury, cette indemnité doit nécessairement être pécuniaire : c'est ce qui résulte de l'ensemble des dispositions de la loi de 1841.

On ne pourrait pas davantage allouer une indemnité consistant partie en argent, partie en objets mobiliers ou immobiliers.

La Cour de cassation a annulé, par arrêt du 3 avril 1803, la décision d'un jury qui avait alloué une indemnité de cette sorte.

V. — PRISE DE POSSESSION.

Quand l'indemnité a été payée, l'administration peut toujours prendre possession du terrain, et faire procéder à l'exécution des travaux.

C'est au corps des ingénieurs des ponts et chaussées qu'est confiée l'exécution des travaux publics d'utilité générale, tels que routes, ponts, canaux ; ce même corps pourrait être également chargé, sur la demande des préfets, et sous les ordres du directeur général des ponts et chaussées, du soin de faire exécuter certains travaux d'utilité départementale ou communale.

Il serait tout à fait en dehors du plan que nous nous sommes tracé de donner des détails sur les modes d'exécution des travaux publics. Observons toutefois que l'adjudication de travaux publics, mode d'exécution fréquemment employé chez les Romains, est aussi un des plus usités chez nous.

En principe, et comme en droit romain, l'exécution des travaux publics a lieu aux frais des intéressés. Mais, comme en droit romain aussi, les personnes morales d'ordre inférieur, départements, communes, contribuent à la dépense des travaux d'utilité générale ; cette coopération est fondée sur le motif que les travaux d'intérêt général, s'ils sont utiles en réalité à tout l'État, et par suite à tous les départements et à toutes les communes, intéressent plus particulièrement les départements ou les communes qu'ils atteignent. Il est donc juste que ces départements ou ces communes en supportent une partie des frais. L'article 28 de la loi du 16 septembre 1807 détermine certains travaux dont les départements ou les arrondissements recevront une amélioration de territoire, et auxquels ils seront susceptibles de prendre part au moyen de centimes additionnels aux contributions.

Des compagnies concessionnaires. — Souvent l'administration expropriante n'exécute pas par elle-même ; elle traite avec des compagnies qui, moyennant certains avantages qu'elle leur assure, se chargent de l'exécution des travaux; la compagnie concessionnaire, aux termes de l'article 63 de la loi du 3 mai 1841, est subrogée aux droits de l'administration, et en conséquence est armée des mêmes pouvoirs que celle-ci pour vaincre les résistances des particuliers. Quand l'administration aura traité avec la compagnie, elle n'aura plus à s'occuper de l'exécution du travail. La procédure de l'expropriation sera désormais suivie par la compagnie concessionnaire; à sa charge tomberont et le payement des indemnités et le salaire des divers agents employés à l'exécution des travaux.

Mais de ce que la personne morale, dans l'intérêt de laquelle l'expropriation se produit, a transmis ses droits à une compagnie concessionnaire, à fin d'exécution, il ne s'ensuit pas que l'intérêt soit déplacé. L'expropriation aura toujours lieu dans l'intérêt de l'administration qui aura transmis ses droits.

APPENDICE.

MODIFICATIONS APPORTÉES AUX RÈGLES GÉNÉRALES
DE L'EXPROPRIATION.

En principe, l'indemnité doit être préalable. Cette règle, consacrée par l'article 545 C. N., a été reproduite dans les lois qui se sont succédé sur l'expropriation. Toutefois, elle souffre exception dans le cas où il y a urgence à l'exécution de certains travaux, auquel cas la prise de possession peut précéder le payement de l'indemnité.

La loi du 30 mars 1831 a réglé la marche à suivre pour l'expropriation et l'occupation temporaire, en cas d'urgence, des propriétés privées nécessaires aux travaux de fortifications. Les dispositions de cette loi sont encore en vigueur, bien qu'elle ait été faite sous le règne de celle de 1810; seulement, le règlement définitif de l'indemnité, au lieu d'être, conformément à l'article 12 de la loi de 1831, fait par le tribunal, doit être fait par le jury selon le titre IV de la loi du 3 mai 1841.

L'urgence est déclarée par le même décret qui déclare l'utilité publique. Le tribunal fixe une indemnité de déménagement que les propriétaires ou fermiers reçoivent préalablement, et une indemnité provisionnelle de dépossession qui est consignée. Après quoi la prise de possession peut avoir lieu sauf règlement ultérieur et définitif de l'indemnité par le jury (art. 12, Loi du 30 mars 1831 et art. 76, 2ᵉ alin., Loi du 3 mai 1841).

Pour le cas d'urgence, non pas de travaux de fortifications, mais de travaux d'intérêt purement civil, on appliquera les articles 65 à 74 de la loi du 3 mai 1841. Après le jugement d'expropriation, un décret impérial déclarera l'urgence de la prise de possession; ce décret sera, avec le jugement, notifié aux propriétaires et aux détenteurs avec assignation devant le

« tribunal civil. L'assignation doit être donnée à trois jours au
« moins ; elle énoncera la somme offerte par l'administration »
(art 66, Loi du 3 mai 1841).

Si les propriétaires n'acceptent point cette somme , le jury ne
sera pas immédiatement convoqué : le tribunal fixera l'indemnité
provisionnelle à laquelle ils peuvent prétendre, et cette indemnité qui pourra être, ou inférieure, ou égale, ou même supérieure
à celle fixée ultérieurement par le jury, devra être consignée; ce
sera sur le vu du procès-verbal de consignation que le président du tribunal pourra ordonner la prise de possession.

En matière de travaux civils urgents , il n'y a aucune modification aux formalités des titres ɪ et ɪɪ de la loi de 1841. Il n'y a
dérogation aux principes ordinaires de l'expropriation qu'en ce
que l'indemnité n'est pas payée, mais seulement consignée avant
la prise de possession.

Il n'y a pas lieu, comme au cas de travaux de fortifications
urgents, d'allouer préalablement à la prise de possession une
indemnité de déménagement.

L'expropriation peut avoir lieu dans l'intérêt d'une commune :
c'est le cas prévu par l'article 12 de la loi du 3 mai 1841. L'expropriation d'intérêt communal est encore régie par la loi générale de 1841, sauf toutefois quelques modifications. Ces modifications sont de deux sortes : celles relatives aux travaux d'intérêt communal en général ; celles relatives aux expropriations
nécessitées par l'ouverture et le redressement des chemins
vicinaux.

Pour obtenir dans les travaux communaux une plus grande
rapidité d'exécution, la loi de 1841 (art. 12) décide que les
articles 8, 9 et 10 de cette même loi ne seront point applicables
à ces travaux, c'est-à-dire que la commission d'enquête ne se for-
mera point, et que ses opérations seront remplacées par une
délibération du conseil municipal.

Mais cette exception s'applique seulement au cas où les travaux ne concernent qu'une seule commune.

Si plusieurs communes étaient intéressées, s'il s'agissait par exemple d'un travail d'assainissement ou de drainage nécessaire à l'amélioration du sol de plusieurs communes, alors une commission d'enquête devrait se réunir conformément aux articles 8, 9 et 10 de la loi de 1841.

L'expropriation peut avoir pour objet l'ouverture ou le redressement d'un chemin vicinal; en ce qui concerne cette expropriation, la loi du 21 mai 1836 sur les chemins vicinaux a apporté quelques dérogations à la loi de 1833, et elle déroge encore aujourd'hui à la loi du 3 mai 1841, constitutive du droit commun dans la matière qui nous occupe. Ces dérogations sont écrites dans les art. 15 et 16 de la loi du 21 mai 1836. Il y a exception aux principes du droit commun en ce que l'utilité publique du travail peut être déclarée par arrêté préfectoral, au lieu de l'être par décret impérial rendu en conseil d'État. « Les travaux d'ou- « verture et de redressement des chemins vicinaux seront auto- « risés par arrêté du préfet » (Art. 16, loi du 21 mai 1836).

La loi du 8 juin 1864 a, dans son article 1, étendu l'application des dispositions de la loi de 1836 aux rues qui forment le prolongement des chemins vicinaux [1]; mais son article 2 contient une disposition restrictive.

« Lorsque l'occupation de terrains bâtis », dit cet article, « est « jugée nécessaire pour l'ouverture, le redressement ou l'élar- « gissement immédiat d'une rue formant le prolongement d'un « chemin vicinal, l'expropriation a lieu conformément aux dis- « positions de la loi du 3 mai 1841, combinée avec celles des cinq « derniers paragraphes de l'article 16 de la loi du 21 mai 1836.

« Il est procédé de la même manière lorsque les terrains bâtis « sont situés sur le parcours d'un chemin vicinal en dehors des « agglomérations communales. »

1. Déjà, avant la loi du 8 juin 1864, et d'après un avis du conseil d'État du 25 janvier 1837, on considérait les rues formant le prolongement des chemins vicinaux de grande communication comme faisant partie intégrante de ces chemins.

D'où il suit que la disposition de l'article 16 de la loi de 1836 reste vraie pour tous les travaux relatifs à l'ouverture ou au redressement des chemins vicinaux ou des rues qui en forment le prolongement, tant que ces travaux n'entraînent pas l'expropriation de terrains bâtis.

Elle cesse de l'être dans le cas où le sol dont l'emprise est nécessaire se trouve couvert de constructions; dans ce cas, l'utilité publique de l'expropriation doit être déclarée par décret impérial rendu dans la forme des règlements d'administration publique.

L'article 15 de la loi du 21 mai 1836 contient une exception au principe que l'expropriation s'opère par autorité de justice ; on y lit en effet, « que les arrêtés préfectoraux portant reconnais- « sance et fixation de la largeur d'un chemin vicinal attribuent « définitivement au chemin le sol compris dans les limites « qu'ils déterminent. »

Deux hypothèses y sont prévues :

1° Celle où il y a seulement reconnaissance du chemin vicinal, déclaration de vicinalité: alors il n'y a aucunement lieu à expropriation ;

2° Celle où il y a fixation de la largeur du chemin vicinal ; dans ce cas, il peut y avoir lieu à élargir le chemin vicinal, et alors les parcelles de terrain nécessaires pour rétablir la largeur réglementaire seront prises aux particuliers.

Dans la première hypothèse, il n'y a pas d'exception au principe posé dans l'article 1 de la loi du 3 mai 1841, parce que l'arrêté du préfet portant reconnaissance du chemin vicinal n'est pas translatif mais bien déclaratif de propriété.

En effet, le chemin vicinal, dès le moment où il a été classé comme tel, a eu une largeur fixe et déterminée ; comme faisant partie du domaine public de la commune, il est imprescriptible ; il n'y a donc pas de translation de propriété à opérer relativement à un terrain dont les particuliers, quand même ils auraient empiété sur lui, n'auraient jamais pu acquérir la propriété.

Mais, dans la seconde hypothèse, celle où il y a élargissement du chemin, l'arrêté du préfet est réellement translatif de propriété; il a pour objet d'attribuer au chemin vicinal des parcelles de terrain qui n'en faisaient point encore partie; et ces parcelles sont définitivement comprises dans les nouvelles limites fixées par l'arrêté du préfet; sauf pour les particuliers, le règlement ultérieur de l'indemnité. Il n'y a pas lieu à jugement d'expropriation; l'intérêt de ce jugement en matière d'expropriation étant surtout de vérifier si les formalités prescrites ont été remplies, on ne voit pas pourquoi on se serait soumis aux lenteurs qu'entraînerait ce jugement, alors que l'arrêté préfectoral a été rendu sans aucune formalité.

L'indemnité en laquelle se résout le droit du propriétaire, est fixée, non par un jury, mais par le juge de paix du canton, sur le rapport d'experts; le motif de cette disposition est que l'indemnité à laquelle l'application de l'art. 15 donnera droit, ne sera jamais bien considérable; les propriétaires trouveront une garantie suffisante dans l'estimation faite par le juge de paix.

L'article 15 ne dit point que cette indemnité doive être préalable; de ce silence, faut-il conclure qu'il fasse exception au principe posé en l'article 545 C. N. ? Nous ne le pensons pas. L'arrêté du préfet vaut, dans l'espèce, jugement d'expropriation; dès qu'il est rendu, la propriété échappe aux riverains; mais il ne s'en suit pas que ceux-ci puissent être obligés de se dessaisir avant le payement de l'indemnité. L'article 545 pose un principe général qui ne doit fléchir que dans les cas spécialement déterminés par les lois. Il est vrai qu'une circulaire du ministre de l'intérieur, en date du 24 juin 1836, et relative à l'exécution de la loi du 21 mai sur les chemins vicinaux; insiste sur ce point que « dès la notification de l'arrêté du préfet, le « maire est légalement autorisé à considérer comme faisant « partie intégrante du chemin vicinal le sol qui y est in- « corporé par cet arrêté, que tout obstacle à la *jouissance* du « terrain serait un cas d'usurpation qui devrait être poursuivi « devant le conseil de préfecture [1] ». Mais cette circulaire ne nous semble pas indiquer que les travaux puissent être commencés avant le payement de l'indemnité.

Quand il s'agit, non plus seulement d'élargir, mais bien d'ouvrir ou de redresser un chemin vicinal, la chose est de toute autre importance. Il y a lieu alors à revenir aux formes de l'expropriation ; c'est le cas de l'application de l'article 16 de la loi de 1836. L'expropriation est alors prononcée par jugement ; et l'indemnité est fixée, non plus comme dans le cas de l'art. 15, par le juge de paix sur rapport d'experts, mais bien par un jury d'expropriation. Seulement, à la différence du jury composé conformément à la loi de 1841, le jury chargé de la fixation de cette indemnité n'est composé que de quatre membres qui sont présidés, soit par l'un des juges du tribunal d'arrondissement, soit par le juge de paix du canton.

Ce que nous venons de dire des chemins vicinaux s'applique aussi bien aux chemins vicinaux de grande communication qu'à ceux d'intérêt commun et aux chemins vicinaux ordinaires.

—

Quand une expropriation se produit, il y a nécessairement des personnes qu'elle frappe dans leurs intérêts. Elle peut atteindre :

1° Le propriétaire qui ne sera pas toujours nécessairement un individu isolé ; il pourra être également un être collectif, par exemple une société commerciale, ou bien une commune, un département, ou enfin l'État.

Toutes ces personnes morales sont représentées par des administrateurs contre lesquels l'expropriation sera poursuivie, et qui auront à défendre les intérêts de la personne morale.

2° L'expropriation peut atteindre aussi une personne qui ne sera pas le propriétaire de l'immeuble, mais qui aura soit un

1. Art. 8 Loi du 9 ventôse an XIII.

droit réel sur l'immeuble, soit un droit personnel par rapport à cet immeuble. Cette personne pourra être ou un particulier, ou un être collectif, ou une personne morale.

Si nous considérons l'expropriation non plus au point de vue de ceux qu'elle peut atteindre, mais au point de vue de ceux qui peuvent la poursuivre, nous verrons qu'elle est toujours justifiée par un intérêt social.

Le bénéficiaire de l'expropriation peut être soit une personne morale, telle que l'État, le département, ou la commune, soit une collection d'individus, soit enfin un individu isolé.

Quand nous disons que l'expropriation peut avoir lieu au bénéfice d'un individu isolé, nous n'entendons point donner à penser qu'un propriétaire puisse dans son unique intérêt provoquer une expropriation qui serait pratiquée dans les formes prescrites par les lois spéciales sur la matière; nous voulons dire seulement que certaines dispositions de nos lois ont introduit des restrictions au droit de propriété, restrictions que l'intérêt d'un seul suffit pour justifier.

Les divers articles du Code civil, d'après lesquels une personne peut être privée des droits qu'elle a acquis, les articles relatifs par exemple au retrait successoral, au retrait litigieux et au retrait d'indivision, consacrent véritablement des expropriations au bénéfice d'un particulier.

Ainsi il est d'intérêt social que des personnes qui de leur chef ne pourraient pas venir à une succession, ne se rendent pas acquéreurs de droits successifs; ce sont d'ordinaire des spéculateurs qui portent un grand esprit d'âpreté dans leurs rapports; ces personnes ne consentiraient pas facilement à des arrangements auxquels des parents se prêteraient; pour toucher une part plus complète, ils exigeraient peut-être des partages judiciaires que des parents voudraient éviter : il importe donc qu'on puisse les évincer. Quand on leur a remboursé les frais et loyaux coûts de leur acquisition, ils sont indemnes et doivent disparaître (art. 841, C. N.).

Les mêmes motifs ont inspiré la disposition de l'article 1699 relatif au retrait litigieux. Il est désirable que les procès ne se prolongent pas ; aussi est-il à propos d'écarter, toujours, bien entendu moyennant indemnité, les personnes qui spéculent sur les litiges et qui certes en cela ne sont pas dignes à beaucoup près de la faveur législative.

Il est encore d'intérêt social que des indivisions ne succèdent pas à des indivisions. Aussi l'article 1408 dispose-t-il que si pendant le mariage, et aux frais de la communauté, l'un des époux acquiert en totalité un immeuble dont il était déjà propriétaire par indivis, cette portion d'immeuble nouvellement acquise ne tombe pas en communauté, sauf à indemniser celle-ci. Il y a là expropriation contre la communauté.

Le droit d'option accordé à la femme par le deuxième alinéa de l'article 1408 est également une restriction apportée au droit du mari; il importe que celui-ci qui a une incontestable influence sur sa femme ne puisse pas en abuser pour acquérir des biens qui régulièrement fussent venus à elle.

Le droit du propriétaire d'exiger que son voisin lui cède la mitoyenneté de son mur est véritablement aussi une expropriation au bénéfice d'un particulier.

Le voisin ne pourrait s'y refuser pourvu que le propriétaire qui veut lui acheter la mitoyenneté lui rembourse la moitié de la valeur du mur, et la moitié de la valeur du sol sur lequel le mur est bâti.

Le retrait successoral, le retrait d'indivision et le retrait litigieux, comme l'acquisition de la mitoyenneté, ne sont pas autre chose que l'exercice d'une expropriation en imminence.

Dans l'hypothèse du retrait successoral, l'expropriation porte sur une universalité incorporelle, et ce sont les cohéritiers intéressés au retrait successoral qui jugent s'il y a opportunité à écarter du partage le cessionnaire de droits successifs.

De même c'est à la femme qu'il appartient de juger s'il lui convient de reprendre entre les mains de son conjoint le bien dont elle était jadis propriétaire par indivis, et que son conjoint a acquis (art. 1408, 2° alinéa). L'expropriation dans cette hypothèse porte sur un immeuble.

De même enfin c'est à la personne qui est en instance sur le fonds d'un droit, qu'il appartient de juger si elle doit écarter le cessionnaire du droit litigieux, en lui remboursant intégralement tout ce qu'il a dépensé pour son acquisition. Dans ce cas l'expropriation porte sur un objet individuel et incorporel.

Dans le cas de l'application de l'article 661 C. N., les propriétaires sont également toujours sous le coup de l'expropriation; car elle s'opère en vertu d'une disposition permanente, et le juge de l'opportunité de cette expropriation, c'est encore le propriétaire auquel il importe que le mur soit mitoyen.

Le droit de préemption, dont nous aurons à parler plus bas, et qui est établi par l'article 60 de la loi du 3 mai 1841, constitue un cas fort remarquable d'expropriation en imminence, car l'expropriation atteint alors l'expropriant lui-même, au profit de l'exproprié. L'administration qui n'englobe pas les terrains atteints dans les travaux précédemment décidés ne peut pas se dispenser de les rétrocéder à l'ancien propriétaire qui les réclame. On a considéré qu'il était d'intérêt social que l'État, les départements ou les communes, sous prétexte de travaux d'utilité publique, ne pussent pas se procurer et faire entrer dans leur domaine privé des biens qui appartiennent à des particuliers.

Dans tous les cas où une personne peut exercer un retrait, acquérir la mitoyenneté, il y a, avons-nous dit, expropriation; il faut se garder cependant de mettre cette expropriation sur la même ligne que l'expropriation réglementée par la loi du 3 mai 1841, et par celle du 21 mai 1836.

L'intérêt d'un seul individu ne suffit jamais pour justifier une expropriation pratiquée dans les formes prescrites par ces lois; pour que l'on puisse recourir à cette procédure spéciale des lois de 1841 et 1836, il faut qu'il s'agisse au moins de l'intérêt d'un certain nombre de propriétaires.

La loi du 10 juin 1854 prévoit dans son article 3 le cas où les travaux de drainage intéressent plusieurs propriétaires. Dans ce cas ils peuvent se réunir en association pour faire les travaux d'ensemble nécessaires à l'assainissement de leurs héritages ; et s'ils le demandent, ces associations sont, par arrêtés préfectoraux, constituées en syndicats.

L'utilité de ces associations est facile à concevoir. Sous une direction unitaire, les choses se combineront mieux et arriveront à meilleure fin.

Quand les travaux ne pourront être accomplis qu'au moyen de l'expropriation, les associations syndicales ainsi organisées pourront obtenir que l'utilité publique soit déclarée par décret impérial rendu en conseil d'État (art. 4, loi du 10 juin 1854).

Il y a donc une importante différence entre le cas où c'est un seul propriétaire qui veut faire exécuter des travaux de drainage, et le cas où plusieurs propriétaires se réunissent dans ce but.

Un propriétaire seul ne pourrait jamais exproprier ; de là il suit que le tribunal ne rendrait pas un jugement d'expropriation quand il déclarerait mal fondées les résistances des particuliers qui ne voudraient pas se soumettre à la disposition de la loi du 10 juin 1854 (art. 1), et refuseraient de laisser passer sur leurs fonds les tuyaux de drainage ; dans ce cas il n'y aurait pas expropriation, mais soumission du fonds à une servitude. Le règlement des indemnités auxquelles ces propriétaires auraient droit serait fait par la juridiction ordinaire qui alors serait celle du juge de paix.

Si, au contraire, à la demande de propriétaires réunis en associations syndicales, des travaux d'asséchement ou de drainage avaient été déclarés d'utilité publique, les propriétaires qui refuseraient de céder le terrain nécessaire pour ces travaux seraient expropriés par un jugement du tribunal. Les indemnités seraient réglées par un jury spécial composé de quatre membres, conformément à l'article 16 de la loi du 21 mai 1836.

La loi du 21 juin 1865 étend d'une façon notable la disposition des articles 3 et 4 de la loi du 10 juin 1854.

9

En effet, tandis que, d'après cette loi, l'expropriation ne pouvait être poursuivie par les associations syndicales que pour des travaux d'asséchement, la loi du 21 juin 1865, art. 1, admet que des associations syndicales pourront toujours se former et par suite poursuivre l'expropriation, en vue de l'exécution, non-seulement de travaux d'assainissement, endiguement, irrigation ou drainage, mais en général de tous les travaux ayant pour but quelque *amélioration agricole d'intérêt collectif.*

La loi du 1ᵉʳ juin 1865 distingue deux sortes d'associations syndicales : les associations syndicales libres, réunies par la seule volonté des intéressés, et n'empruntant aucun droit à l'autorité publique, et les associations syndicales autorisées par arrêté préfectoral, en vertu d'une délibération qu'auront prise les propriétaires réunis en assemblée générale (art. 8, 11 et 12, Loi du 21 juin 1865).

Le préfet ne peut autoriser la formation d'une association syndicale que si les propriétaires ont donné leur adhésion. Toutefois le consentement de tous les propriétaires n'est pas nécessaire ; il suffit que la majorité ait consenti, c'est-à-dire la moitié plus un des intéressés représentant au moins les deux tiers de la superficie des terrains. Sans même que cette majorité se fût formée, on pourrait encore obtenir l'autorisation du préfet, pourvu que les deux tiers des intéressés représentant la moitié de la superficie eussent donné leur adhésion ; d'où il suit que les propriétaires en minorité seraient malgré eux engagés dans les travaux. Cette disposition de l'art. 12 de la loi du 21 juin 1865 est plus favorable à la formation des associations syndicales que ne l'était la loi de 1854, car cette loi exigeait le consentement de tous les propriétaires intéressés.

L'article 4 de la loi du 21 juin 1865 fait disparaître une difficulté que rencontre la constitution volontaire des associations, en donnant aux représentants des incapables le pouvoir d'adhérer en leur nom à une association syndicale ; cette disposition est empruntée à l'article 13 de la loi du 3 mai 1841. Seulement, la nouvelle rédaction attribue d'une manière expresse au tribunal de *la situation des biens* compétence pour accorder aux représentants des incapables l'autorisation de donner leur adhésion ; il a paru que ce tribunal était mieux à même que le tribunal du *domicile des parties*, d'apprécier l'utilité de l'opération projetée et qu'ainsi la décision serait à la fois plus prompte et plus éclairée (circulaire du ministre des travaux publics du 12 août 1865).

L'association syndicale peut, avons-nous dit, être armée du droit d'exproprier, mais seulement lorsqu'elle est autorisée.

L'association syndicale libre n'aurait pas ce droit, même pour le drainage ; c'est ce qui résulte positivement de l'art. 8 § 2 de la loi du 21 juin 1865.

Le 1er § de cet article porte que les associations syndicales libres peuvent être converties *en associations autorisées par arrêté préfectoral. Dès lors*, ajoute le § 2, *elles jouissent des avantages accordés à ces associations par les articles* 15, 16, 17 et 18 (loi du 21 juin 1865). Or, c'est précisément la disposition de l'article 18 qui confère aux associations le droit d'exproprier ; cet article 18 ne s'applique, comme le titre III dont il fait partie, qu'aux associations syndicales autorisées ; il exclut donc par cela même de sa disposition les associations syndicales libres.

De ce que nous venons de dire il résulte que dans l'énumération des personnes morales qui peuvent poursuivre l'expropriation on doit comprendre l'État le département, la commune, les associations syndicales autorisées.

A cette énumération, on ne doit point ajouter les établissements publics ni les hospices ; bien que personnes morales, ils n'auraient pas le droit de poursuivre l'expropriation dans leur intérêt. Seulement, si l'expropriation à laquelle a intérêt un établissement public, un hospice, était d'intérêt communal, ce qui arrivera assez fréquemment, la commune ne manquerait pas de poursuivre l'expropriation.

Dans tout ce qui précède, nous ne nous sommes occupé que de l'expropriation des immeubles. Cependant, en droit français, comme en droit romain, l'expropriation peut atteindre aussi des meubles.

L'expropriation des meubles n'a point été réglementée : elle n'a été l'objet que de quelques dispositions de nos lois.

Nous mentionnerons seulement, à titre d'exemples :

Le décret du 19 brumaire an III, relatif aux réquisitions de denrées, subsistances, et autres objets de *nécessité publique*.

La loi du 13 fructidor an V, d'après laquelle les salpêtriers commissionnés par l'État doivent être avertis toutes les fois qu'un propriétaire veut faire démolir. Ils peuvent, s'il y a lieu, faire enlever les matériaux de démolition, et cela, sans obligation de payer une indemnité au propriétaire. Seulement, si celui-ci l'exige, une quantité de matériaux de même volume doit lui être rendue au même lieu.

La loi du 3 mars 1822 relative à la police sanitaire : « En cas « d'impossibilité », porte l'article 5 de cette loi, « de purifier, de « conserver ou de transporter sans danger des animaux ou des « objets matériels susceptibles de transmettre la contagion, ils « pourront être, sans obligation d'en rembourser la valeur, les « animaux tués et enfouis, les objets matériels détruits et brû- « lés ». On comprend que les propriétaires des animaux atteints par la contagion ne puissent prétendre à aucune indemnité ; cette contagion est en effet un cas fortuit, qui pèse sur les propriétaires.

Dans les cas que nous venons de citer, on peut encore remarquer que l'expropriation est en imminence ; en effet, l'utilité publique a été déclarée par une décision générale, et dans le cas spécial où une expropriation de cette sorte doit se produire, elle est poursuivie par les agents chargés d'assurer l'exécution de la loi qui a déclaré une fois pour toutes l'utilité publique. Ces agents sont juges de l'opportunité de l'expropriation.

Ainsi, les salpêtriers apprécieront si les matériaux provenant de démolitions sont dans des conditions telles que le propriétaire en doive être exproprié. De même, lorsque des animaux arrivant dans un port pourront y communiquer une contagion, ce seront les agents du service sanitaire qui apprécieront s'il y a réellement impossibilité de purifier ces animaux, et s'il est opportun de les détruire.

L'expropriation des valeurs immobilières est la plus fréquente : c'est celle qui par sa nature présente le plus d'importance et que réglemente aujourd'hui la loi du 3 mai 1841 sur l'expropriation pour cause d'utilité publique ; c'est elle aussi qui fera l'objet principal de nos développements.

DE LA
TRANSLATION DE PROPRIÉTÉ

QUI RÉSULTE

DE LA CESSION AMIABLE OU DU JUGEMENT D'EXPROPRIATION

ET DE SES EFFETS.

Nous nous bornerons désormais à étudier sous la loi du 3 mai 1841 la translation de propriété résultant de la cession amiable ou du jugement d'expropriation, les effets de cette translation de propriété vis-à-vis des personnes aux droits desquelles l'expropriation peut porter atteinte, la transformation des droits de ces personnes en droits à une indemnité.

Dans une première partie nous considérerons cette translation de propriété au point de vue des personnes qui peuvent y accéder amiablement.

Nous parlerons, du jugement qui doit être nécessairement rendu quand, après déclaration d'utilité publique, il n'y a pas eu cession volontaire, et des formalités de publicité destinées à faire connaître aux tiers la mutation de propriété qui est résultée soit de la cession amiable soit du jugement d'expropriation.

Dans une seconde partie nous examinerons les effets de la translation de propriété à l'égard des tiers.

PREMIÈRE PARTIE.

CHAPITRE 1er.

DES TRAITÉS AMIABLES.

Dans les traités amiables, on peut toujours distinguer la transmission de la propriété de l'immeuble à l'expropriant, et la fixation du prix de cet immeuble.

Chacune de ces deux choses est indépendante de l'autre, en ce sens que, bien qu'il n'y ait pas accord sur le prix, la propriété n'en est pas moins transférée par la cession amiable, sauf renvoi au jury du soin de fixer l'indemnité.

De même, quand il n'y aura pas eu consentement à la cession, et qu'un jugement d'expropriation aura été rendu, il pourra encore y avoir acceptation amiable du prix offert par l'expropriant.

Ainsi on peut traiter à l'amiable ou bien tout à la fois quant à la cession et quant au prix de cette cession, ou bien quant à la cession seulement, ou enfin quant au prix seulement.

Nous ne ferons pas de cette distinction l'objet d'une division spéciale; mais il importait de la signaler parce qu'elle dominera les deux sections qui vont suivre.

Les biens immeubles qu'il s'agit d'exproprier peuvent appartenir à des capables ou à des incapables.

Dans le premier cas ils peuvent être ou entre les mains de leurs propriétaires, ou par suite de certaines circonstances, entre les mains de personnes qui n'en ont qu'une administration ou une jouissance plus ou moins étendue.

Dans le second cas ils peuvent être ou entre les mains de leurs propriétaires qui n'en disposeront qu'avec certaines assistances et certaines formalités, ou entre les mains d'administrateurs qui généralement n'en pourront disposer sans contrôle.

Ainsi les biens peuvent appartenir à des capables qui sont absents ou présumés absents, ou à des personnes qui bien que non interdites sont placées dans un établissement d'aliénés, ou à des personnes en état de faillite.

Ils peuvent aussi dépendre d'une succession acceptée sous bénéfice d'inventaire ou d'une succession vacante.

Ces biens peuvent être *grevés de substitution* ou dépendre d'un *majorat.*

Ils peuvent appartenir à des incapables : par exemple :

A une femme mariée,

A un mineur émancipé ou non émancipé,

A un interdit.

Ils peuvent enfin appartenir à des personnes morales :

Ainsi, à des *sociétés*, à des *compagnies*, à des établissements publics,

A des communes, à des départements, à l'État.

SECTION I.

DES BIENS DES CAPABLES.

Si les biens appartiennent à une personne capable et ayant la libre disposition de sa fortune, pas de difficulté. Cette personne traitera avec l'administration.

Elle pourra traiter, soit par elle-même, soit par mandataire, relativement à la cession du terrain et à l'indemnité tout à la fois, ou relativement à la cession seulement. Quand il y aura simple consentement à la cession, l'acte de vente ne sera pas immédiatement passé, et le tribunal, en donnant acte du consentement à la cession, désignera le magistrat directeur du jury d'indemnité.

§ 1. — *Des biens appartenant à des absents.*

Parmi les personnes capables, il en est que certaines circonstances mettent hors de contact avec leurs biens. De ce nombre sont les présumés absents. Lorsqu'une personne a disparu de

son domicile et qu'elle n'a point laissé de procureur fondé,
il peut y avoir à nommer un administrateur de ses biens. Cet
administrateur sera désigné par le tribunal sur la demande des
parties intéressées (art. 112, C. N.) Pourrait-il traiter à l'amiable
de la cession des biens du présumé absent? Nous ne le croyons
pas : évidemment il n'a pas le mandat spécial d'aliéner les immeubles de la personne disparue, et, pour ce qui serait de l'acceptation du prix, son intérêt personnel à n'aliéner les biens que
moyennant un bon prix n'est pas tel qu'on puisse lui accorder
un droit qui compromet toujours jusqu'à un certain point la
fortune du présumé absent. Il faudra donc toujours un jugement d'expropriation, et l'indemnité devra être fixée par le
jury.

Au contraire, le fondé de pouvoir auquel le présumé absent,
avant de disparaître, aurait donné mandat spécial d'aliéner l'immeuble que l'expropriation va atteindre, pourrait certainement
fort bien consentir à la cession amiable de ce même immeuble.

Après un certain temps, la situation de la personne qui a disparu devient celle de ce qu'on appelle un absent. L'absence déclarée constituera non plus un état de fait, mais un état de
droit.

Ceux qui, après la déclaration d'absence, sont envoyés en possession provisoire des biens de l'absent peuvent consentir la
cession amiable de ses biens. Ce droit leur est positivement reconnu par l'article 13 de la loi de 1841.

Il est remarquable que, par faveur pour la matière qu'elle
réglemente, la loi de 1841 a étendu la disposition de l'article 128
C. N., aux termes duquel, « ceux qui ne jouiront qu'en vertu
« de l'envoi provisoire ne pourront aliéner ni hypothéquer les
« immeubles de l'absent ». Du reste, cette aliénation, que les
envoyés provisoires ne pourraient faire en droit commun, ne
leur est permise en matière d'expropriation qu'avec l'autorisation du tribunal ; mais, avec cette autorisation, ils pourront traiter
et quant à la cession et quant au prix (art. 13 et 23).

Pour les envoyés en possession définitive, qui, la plupart du

temps, deviendront irrévocablement propriétaires des biens de
l'absent, il est évident qu'ils pourraient consentir des cessions
amiables et sans autorisation (art. 132 C. N.) ; puisque si l'absent
vient à reparaître, il ne peut réclamer des envoyés en possession
définitive que le prix de ses biens par eux aliénés.

§ II. — *Des biens des personnes placées dans un établissement*
d'aliénés.

Quant aux biens immeubles appartenant à des personnes placées dans un établissement d'aliénés, nous n'oserions aller
jusqu'à dire que l'administrateur provisoire dont parle l'article
32 de la loi du 30 juin 1838 puisse accepter le prix offert par
l'administration pour un de ces immeubles. Nous ne pensons pas
non plus que le tribunal puisse nommer à cette fin un mandataire spécial analogue à celui que l'article 33 de la même loi
admet lorsqu'il s'agit de représenter en justice les personnes
dont nous nous occupons.

En ce qui concerne l'administrateur, si nous lui refusons le
droit de consentir une cession amiable, c'est que nous ne trouvons pas qu'il ait personnellement assez d'intérêt pour ne traiter
que moyennant un bon prix. Tout au plus lui accorderions-
nous le droit de consentir à la cession tout en faisant reporter au jury le soin de fixer l'indemnité : on éviterait ainsi
un jugement d'expropriation : encore ne sommes-nous pas
très-entraîné vers cette solution, car il nous paraît excessif
d'admettre que l'administrateur provisoire ait qualité pour
donner une adhésion qui permette au tribunal de ne point
vérifier si les formalités prescrites par le titre II de la loi de 1841
ont été remplies.

§ III. — *Des biens appartenant à des faillis.*

Lorsqu'une personne a été déclarée en faillite, elle est dessaisie
de l'administration de ses biens. Ce droit d'administration passe
à des syndics nommés par le tribunal de commerce et agissant

sous la surveillance d'un juge commissaire désigné par le jugement déclaratif de faillite.

Nous pensons que ces syndics pourraient consentir une cession amiable des biens du failli, si pendant les opérations de la
faillite, ces biens étaient atteints par l'expropriation.

En effet, lorsqu'il s'agit de la vente ordinaire des immeubles
du failli, les syndics sont positivement chargés de la poursuivre
sous la surveillance du juge commissaire ; sous la même surveillance, ils doivent pouvoir céder à l'État les immeubles
nécessaires aux travaux publics, et agir vis-à-vis de l'administration comme vis-à-vis de tout autre acquéreur. Il n'y a
même pas lieu d'appeler le failli à cette cession (art. 534
C. Com.).

§ IV. — *Des biens dépendant d'une succession acceptée sous béné-fice d'inventaire.*

L'héritier bénéficiaire est, aux termes de l'article 803 C. N.,
chargé d'administrer les biens de la succession qu'il a acceptée sous bénéfice d'inventaire. Nous sommes très-disposé
à lui accorder comme administrateur des pouvoirs fort larges : à
ce point que nous ne serions pas éloigné d'admettre que, les
actes les plus considérables, il puisse les faire, du moment qu'ils
seraient dans l'intérêt bien compris des créanciers de la succession.
Mais notre tendance doit s'arrêter devant certaines dispositions
formelles du Code civil, et particulièrement devant l'article 806.
Aux termes de cet article, l'héritier bénéficiaire ne peut vendre
comme il lui plaît les immeubles de la succession. Il doit suivre
des formes prescrites par les lois de la procédure, et ces formes
ont pour but de faire arriver l'immeuble à son plus haut prix ;
en un mot, à tort ou à raison, le législateur pense qu'il n'appartient pas à l'héritier bénéficiaire de reconnaître si le prix qu'on
offre de l'immeuble est le plus haut prix que cet immeuble
puisse valoir.

De là nous concluons que l'héritier bénéficiaire n'a pas le
pouvoir de régler avec l'administration le prix auquel l'immeu-

ble sujet à expropriation peut être cédé ; mais nous admettons au contraire qu'il a le droit de consentir à la cession, et d'éviter ainsi un jugement dont les frais inévitablement retomberaient à la charge de la succession : il ne fait en cela qu'acte de bon administrateur. Quant à la fixation du prix, elle sera faite par un jury.

§ V. — *Des biens dépendant d'une succession vacante.*

Le curateur à une succession vacante n'ayant certainement pas plus de droits qu'un héritier bénéficiaire, ne pourrait pas accepter le prix que l'administration offrirait. Nous ne l'admettrions même point à consentir la cession de l'immeuble. En effet, il n'en a pas la propriété ; et nul ne doute que, s'il s'avisait de faire un acte quelconque translatif de la propriété d'un bien héréditaire, cet acte ne fût absolument nul.

§ VI. — *Des biens dépendant d'un majorat.*

La disposition de l'article 13 qui nous occupe, favorisant la cession amiable des biens soumis à une expropriation, permet aussi celle des biens dépendant d'un majorat. Le titulaire du majorat peut donc céder amiablement les immeubles qui y sont compris, et accepter les offres qui lui sont faites par l'administration. A quoi eût-il servi de ne pas admettre la cession amiable de cette sorte d'immeubles ? A amener une expropriation par jugement et la fixation de l'indemnité par le jury. On ne voit pas ce que ce procédé eût eu de plus protecteur que l'autre ; il n'y a pas de raison de craindre que le titulaire consente à céder moyennant un bas prix les valeurs comprises dans son majorat : son intérêt est d'obtenir la plus forte somme possible. S'il trouve trop faible la somme à lui offerte par l'administration, il peut toujours requérir la fixation de l'indemnité par le jury.

Ce qui importe véritablement, c'est que l'emploi de cette somme soit avantageux, et c'est ce à quoi la loi de 1841 a pourvu en disant que le tribunal devra prescrire des mesures de conservation et de remploi.

Ajoutons enfin que la nature du majorat devra influer soit sur les prétentions du titulaire, soit sur la somme offerte par l'expropriant. Si les biens atteints par l'expropriation dépendaient d'un majorat de propre mouvement, c'est-à-dire constitué avec droit de réversion au profit de l'État, il est clair que l'indemnité à laquelle pourrait avoir droit le titulaire du majorat ne serait pas égale à ce qu'elle serait si le bien ne devait jamais échapper à lui ni à ses héritiers.

§ VII. — *Des biens grevés de substitutions.*

Les immeubles soumis à l'expropriation pourraient avoir été donnés à celui qui en est actuellement propriétaire avec la charge de les conserver et de les rendre à ses enfants nés et à naître, et cela par application des articles 1048 et 1049 du C. N.

L'article 13 de la loi de 1841 ne s'explique point sur les formalités à remplir relativement à la cession de ces biens ; mais nous n'hésitons pas à croire que cet article doive s'y appliquer. En effet, le grevé peut bien être majeur et capable, en état conséquemment pour son compte de faire toutes les cessions et transactions possibles, si son intérêt était seul en jeu ; mais il n'est propriétaire que sous condition résolutoire, et les appelés auxquels la propriété des biens peut revenir sont au moins à considérer comme mineurs, puisqu'ils peuvent n'être pas encore nés. Tant à raison donc de leur qualité de mineurs qu'à raison des rapports qui existent entre les substitutions et les majorats, nous déciderons que les immeubles à la propriété desquels les enfants du donataire sont éventuellement appelés ne peuvent être cédés amiablement par le grevé qu'après autorisation du tribunal, le ministère public entendu, les mesures de conservation ou de remploi nécessaires pouvant être d'ailleurs ordonnées par le tribunal.

SECTION II.

DES BIENS DES INCAPABLES.

Les personnes dont nous venons de parler, même celles qui sont placées dans un établissement d'aliénés, n'appartiennent pas à la catégorie de celles qu'on appelle incapables : le Code ne déclare positivement incapables que les femmes mariées, les mineurs et les interdits (*loto sensu*). Nous allons maintenant nous occuper des biens de ces personnes.

§ I. — *Des biens des femmes mariées.*

Si des biens appartenant à une femme mariée se trouvent compris dans le tracé, la cession amiable en est formellement permise. Toutefois quelques distinctions doivent être faites.

Si les époux sont mariés sous le régime de communauté, ou sans communauté, en un mot, sous tout autre régime que le régime dotal, la cession amiable de la pleine propriété des immeubles de la femme, et l'acceptation des offres de l'administration peuvent être faites par elle, avec le consentement de son mari.

Si l'on se trouve dans l'un des cas spéciaux où l'autorisation du tribunal peut remplacer celle du mari, par exemple si celui-ci est frappé d'une condamnation emportant peine afflictive ou infamante, ou encore s'il est interdit ou absent, l'autorisation du tribunal suffira pour autoriser la cession amiable, mais non pour autoriser l'acceptation des offres. La raison en est que la jouissance de ces biens appartient au mari qui, par conséquent, comme tout usufruitier, peut exiger la fixation par le jury de l'indemnité sur laquelle, ainsi que nous le verrons plus tard, se reporte son droit.

Si les époux sont mariés sous le régime *dotal*, les biens paraphernaux sont régis comme les biens propres sous le régime de communauté. La cession amiable en est permise avec autorisation du mari ou de justice, et il est bien entendu que, soit que l'autorisation ait été donnée par le mari, soit qu'elle ait été donnée par justice, la femme aura pu traiter de la pleine propriété et accepter les offres de l'administration, vu que de ces sortes de biens la jouissance n'appartient jamais au mari.

Sous le régime de *séparation de biens*, il faut appliquer aux immeubles de la femme ce que nous disons des paraphernaux. La femme pourra donc traiter à l'amiable et quant à la cession de ses biens et quant à l'indemnité ; et même, pour accepter celle-ci, l'autorisation de justice, à défaut de celle du mari, suffira.

Pour les biens *dotaux*, les seuls dont parle l'article 13, et les seuls aussi au sujet desquels il pouvait y avoir difficulté, la cession amiable en est également permise. Mais il faut toujours l'autorisation du tribunal, et le consentement du mari ne suffirait pas : il pourrait se montrer trop prompt à permettre l'aliénation d'un immeuble dont peut-être il voit l'inaliénabilité avec impatience.

La cession de cet immeuble dotal sera faite nécessairement par la femme qui en est propriétaire.

Si le mari intervient dans le débat du prix entre l'administration et sa femme, s'il accède en un mot à la cession, il est clair que cette cession concernera tout aussi bien ses droits comme usufruitier que les droits de la femme comme nue-propriétaire ; mais si au contraire il refuse son consentement, la cession amiable de l'immeuble sera bien encore valablement faite (art. 14 *in fine*, loi de 1841), seulement il n'y aura pas accord sur le prix. L'article 23 dit en effet : « Les femmes mariées sous le « régime dotal *assistées de leur mari* », ce qui suppose bien qu'à défaut de cette assistance les offres ne pourraient être acceptées. Le tribunal se contentera alors de donner acte du consentement, et renverra au jury le soin de fixer une indemnité.

En un mot, quand la femme sera assistée de son mari, elle acceptera valablement les offres de l'administration (art. 23), tandis que, si le mari n'intervient pas, le jugement du tribunal n'aura

pour effet que d'autoriser la transmission amiable de la propriété
à l'administration. Le mari, à raison de sa jouissance des biens dotaux, aura toujours le droit d'exiger la fixation de l'indemnité
par le jury.

Il est bien entendu que le tribunal pour prescrire les mesures
de conservation et de remploi qu'il jugera nécessaires.

Nous pouvons remarquer que l'énumération, contenue dans
les articles 1855 à 1860 C. N., des cas où l'immeuble dotal peut
être aliéné, n'est pas complète; il faut la compléter en disant: Le
fonds dotal peut encore être aliéné amiablement, après autorisation du tribunal donnée sur simple requête en la chambre du
conseil, le ministère public entendu, lorsque ce fonds est compris dans les immeubles atteints par l'expropriation pour cause
d'utilité publique.

§ II. — *Des biens de mineurs non émancipés.*

La femme mariée contracte par elle-même, avec autorisation de son mari ou de justice. Les mineurs au contraire sont
complétement effacés par leur tuteur; ce qui toutefois ne veut
pas dire que les actes qu'ils feraient eux-mêmes soient absolument nuls: ils ne sont qu'annulables.

En matière ordinaire, l'aliénation des immeubles des mineurs
par leur tuteur n'est jamais autorisée qu'après l'accomplissement
de certaines formalités.

Ainsi, par exemple, elle doit être autorisée par le conseil de
famille, et il faut de plus l'homologation du tribunal. Ces formalités ont principalement pour but de garantir les droits de ces
incapables, et d'empêcher que le tuteur ne consente trop facilement une aliénation pour faire arriver entre ses mains des capitaux dont il mésuserait. Dans l'espoir de toucher le prix d'aliénation, il serait porté peut-être à céder aux instances d'un particulier
désireux de se rendre acquéreur d'un immeuble du mineur.
Mais, en matière d'expropriation, cela n'est pas à redouter. Nul
ne peut mettre obstacle à ce que le bien du mineur sorte de son

patrimoine; nécessairement il faut que cet immeuble passe à l'administration expropriante: il ne s'agit donc plus que d'obtenir pour l'incapable une somme qui soit la représentation exacte du bien dont il va être privé.

De ce que l'aliénation dont il s'agit n'est pas volontaire, mais forcée, on pourrait conclure que le tuteur n'a pas besoin d'être autorisé à l'effet de consentir la cession seule sans accord sur le prix. Mais l'article 13 n'a point fait cette distinction, et le tuteur ne pourra ni accéder à la cession de l'immeuble ni accepter l'indemnité sans que le tribunal ait donné son autorisation et sans que le ministère public ait été entendu.

De plus, des mesures peuvent être prescrites, et sont généralement prescrites en effet, qui rendent moins dangereuse encore une aliénation pratiquée par le tuteur. Grâce à ces mesures de conservation et de remploi, les capitaux pourront même ne point passer entre les mains de celui-ci.

Ce genre de protection, du reste, ne manque jamais à l'incapable dans la matière qui nous occupe; car, lors même que l'expropriation aura été prononcée par jugement, le tuteur ne pourra accepter les offres d'indemnité que s'il y a été autorisé par le tribunal; et lorsque ce tribunal croira devoir ordonner des mesures de conservation et de remploi, ces mesures seront observées.

Si les biens dont la cession amiable a lieu étaient soumis à l'usufruit légal du père ou de la mère du pupille, il est clair que la personne à qui appartiendrait cet usufruit pourrait critiquer l'acceptation faite des offres et requérir dans les délais de droit la fixation de l'indemnité par le jury.

L'article 25 de la loi de 1841 n'a pas prévu spécialement cette hypothèse; mais le droit que nous reconnaissons à l'usufruitier légal se déduit des dispositions du titre IV de la loi du 3 mai 1841.

Le tuteur devra-t-il obtenir, pour consentir une cession amiable, l'autorisation du conseil de famille ?

Pour soutenir que cette autorisation n'est pas nécessaire, on peut remarquer que, si elle était requise, l'article 13 de la loi du 3 mai 1841 s'exprimerait mal en disant que le tuteur doit être autorisé par le tribunal. Ce ne serait pas une autorisation que le tribunal donnerait ; ce serait une homologation ;

Que, l'esprit de la loi étant de supprimer les délais, il est naturel de dispenser le tuteur d'obtenir avant tout une autorisation du conseil de famille, d'autant plus qu'en somme le refus d'autorisation, à supposer que le tuteur dût s'y soumettre, n'empêcherait pas qu'on expropriât.

On pourrait se montrer facile, surtout quand la requête présentée au tribunal par le tuteur, qui n'a sans doute aucune raison de ne pas faire le mieux possible les affaires de son pupille, prouverait qu'il est parfaitement d'avis d'une cession volontaire.

Mais, d'un autre côté, on peut dire que, si l'article 13 emploie le mot d'autorisation, c'est que ce mot présente une généralité qui l'approprie aux envoyés en possession provisoire, par exemple, tout aussi bien qu'au tuteur, dont l'avis serait déjà corroboré par l'assentiment du conseil de famille. Il n'y a pas de raison pour donner moins de garantie au mineur quand il s'agit d'une aliénation pour cause d'utilité publique que s'il s'agissait de toute autre aliénation. L'autorisation prescrite par l'article 457 C. N. confère au conseil de famille le droit de fixer toutes les conditions qu'il juge utiles, conséquemment celle du prix.

Le conseil de famille devra donc, d'après nous, décider à quel prix le tuteur peut aliéner l'immeuble destiné à des travaux publics. Sa délibération à cet égard ne donnera pas lieu à l'homologation prescrite par l'article 458 C. N. L'intervention du tribunal, établie par notre article 13, sera réellement cette homologation, et en effet elle a lieu en la chambre du conseil, le ministère public entendu, absolument comme l'homologation qu'établit l'article 458.

L'abandon de la propriété du bien à l'administration se concevant parfaitement distincte de l'adhésion donnée à l'indemnité offerte, on pourrait se demander si cet abandon, qui a l'avantage d'entraîner certaines économies, ne pourrait pas être fait par le tuteur, sans autorisation du conseil de famille, sauf à prendre cette autorisation pour l'acceptation des offres, et, dans le cas où le conseil de famille ne donnerait pas son autorisation, à laisser au jury le soin de fixer l'indemnité.

Mais l'objet principal et particulièrement désirable de la cession amiable, c'est le règlement également amiable de l'indemnité. L'article 25 dit positivement que le tuteur pourra accepter l'indemnité offerte par l'administration, s'il y est autorisé dans les formes prescrites par l'article 13 ; et même, les mesures de remploi que prescrit le tribunal ne se conçoivent guère que par rapport à cette indemnité.

En un mot, et nonobstant la fin de l'article 14, qui distingue le cas où il y a consentement à la cession sans accord sur le prix, et le cas où il y a accord sur l'un et l'autre, les rédacteurs de la loi de 1841 paraissent avoir voulu soumettre aux mêmes autorisations le consentement à la cession et l'acceptation des offres relativement aux biens des incapables. Aussi ne nous semble-t-il pas que le tuteur puisse consentir amiablement à l'aliénation des immeubles de son pupille, sans que le conseil de famille l'y ait d'abord autorisé. D'ailleurs, au nombre des conditions que le conseil de famille, aux termes de l'article 457 C. N., jugerait utiles, peut se trouver celle de l'accomplissement des formalités prescrites dans le titre II de la loi de 1841. Or, la simple cession de l'immeuble, même sans accord sur le prix, dispense le tribunal de s'assurer si ces formalités ont été remplies.

§ III. — *Des biens des mineurs émancipés.*

Les mineurs émancipés ont, dans certains cas, une capacité semblable à celle des majeurs ; et, dans le cas où ils n'agissent pas seuls, ils ne reçoivent de leur curateur qu'une assistance. Ils diffèrent en cela des mineurs non émancipés qui sont représentés par leur tuteur.

Toutefois l'aliénation des immeubles d'un mineur émancipé

ne peut être faite qu'avec les formes prescrites au mineur non émancipé.

Nous croyons donc devoir appliquer au mineur émancipé ce que nous avons dit du mineur non émancipé. Ses biens soumis à expropriation pourront être cédés à l'amiable, avec l'agrément de son conseil de famille, et l'autorisation du tribunal prescrite par l'article 13, laquelle sera alors, comme nous l'avons dit précédemment, une véritable homologation.

Ce sera le mineur émancipé lui-même qui, assisté de son curateur, présentera la requête et provoquera l'autorisation.

§ IV. — *Des biens des interdits.*

Les personnes interdites sont en tutelle comme le mineur non émancipé. Tout ce que nous avons dit du tuteur de ce dernier peut être dit du tuteur de l'interdit. Les biens du majeur interdit pourraient donc être cédés à l'amiable par le tuteur après délibération du conseil de famille et autorisation du tribunal.

§ V. — *De la nullité des traités amiables.*

Les actes qui intéressent des incapables, et pour lesquels les formalités prescrites n'ont pas été remplies, sont nuls ou au moins annulables suivant des distinctions qui ne rentrent pas dans notre sujet.

Des actes faits par des capables ou des incapables peuvent donner lieu à une action en nullité quand ils ont été amenés par violence ou dol, ou lorsqu'ils ont été le résultat d'une erreur sur la substance de la chose.

Les actes faits par des capables ne sont pas en principe sujets à rescision pour cause de lésion. En revanche, la simple lésion donne lieu à la rescision, en faveur du mineur non émancipé, contre toutes sortes de conventions, et en faveur du mineur émancipé, contre toutes conventions qui excèdent les bornes de sa capacité. Quant à l'acte fait par un interdit, il devrait tomber sur le simple vu de l'acte d'interdiction et sans qu'il y ait à rechercher si oui ou non une lésion existe.

Dans la matière qui nous occupe, il ne peut guère arriver que l'administration traite avec un mineur ou avec un interdit, et que par suite l'acte passé par elle soit annulable : en effet, elle est en général trop bien renseignée sur les personnes à qui elle a affaire ; et le plus souvent, quand les biens appartiendront à des mineurs, l'administration traitera avec le tuteur qui observera toutes les formes prescrites par la loi, auquel cas le mineur ne sera pas plus restituable qu'un majeur.

Si, cependant, l'administration a traité avec le mineur lui-même et si celui-ci se prétend lésé, il est certain que l'annulation, supposé qu'elle soit possible, n'empêchera pas l'expropriation de se produire ; elle ne pourrait avoir pour effet que d'amener un jugement d'expropriation et la fixation de l'indemnité par jury.

Mais la question est de savoir si l'annulation doit porter sur l'acte tout entier ou seulement sur l'acceptation amiable du prix. Nous disons qu'elle portera seulement sur le prix, et cela parce que le jugement d'expropriation qui devrait toujours être rendu aurait en définitive le même résultat que la cession qui a été faite. Le mineur serait, dans l'un et l'autre cas, privé de sa propriété.

Peut-être, pour prétendre que l'annulation doit porter sur l'acte dans son ensemble, serait-on disposé à dire que, si la cession même de la propriété n'avait pas eu lieu à l'amiable, le tribunal aurait eu à s'assurer de l'accomplissement des formalités prescrites par le titre II. Or, dirait-on, le défaut d'accomplissement de ces formalités a pu produire une lésion ; en effet, si, conformément à l'article 9, les observations des particuliers s'étaient produites, il est très-possible que le bien du mineur n'eût pas été compris dans ceux jugés nécessaires pour les travaux.

La réponse à cette objection est facile :

Le bien du mineur aurait pu, par suite de modifications introduites dans le tracé sur les observations des particuliers, n'être point compris dans ce tracé. Mais ces observations n'ayant point été faites, si le mineur a cédé son immeuble, il n'est pas vrai de dire qu'il y ait là pour lui une lésion ; car s'il avait vendu lui-même, spontanément, un immeuble à un particulier, assurément on ne pourrait prétendre que cet immeuble eût jamais été désigné pour la vente, et cependant il serait bien vendu si le mineur n'était pas lésé dans le prix.

On ne doit donc voir de lésion pour le mineur que dans l'acceptation d'un prix insuffisant ; et c'est cette acceptation seule qui pourrait donner lieu à une rescision, et rendre nécessaire la fixation de l'indemnité par le jury ; la cession que le mineur aurait indûment faite à l'administration, tandis que son tuteur devait la faire en son lieu et place, serait maintenue.

SECTION III.

DES BIENS APPARTENANT A DES PERSONNES MORALES.

§ 1. — *Des biens des sociétés.*

Les biens atteints par une expropriation peuvent appartenir à une personne morale, par exemple à une société commerciale. La société, si nous la supposons en nom collectif ou en commandite, est gérée par des associés dont le nom fait partie de la raison sociale. Ces associés peuvent contracter des engagements dont le chiffre est illimité, et ils en assument la responsabilité, en même temps qu'il l'imposent à la société. Ils n'ont pas besoin, à chaque engagement nouveau qu'ils veulent contracter, de justifier de leurs pouvoirs. Il nous semble que ces associés pourraient consentir une cession amiable des biens de la société, et accepter à l'amiable également l'indemnité offerte. D'une part, il n'y a pas d'avantage à entraver les travaux d'utilité publique par les lenteurs qu'entraîne un jugement d'expropriation, et d'autre part, l'intérêt personnel des administrateurs, ainsi que leur responsabilité immense, répond suffisamment qu'il n'accéderont pas à un prix médiocre. Si la société est anonyme, elle

est géré par des administrateurs, simples mandataires, qui ne
sont responsables que dans l'étendue du mandat qui leur a
été confié (art. 32 C. C.). Nous croyons que leur pouvoir
doit être renfermé dans les termes de ce mandat ; ils ne
pourraient donc pas consentir relativement aux biens de la
société une cession amiable, toutes les fois que le pouvoir ne
leur en aurait pas été reconnu par l'acte de société, ou postérieurement par un acte exprès.

Une réunion d'actionnaires pourrait du reste toujours être
convoquée, dans le but de conférer spécialement à l'administrateur le pouvoir de consentir une cession amiable, avec ou
sans faculté d'accepter les offres de l'administration.

§ II. — *Des biens des départements, communes et établissements publics.*

La personne morale dont les biens sont atteints par l'expropriation peut être une commune. Le maire, en qualité de
représentant de la commune, est chargé de l'administration des
biens qu'elle peut avoir, et spécialement de souscrire *les actes de
vente* relatifs à ces biens (art. 10, loi du 18 juillet 1837). Ce sera
lui qui passera avec l'administration les traités amiables. Mais le
traité amiable aura toujours dû être autorisé par une délibération du conseil municipal, approuvée par le préfet en conseil
de préfecture (art. 13 et art. 25, loi de 1841).

Si les biens sont départementaux, le préfet qui représente le
département en pourra consentir la cession amiable, après
délibération et assentiment du conseil général.

S'ils appartiennent à un hospice ou à tout autre établissement
public, l'aliénation amiable sera faite par l'administrateur des
biens, qui aura été autorisé à cet effet par le conseil d'administration de l'établissement.

Dans tous ces cas, l'autorisation du conseil chargé de protéger
les intérêts de ces personnes morales remplace l'autorisation

donnée par le tribunal quand il s'agit d'incapables simples particuliers.

On peut observer aussi que la délibération du conseil municipal ou du conseil d'administration de l'établissement public
est soumise à l'approbation du préfet, tandis que l'on ne soumet pas à cette même approbation la délibération du conseil
général. Dans la rédaction du projet, cette distinction n'était point
faite, mais, lors de la discussion à la chambre des députés, on
fit remarquer « qu'il y aurait de graves inconvénients à donner
« ainsi au préfet le pouvoir de juger un acte du conseil général,
« lorsque de son côté le conseil général a la mission d'apprécier
« certains actes du préfet. » Cette remarque fut prise en considération, et on modifia l'article de manière à ne soumettre au
préfet en matière de traités amiables, que les délibérations des
conseils municipaux et des conseils d'administration.

Elle ne méritait peut-être point qu'on y déférât, car, aux termes
de la loi du 10 mai 1838, plusieurs actes du conseil général devaient être soumis à l'approbation du préfet; on peut même
dire qu'aujourd'hui, ce droit d'approbation du préfet est devenu
la règle générale, depuis le décret du 25 mars 1852.

Néanmoins, la disposition de l'art. 13 n'ayant pas été abrogée,
nous pensons que la délibération du conseil général sans approbation ultérieure suffira.

§ III. — Des biens de l'Etat.

Sous l'empire de la loi de 1833, les préfets, maires ou administrateurs n'avaient pas la faculté de consentir à l'amiable la
cession des biens qu'ils étaient chargés de gérer comme représentants des départements, communes ou établissements publics.
La même lacune existait en ce qui concernait les immeubles de
l'État, et ainsi, jusqu'en 1841, pour entreprendre des travaux
d'utilité publique sur un terrain dépendant du domaine de l'État,
il fallait ou obtenir une loi de concession, ou faire rendre un jugement d'expropriation. La loi de 1841 a fait à la loi de 1833

une addition éminemment utile, en autorisant le ministre des finances à consentir la cession amiable des biens de l'État, lorsque ces biens seront soumis à l'expropriation. Les traités seront passés au nom de l'État par le préfet qui agira sous l'autorité du ministre des finances ; ils seront passés avec l'administration expropriante qui pourra être soit l'État lui-même, si les travaux s'accomplissent dans l'intérêt de l'État, soit le département, si ces travaux sont d'intérêt départemental, soit la commune, s'ils sont d'intérêt communal.

Or, l'État en tant qu'exproprié est représenté par le préfet, et c'est également le préfet qui le représente comme expropriant. Il semblerait donc qu'il y a là une collision d'intérêts. Mais cette collision n'est qu'apparente, car le préfet représentant l'État exproprié agira sous l'autorité du ministre des finances ; comme représentant l'État expropriant, il agira sous l'autorité du ministre des travaux publics.

Si nous supposons maintenant que les biens de l'État soient atteints par des travaux d'intérêt départemental, le double fonctionnement du préfet comme représentant de l'État et comme représentant du département pourrait avoir des inconvénients plus réels que dans l'hypothèse précédente.

Quand l'expropriation poursuivie par l'État atteint un bien de l'État, le préfet, qui doit sauvegarder et l'intérêt des travaux publics et l'intérêt des finances, ne peut opérer à la satisfaction des deux que s'il ne demande et n'accorde qu'une indemnité parfaitement exacte, parfaitement juste.

S'il représentait au contraire le département expropriant et l'État exproprié, il serait toujours certain de plaire au ministre des finances et de ne déplaire à aucun des autres ministres en se montrant fort large pour le compte du département. Mais comme on peut dire que dans l'hypothèse il y a litige entre l'État et le département, il y aura lieu d'appliquer l'article 38 *in fine* de la loi du 10 mai 1838. — Le préfet représentera l'État exproprié, et l'action au nom du département sera soutenue contre lui par le conseiller de préfecture le plus ancien en fonctions.

Grâce à cette disposition, on voit disparaître le danger de la contrariété d'intérêts.

Le ministre des finances, après avoir consenti à la cession amiable des immeubles de l'Etat, pourrait toujours laisser au jury le soin de régler l'indemnité ; mais il peut toujours aussi traiter à l'amiable de cette indemnité (art. 26, loi de 1841) ; il le peut, lors même que n'ayant pas consenti à la cession, il aurait laissé prononcer contre l'Etat un jugement d'expropriation. Ce droit conféré au ministre des finances par l'article 26 de la loi de 1841 ne laisse pas que d'être plus grave que le droit qui lui est attribué par l'article 13. En effet, en ce qui concerne la translation de propriété, il n'y a rien à refuser, rien à débattre : le consentement que donne le ministre des finances, n'intervient qu'après que les travaux ont été déclarés d'utilité publique, après que les territoires ont été désignés, et que l'arrêté de cessibilité a été rendu, c'est-à-dire à un moment où l'expropriation est inévitable ; ce consentement à la cession ne peut nullement compromettre les intérêts de l'Etat, tandisque l'on pourrait concevoir que ces intérêts fussent compromis par un ministre qui accepterait l'offre d'une indemnité insuffisante.

Lorsque les immeubles sous le coup de l'expropriation appartiendront à l'Etat, un simple décret impérial suffira pour déclarer l'utilité publique, comme si les immeubles appartenaient à des particuliers. Nous trouvons donc ici un cas où les immeubles de l'Etat seront aliénés sans intervention législative. Ce point pourrait peut-être faire l'objet d'un doute parce que, la vente de certains biens de l'Etat, par exemple des forêts domaniales [1] ne pourrait être autorisée qu'en vertu de lois spéciales ; il en serait de même, aux termes de la loi du 1er juin 1864, de toute parcelle domaniale d'une valeur supérieure à un million. Mais ces dispositions, destinées à garantir les droits de l'Etat sur son domaine, ne s'appliquent nullement aux cas d'expropriation

1. Décret des 6-23 août 1790 et loi domaniale des 22 nov., 1er déc. 1790, art. 8 et 13.

pour cause d'utilité publique ; elles ne supposent en effet que des aliénations volontaires, et l'expropriation est un cas d'aliénation forcée pour laquelle le consentement du propriétaire n'est ni obligatoire ni même requis. L'expropriation ayant été reconnue d'utilité publique, l'Etat, pas plus que les autres propriétaires, ne peut s'y soustraire. Il n'y a donc pas lieu de solliciter du législateur qui représente l'Etat une autorisation qui ne serait autre chose que le consentement à l'expropriation.

Si les biens compris dans le tracé d'expropriation faisaient partie non du domaine de l'Etat mais du domaine de la couronne, la cession amiable en pourrait être consentie par le ministre de la maison de l'Empereur. [1]

Une question des plus délicates se présente. Si l'administration, après que des travaux ont été déclarés d'utilité publique, allait faire des offres à tous les particuliers dont les propriétés devraient être atteintes, et passait avec eux des traités amiables, y aurait-il encore lieu à l'accomplissement des formalités prescrites par le titre ii de la loi de 1841 ; y aurait-il lieu à lever le plan parcellaire des terrains que les travaux doivent atteindre aux avertissements prescrits par l'art. 6, à la réunion d'une commission, etc., en un mot ne pourrait-on pas faire l'économie des frais que ces formalités diverses entraînent? (Nous supposons d'abord que les personnes avec lesquelles le traité est intervenu sont toutes capables.)

Pour soutenir que la confection et le dépôt des plans ne sont pas nécessaires, pas plus que les autres formalités, on peut, par argument de l'article 14 in fine, dire que si, en cas de cession amiable, il n'y a pas lieu de s'assurer de l'accomplissement des formalités du titre ii, c'est que rigoureusement elles pourraient ne pas avoir été remplies ; d'ailleurs, les propriétaires qui ont traité avec l'administration ne pourraient point prétendre revenir sur un acte qu'ils ont volontairement consenti, et l'administration qui,

1. Sén. cons. du 23 avril 1856.

elle aussi, a contracté, n'aurait aucun intérêt à demander la nullité de l'acte, sous prétexte qu'on n'a pas rempli des formalités prescrites non pour son avantage assurément, mais pour celui des personnes mêmes auxquelles elle a eu affaire.

Malgré cette considération, nous pensons que l'opinion contraire peut être soutenue et doit prévaloir.

L'art. 14, il est vrai, lorsque les propriétaires ont consenti à la cession amiable de leur propriété, dispense bien le tribunal de constater si les formalités prescrites par le titre ii ont été remplies, il borne alors la mission du juge à donner acte du consentement des intéressés, et ne le charge nullement de s'assurer si les moyens de renseignements ont été à la disposition de personnes qui, par cela même qu'elles ont consenti, se sont trouvées sans doute suffisamment informées.

Mais cet article ne dit nullement que les plans n'aient pas dû être faits et déposés, que les publications, les avertissements n'aient pas dû avoir lieu, et que la commission de l'art. 8 n'ait pas dû se réunir.

Certes, si les formalités à remplir n'intéressaient que les propriétaires qui ont pu traiter avec l'administration, nous n'aurions aucune bonne raison pour prétendre qu'elles dussent être toujours et quand même accomplies ; mais elles intéressent sans distinction toutes les personnes qui ont des propriétés dans les territoires désignés pour les travaux.

A chacune de ces personnes il peut importer que le plan parcellaire soit modifié ; souvent la cession immédiate et à l'amiable n'aura eu lieu de la part des propriétaires que parce que précisément les plus grands avantages résulteront pour eux des travaux qui vont se faire, et de la localisation de ces travaux. Eh bien ! s'il est avantageux pour mon voisin que son bien soit compris dans la ligne d'expropriation, il peut m'être tout aussi avantageux à moi que mon immeuble y rentre ; mon droit par conséquent est de pouvoir présenter, à la commission qui devra se réunir, des observations, à la suite desquelles il pourra se faire qu'elle propose quelque changement au tracé indiqué par les ingénieurs.

Cette considération suffirait seule au besoin pour justifier l'opinion que nous croyons devoir émettre.

Ce que nous disons résout évidemment la même question en ce qui concerne les incapables, dans les cas où, par application de l'art. 13, la cession de leurs biens est amiablement consentie. Seulement on peut se demander si le tribunal qui, après avoir autorisé le traité, aurait à donner acte du consentement par application de l'art. 14 *in fine*, serait dispensé de vérifier si les formalités prescrites par le titre II ont été remplies.

Nous pensons que cette vérification n'est pas nécessaire; cependant, pour soutenir qu'elle doit être faite, on pourrait dire que l'art. 14 *in fine* n'en dispense le tribunal qu'autant que les propriétaires ont consenti à la cession ; or, ce n'est pas le mineur, ce n'est pas l'interdit, ce n'est pas l'incapable en un mot qui consent à cette cession : c'est son tuteur, et conséquemment, ce n'est pas le propriétaire de l'immeuble.

Mais, dans le sens de notre opinion, nous remarquerons que le tuteur représente et efface complétement l'incapable, et que chez nous celui-ci est censé agir lui-même par son représentant ; c'est par l'entremise de ce dernier que sa volonté est considérée comme se manifestant. D'ailleurs, l'art. 13, en énumérant les formalités destinées à garantir les droits des incapables, ne soumet nullement le tribunal à cette vérification. L'autorisation que le tribunal donnera, après que le ministère public aura été entendu, les mesures de conservation et de remploi qu'il pourra prescrire, sauvegardent suffisamment les intérêts de l'incapable. Il n'y a pas de raison, quand il s'agit de traiter avec une administration expropriante, d'ajouter des difficultés à des difficultés, et de se montrer en dehors des termes précis de la loi, plus exigeant que si le mineur traitait avec un simple particulier.

CHAPITRE II.

DU JUGEMENT D'EXPROPRIATION.

Si les propriétaires ne consentent pas à la cession amiable de leur propriété, un jugement d'expropriation devra forcément les dessaisir. Ce jugement, qui sera rendu par le tribunal de l'arrondissement dans lequel se trouvent les immeubles, ne pourra intervenir qu'après vérification des formalités prescrites par le titre II.

Les pièces relatives à l'accomplissement de ces formalités sont communiquées par le procureur impérial à qui le préfet les a transmises; les juges devront vérifier si le plan parcellaire a été fait, s'il est resté déposé pendant le temps requis, si l'avertissement a eu lieu avec toutes les formalités de publicité exigées par l'article 6, si la commission s'est réunie sous la présidence du sous-préfet, si des changements ayant été admis sur la proposition des propriétaires, communication de ces changements a été faite aux intéressés, si enfin l'arrêté de cessibilité a été rendu.

Cette vérification, disons-nous, est indispensable; elle est la plus réelle garantie des droits des particuliers. En effet, l'accomplissement des formalités avertit les intéressés, porte à leur connaissance le projet des travaux; dès lors leurs réclamations peuvent se produire, et peut-être avec succès; ainsi, ces réclamations se produisant, il peut se faire que telle partie d'immeuble soit soustraite à l'expropriation, que telles modifications soient admises dans le plan parcellaire.

Si le tribunal reconnaît que les formes prescrites par la loi n'ont pas été observées, il doit surseoir.

Reconnaît-il au contraire que les formalités ont été remplies, alors, on n'en peut douter, les particuliers ont été mis à même de faire valoir leurs droits, de présenter leurs observations, le tribunal devra rendre son jugement, mais il le rendra sans émettre d'opinion sur l'utilité de l'expropriation ; et, lors même que le travail lui semblerait devoir grever sans grande utilité l'administration expropriante, l'État, le département ou la commune.

On s'est demandé si la loi de 1841, en conférant au tribunal le soin de s'assurer de l'accomplissement des formalités, n'avait pas consacré un empiétement de l'autorité judiciaire sur le domaine de l'autorité administrative. Nous ne le croyons pas.

Le tribunal s'assure seulement que certains faits ont été accomplis, il ne réforme pas les décisions émanées de l'administration ; il ne débat point le droit de celle-ci de faire entrer tel bien plutôt que tel autre dans la ligne des travaux ; il ne discute point les décisions que la commission a cru devoir admettre, et qui ont pu amener des modifications dans le plan parcellaire ; il constate simplement l'accomplissement de certains faits, en l'absence desquels on peut dire qu'il ne serait pas fondé à prononcer l'expropriation.

Ainsi, supposons que le plan parcellaire qui a été déposé atteigne le fonds A. Mais aucune publicité n'a été donnée au dépôt de ce plan ; en conséquence, les intéressés n'ont pu produire leurs observations, ou bien encore la commission qui peut les recevoir n'a pas été constituée. Le ministère public requiert du tribunal l'expropriation du fonds A : le tribunal ne peut pas la prononcer, parce que peut-être ce fonds A n'est pas celui que l'expropriation devrait atteindre.

Loin d'attenter au droit de l'administration, le tribunal en ces circonstances le consacre, car les modifications possibles du plan parcellaire, modifications qui peut-être n'ont pas été faites faute d'accomplissement des formalités, sont dans le droit, et, disons mieux, sont dans le vœu de l'administration, et elles eussent été prononcées par acte administratif.

C'est, avons-nous dit, le procureur impérial qui requiert l'expropriation ; au nom et comme organe de la société, ce magistrat réclame que l'expropriation reconnue d'intérêt social soit prononcée.

Le tribunal, par son jugement, désignera le magistrat directeur du jury chargé de régler l'indemnité. Il ne faut pas conclure de là que les propriétaires ne puissent pas, même après que l'expropriation aura été prononcée par jugement, accepter les offres de l'administration ; mais il faut bien que ce magistrat soit à l'avance désigné, pour le cas où les offres ne seraient point acceptées.

CHAPITRE III.

DES FORMALITÉS DE PUBLICITÉ.

---

§ I. — *Des publications, affiches, insertions et notifications.*

Le jugement d'expropriation doit nécessairement être porté à la connaissance des tiers ; il faut bien qu'ils soient informés d'un événement qui peut mettre en danger leurs intérêts.

La loi de 1841 prescrit donc certaines formalités de publicité.

Ce sont : la publication, l'affiche et l'insertion dans les journaux ; la notification d'un extrait du jugement, la transcription de ce jugement.

Ces formalités n'ont pas toutes le même objet.

Les publications, affiches et insertions dans les journaux ont pour but de porter à la connaissance des tiers en général la mutation de propriété qui se produit.

La notification est prescrite spécialement dans l'intérêt du propriétaire. Elle lui fait savoir que le jugement d'expropriation a été rendu, ce qu'il pourrait ignorer, car il n'y est point appelé. De plus, elle fait courir le délai de huitaine dans lequel il doit faire connaître à l'administration, ainsi que nous le verrons plus loin, certains intéressés. Elle est enfin le point de départ du délai de trois jours accordé au propriétaire pour se pourvoir en cassation contre le jugement d'expropriation.

Enfin, la transcription a une utilité particulière dont nous parlerons plus loin.

Les mesures de publicité générale doivent être prises, aussi bien quand il y a eu cession amiable que quand il y a eu jugement d'expropriation.

Il en est de même de la transcription.

Relativement à la notification, il y a un peu plus de difficulté à le décider ainsi, car l'art. 19, en appliquant aux traités amiables les règles énoncées aux art. 15, 16 et 17, fait une restriction pour la notification; il ne dit pas : les règles posées *dans l'article 15*, mais il dit : *dans le premier § de l'art. 15*. Or, c'est précisément le second paragraphe de cet article qui prescrit de notifier le jugement d'expropriation. Évidemment le législateur de 1841 a entendu, et cela est rationnel, qu'il n'y a pas lieu de notifier au propriétaire un acte de cession qu'il a lui-même volontairement consenti, et dans lequel il a sans doute indiqué les tiers qui pouvaient avoir des droits sur l'immeuble.

Mais la notification n'a pas seulement pour effet d'informer le propriétaire de la dépossession qu'il va subir, et de le mettre en demeure de faire connaître certains intéressés. Elle fait courir aussi le délai du pourvoi en cassation; et, à la rigueur, il n'est pas impossible que le jugement qui a donné acte du consentement à la cession soit attaqué.

Nous pensons donc que ce jugement doit être notifié au propriétaire.

Le mode d'accomplissement des formalités de publications, affiches et insertions est analogue à celui qui est employé, quand il s'agit de rendre public l'avertissement destiné à faire connaître aux intéressés le dépôt qui a été fait des plans parcellaires.

Relativement à l'insertion dans les journaux, on peut se demander si, dans le cas où le journal de l'arrondissement où se font d'ordinaire les publications, ne recevrait pas une publicité suffisante, le préfet aurait la faculté de désigner un autre journal. Nous avons décidé l'affirmative, quand nous avons parlé des

11

formalités de l'art. 6. Les raisons sont les mêmes pour adopter ici la solution précédemment donnée.

§ II. — De la transcription.

L'acte qui a transféré la propriété à l'administration doit, aux termes des art. 16 et 19 de la loi du 3 mai 1841, être transcrit au bureau de la conservation des hypothèques de l'arrondissement où sont situés les immeubles, conformément à l'article 2181 C. N. Évidemment cette formalité n'a pas pour but de rendre parfaite, même à l'égard des tiers, la translation de propriété qui s'est opérée en faveur de l'administration. S'il s'agissait d'une translation de propriété ordinaire, l'acquéreur aurait grand intérêt à transcrire, parce que cette transcription seule le mettrait à l'abri d'une éviction qu'il serait dans le cas de subir si une nouvelle aliénation opérée par son vendeur était transcrite par le second acquéreur, avant que lui, premier acquéreur, n'ait fait procéder à la transcription de son propre titre ; mais en matière d'expropriation, la propriété étant acquise à l'administration, immédiatement et vis-à-vis de tous, dès le jugement qui l'a prononcée ou dès la cession consentie à l'amiable, cet intérêt ne se peut présenter.

Quand même l'exproprié consentirait une aliénation de son immeuble après la cession qu'il en a faite ou le jugement qui a été prononcé contre lui, cette aliénation ne pourrait avoir d'effet contre l'administration, soit que l'acte translatif de propriété ait été transcrit ou ne l'ait pas été.

En matière ordinaire, la transcription serait l'acte préliminaire et indispensable des diverses formalités destinées à purger les hypothèques.

Quant à la purge des hypothèques qui peuvent grever l'immeuble exproprié, la transcription n'est pas nécessaire pour l'opérer.

Cette purge s'opère de plein droit par l'effet de la cession amiable ou du jugement d'expropriation.

Elle s'opère de plein droit, en ce sens que, toujours en vertu du même principe que l'immeuble doit nécessairement arriver à l'administration, les créanciers hypothécaires ne pourront jamais faire vendre l'immeuble aux enchères, comme ils en auraient eu le droit si cet immeuble était resté entre les mains de leur débiteur.

Quelle est donc l'utilité de la transcription en notre matière?

C'est de mettre les créanciers de l'exproprié en demeure de s'inscrire, dans un certain délai à compter de cette transcription.

D'après la loi de 1811, ce délai est de quinze jours. Pendant ces quinze jours, tous créanciers qui ont des titres constitutifs de priviléges ou d'hypothèques sont encore à temps pour prendre inscription, à l'effet de conserver leur droit de préférence sur le montant de l'indemnité. Mais si les quinze jours viennent à expirer, sans qu'ils aient pris d'inscription, alors ils sont irrévocablement déchus de tout droit à l'indemnité. Toutefois, l'art. 17, § 2 réserve le droit des femmes, mineurs et interdits, c'est-à-dire de certains créanciers à hypothèques légales, tant que le prix n'a pas été payé ou que l'ordre n'a pas été définitivement réglé entre les créanciers.

On peut donc dire que la transcription, en matière d'expropriation comme en droit commun, est l'acte préliminaire de la purge des hypothèques; seulement c'est une purge spéciale qui n'a jamais pour conséquence d'entraîner la mise de l'immeuble aux enchères, et le créancier qui a soin de s'inscrire dans le délai de quinzaine ne peut jamais s'assurer que le droit d'intervenir au règlement de l'indemnité et de requérir la fixation de cette indemnité par le jury.

C'est encore aujourd'hui une grave question, de savoir si la loi du 23 mars 1855 a abrogé, en ce qui concerne le délai pendant lequel les créanciers peuvent s'inscrire, la loi du 3 mai 1811.

La négative a été défendue par MM. Cabantous [1] et Troplong.

1. Rev. de législ., 1855, tome VII, p. 92 et suiv.

Mourlon, dans une savante dissertation [1], et M. Verdier ont soutenu l'affirmative. Nous admettons le système qui maintient, au regard de l'administration, les principes posés par la loi de 1841 ; quant aux rapports des intéressés entre eux, ils seront régis par la loi de 1855.

Pour soutenir que la loi de 1841 devait être modifiée par la loi de 1855, on a fait remarquer que le délai de quinzaine accordé aux créanciers pour s'inscrire n'est autre que le délai de l'article 834 du Code de procédure; que cet article a été abrogé par la loi de 1855, et que par là même a été aussi abrogé le délai prescrit par la loi d'expropriation. Cet argument nous embarrasse peu ; il pourrait avoir quelque valeur si l'art. 17 de la loi de 1841 se référait à l'article du Code de procédure. Mais il ne s'y réfère nullement, et, bien que les rédacteurs de la loi de 1841 se soient probablement inspirés du délai du Code de procédure, cependant, il n'en est pas moins vrai qu'ils ont organisé dans la loi de 1841 une procédure toute spéciale qui se suffit à elle-même, et dont on ne peut facilement supposer l'abrogation.

Ajoutons que, lors de la présentation du projet de loi sur la transcription, il fut formellement déclaré « qu'il n'était nulle-« ment dérogé à la loi de 1841 sur l'expropriation pour cause « d'utilité publique, qu'ainsi les délais accordés par cette loi aux « parties intéressées étaient intégralement maintenus ».

C'est en vain que l'on dira que le 1° de l'art. 1er de la loi de 1855 soumet à la nécessité de la transcription, pour qu'il soit opposable aux tiers, *tout acte translatif de propriété immobilière*. Malgré la généralité de cette expression, le législateur de 1855 ne s'est pas cru dispensé d'énumérer à la suite les actes auxquels s'appliquait la loi nouvelle, et cette énumération qui ne contient nullement les jugements d'expropriation pour cause d'utilité publique nous semble devoir être considérée comme limitative.

1. *Traité de la Transcription en matière hypothécaire.*

Conséquemment, les créanciers privilégiés ou hypothécaires ont encore pour s'inscrire, nonobstant la loi de 1855, le délai de quinzaine à compter de la transcription de l'acte qui a transféré la propriété à l'administration.

Il pourrait se faire que l'administration ne transcrivît pas et payât, par exemple à l'exproprié lui-même, la somme à laquelle il a droit, courant ainsi le risque de voir apparaître des créanciers hypothécaires, auxquels alors un nouveau payement devrait être fait.

Dans certains cas, il sera moins onéreux pour l'administration de payer deux fois que de remplir les formalités de la transcription. Aussi en est-elle dispensée lorsque les acquisitions sont faites à un prix peu élevé, lequel est fixé, par l'art. 19 de la loi de 1841, à 500 francs.

Quand l'administration n'aura point transcrit et que le prix aura été payé au propriétaire, des hypothécaires pourront se présenter et réclamer un nouveau payement; il faudra alors qu'elle les paie, sauf son droit de répétition contre le propriétaire qui n'aurait pas employé à satisfaire ses créanciers le prix précédemment touché par lui.

Si, s'apercevant qu'elle a fait fausse route, l'administration veut sortir d'incertitude, après avoir procédé comme nous venons de le supposer, elle sera forcée de faire transcrire, et alors les créanciers devront, à peine de déchéance, s'inscrire dans la quinzaine de cette transcription. A défaut de s'être conformée à la disposition de l'art. 16, l'administration ne serait en complète sécurité que si l'hypothèque se trouvait éteinte par quelqu'un des modes énumérés en l'art. 2180 C. N.

L'art. 19, § 2, qui autorise l'administration à ne pas remplir les formalités de la purge quand les acquisitions ne s'élèvent pas au-dessus de 500 francs, n'est applicable que dans les cas où les propriétaires acceptent les offres de l'administration; on ne peut l'étendre au cas où l'indemnité est fixée par le jury, puisque le jury ne fonctionne jamais qu'après l'accomplissement des formalités prescrites par les art. 15, 16 et 17.

Il est des cas où il semblerait que des conséquences fort graves pourraient résulter pour l'administration du défaut d'accomplissement des formalités de la purge. — En effet, aux termes de l'art. 2168, C. N., le tiers détenteur qui ne remplit pas les formalités de la purge est tenu de payer tous les intérêts et capitaux exigibles, à quelque somme qu'ils puissent monter, ou de délaisser l'immeuble hypothéqué sans aucune réserve.

Or, pour l'administration qui exproprie, il ne peut pas être question de délaissement. Mais dirons-nous que, si elle a acquis pour 500 francs ou moins une parcelle d'immeuble hypothéqué à une dette de 20,000 francs, elle soit obligée, pour n'avoir pas fait transcrire son titre, de payer intégralement le créancier? — Une pareille solution est inadmissible.

L'administration ne peut évidemment pas être dans une situation moins bonne que ne serait un acquéreur ordinaire; or, un acquéreur ordinaire qui n'accomplit pas les formalités de la purge n'est pas forcé de payer toute la dette hypothécaire s'il délaisse le fonds.

L'avantage que le délaissement du fonds procure au créancier, en dehors du prix d'achat de l'immeuble, se borne à lui permettre d'obtenir peut-être un prix un peu plus élevé de ce bien dont la vente se fera aux enchères.

L'administration ne doit pas délaisser, mais cela ne veut pas dire qu'elle doive fatalement payer toute la dette hypothécaire. Seulement on peut dire que le créancier hypothécaire a le droit d'être traité comme si elle délaissait, et par conséquent il a le droit d'obtenir un autre prix que celui qui avait été d'abord fixé pour le propriétaire; il arrivera à ce résultat en protestant contre cette fixation et en demandant qu'elle soit faite pour lui par le jury, mais il n'aura droit à rien de plus. Ainsi, dans le cas où le prix d'une parcelle d'immeuble aurait été fixé à 500 francs au regard du propriétaire, le créancier ayant hypothèque pour 20,000 francs pourrait obtenir 550, 600 francs par exemple,

mais certainement il lne pourrait jamais prétendre que l'administration lui payât le montant intégral de sa créance.

L'hypothèque subsistant sur le reste de l'immeuble, le créancier pourra toujours faire vendre sur son débiteur ou sur tout
acquéreur autre que l'administration, la partie de l'immeuble
qui n'a pas été expropriée, et obtenir contre eux tout ce que
lui assure l'art. 2068, C. N.

DEUXIÈME PARTIE.

DES EFFETS

DE LA

TRANSLATION DE PROPRIÉTÉ

La cession qu'un propriétaire fait de son immeuble à l'administration expropriante, ou le jugement d'expropriation qui est prononcé quand ce propriétaire n'a pas voulu accéder à la cession, ont l'un et l'autre pour effet d'opérer une mutation de propriété.

Comme nous venons de le voir, soit qu'il y ait eu cession à l'amiable, soit qu'il y ait eu jugement d'expropriation, les formalités de publicité sont les mêmes, car nous avons décidé que, même en cas de cession à l'amiable, la notification du jugement qui a donné acte du consentement devrait être faite au propriétaire, à l'effet de faire courir le délai du pourvoi en cassation.

De même, qu'il y ait eu cession à l'amiable ou jugement d'expropriation, les effets de la translation de propriété sont les mêmes, soit vis-à-vis du propriétaire et quant à son dessaisissement, à ses obligations, à ses droits ; soit vis-à-vis des personnes qui pourraient avoir des droits réels sur l'immeuble exproprié ; soit vis-à-vis de ceux qui auraient à exercer des actions réelles en revendication ou en résolution ; soit vis-à-vis des créanciers.

Nous ne distinguerons donc plus la cession amiable et le jugement d'expropriation, au point de vue de la translation de propriété, et nous considérerons désormais en général les effets de cette translation de propriété.

Remarquons toutefois que la cession amiable ne peut être assimilée au jugement d'expropriation, quant à ses effets, qu'autant qu'elle est intervenue après déclaration d'utilité publique. S'il en était autrement, l'aliénation faite par le propriétaire n'aurait jamais que le caractère et les effets d'une aliénation volontaire.

CHAPITRE PREMIER.

EFFET GÉNÉRAL DE LA TRANSLATION DE PROPRIÉTÉ.

La plupart des auteurs disent que le jugement d'expropriation a pour effet de transférer au domaine public la propriété de l'immeuble exproprié.

Cette idée est fausse à tous points de vue : l'utilité publique peut fort bien rendre nécessaires certains travaux, sans que ces travaux aient pour résultat de créer une dépendance nouvelle du domaine public. Et d'abord, on peut exproprier pour la construction d'un hôtel de ministère, d'une préfecture, d'une mairie, et ces édifices font partie du domaine privé de l'État, du département, de la commune. C'est du moins ce que nous admettons contrairement à l'avis de quelques auteurs.

Mais, en dehors de ces cas controversés, il y en a pour lesquels la controverse n'est même pas possible.

Ainsi on peut exproprier pour la construction d'un palais épiscopal, et personne ne doute que les palais épiscopaux ne fassent partie du domaine privé de l'État ;

On peut exproprier pour la construction d'un presbytère qui, étant pour la commune ce que le palais épiscopal est pour l'État, n'est qu'une partie du domaine privé de la commune.

Dans ces hypothèses il est bien certain que l'expropriation n'aura rien ajouté au domaine public.

A supposer même que l'expropriation ait pour objet de créer une dépendance nouvelle du domaine public, comme par exemple, un chemin de fer, une route impériale ou un chemin vicinal, il ne serait encore pas vrai de dire que le jugement d'expropriation ou la cession amiable opèrent translation de propriété au domaine public. Le chemin de fer ou la route impériale feront, il est vrai, partie du domaine public de l'Etat; la route départementale fera partie du domaine public du département, et le chemin vicinal du domaine public de la commune; mais pendant que ce chemin de fer cette route ou ce chemin vicinal sont en voie d'exécution, ils sont encore dépendance du domaine privé, et resteront tels tant qu'ils n'auront pas reçu le caractère de destination publique, caractère qu'ils ne prendront que quand ils seront livrés à la circulation.

On comprend l'intérêt, d'ailleurs plus spéculatif que pratique, de la distinction que nous venons de faire.

De ce que les terrains en question ne deviennent pas, dès le moment de la translation de propriété, une dépendance du domaine public, il résulte que ces terrains, comme tout ce qui est du domaine privé, sont parfaitement aliénables et prescriptibles. Ils ne deviendront inaliénables et imprescriptibles qu'après un temps souvent fort long; on sait en effet que, particulièrement pour les chemins de fer, plusieurs années s'écoulent presque toujours avant que la voie ne soit ouverte et livrée à l'usage public auquel elle est destinée.

D'après ces considérations, rectifiant la formule que nous avons signalée comme inexacte, nous devons dire seulement que, par l'effet de la cession amiable ou du jugement d'expropriation, l'immeuble sort du patrimoine de l'exproprié pour passer dans le patrimoine de l'expropriant.

Si, au lieu d'être un bien du domaine privé, le bien frappé d'expropriation était du domaine public, il sortirait du commerce, cesserait d'être prescriptible, et l'expropriant pourrait toujours le reprendre entre les mains du tiers possesseur.

Au contraire, comme bien du domaine privé de l'État, du département ou de la commune, l'immeuble atteint par l'expropriation pourrait rentrer dans le domaine de l'exproprié par voie de prescription, après trente ans, à compter du jugement même d'expropriation, pourvu, bien entendu, que l'exproprié se soit remis à se comporter comme propriétaire de l'immeuble dès le jour où cet immeuble ayant cessé de lui appartenir est passé dans le domaine de l'administration; en un mot, les décisions qui seraient applicables de particuliers à particuliers seront applicables entre les particuliers et l'administration. Si l'ancien propriétaire continuait à posséder l'immeuble pendant trente ans à compter du jugement d'expropriation, il faudrait qu'on pratiquât contre lui une nouvelle expropriation.

CHAPITRE II.

EFFETS DE LA TRANSLATION DE PROPRIÉTÉ A L'ÉGARD DU PROPRIÉTAIRE.

§ 1. — Du droit de rétention.

Un effet commun à toute translation de propriété et qu'on ne peut refuser à celle qui résulte soit de la cession amiable, soit du jugement d'expropriation, c'est de faire naître des obligations et des droits réciproques.

Ainsi, l'administration, comme propriétaire, peut exercer les droits que la propriété suppose.

Mais elle est obligée de payer une indemnité à raison de l'immeuble qu'elle a acquis, et tant que cette indemnité n'est pas payée, elle n'a pas le droit de s'emparer de l'immeuble exproprié contre l'ancien propriétaire.

Celui-ci, de son côté, est obligé, dès que le prix lui a été payé, de se dessaisir de l'immeuble.

Mais jusque-là il conserve un droit important , la possession, qui est pour lui comme le gage du payement de l'indemnité à laquelle il peut prétendre.

Cette faculté accordée au propriétaire de conserver jusqu'au payement de l'indemnité la possession de l'immeuble nous présente un des cas où la loi reconnaît formellement le droit de rétention.

Ces cas ne sont, du reste, pas nombreux. Ainsi le droit de rétention est positivement établi :

Au profit du cohéritier qui, aux termes de l'art. 807, C. N., « peut retenir la possession de l'immeuble sujet au rapport jus- « qu'au remboursement effectif des sommes qui lui sont dues « pour impenses ou améliorations » ;

Au profit du créancier antichrésiste, tant qu'il n'est pas désintéressé ;

Et au profit du vendeur d'immeubles , tant que le prix ne lui est pas payé : c'est notre cas.

En dehors des prévisions formelles de la loi , on reconnaît généralement que le droit de rétention doit exister toutes les fois qu'une chose est l'objet de l'obligation d'une personne envers laquelle on n'exécute pas l'obligation corrélative.

Cette formule s'applique fort bien au droit de rétention tel qu'il existe en matière d'expropriation. Quelle est, en effet, l'obligation du propriétaire? D'abandonner l'immeuble. Quelle est l'obligation corrélative de l'administration? De payer l'indemnité.

Le propriétaire retiendra donc la possession de l'immeuble objet de son obligation. Ce sera pour lui un excellent moyen d'obtenir l'exécution de l'obligation corrélative.

Il nous paraît certain que l'exproprié gagne les fruits de l'immeuble jusqu'au payement de l'indemnité.

En effet, aux termes de l'art. 545 du C. N., nul ne peut être contraint de céder sa propriété , si ce n'est pour cause d'utilité publique et moyennant une juste et préalable indemnité.

Cela étant, le jugement d'expropriation transporte la propriété de l'immeuble à l'administration, sous la condition suspensive que l'indemnité sera payée à l'exproprié. Une fois le payement réalisé, n'importe quand, l'administration se sera trouvée rétroactivement propriétaire de la chose dès le jugement d'expropriation.

Or, en présence d'un propriétaire sous condition suspensive, il y a nécessairement le propriétaire sous condition résolutoire. Ce propriétaire, c'est l'exproprié. Et comme il nous paraît résulter expressément de l'art. 856, C. N., que le propriétaire sous condition résolutoire doit gagner les fruits de la chose jusqu'à l'événement de la condition, l'exproprié, bien qu'il n'ait pas droit aux intérêts de l'indemnité avant l'expiration du terme établi par l'art. 53 de la loi de 1841, aura toujours gagné les fruits de l'immeuble.

M. Delalleau a voulu justifier le droit du propriétaire aux fruits de l'immeuble exproprié, jusqu'au payement de l'indemnité, en le faisant découler du droit de rétention de la chose, et en considérant ce propriétaire comme possesseur de bonne foi. Mais cet argument n'est nullement concluant, car lors même que l'exproprié aurait délivré l'immeuble à l'administration, celle-ci n'en aurait pas moins à lui tenir compte des fruits de cet immeuble jusqu'au payement de l'indemnité, et c'est ce qui, selon nous, devra toujours arriver dans le cas de prise de possession pour urgence.

La véritable raison de décider est donc celle que nous avons indiquée plus haut.

La possession étant en quelque sorte l'objet du droit de l'ancien propriétaire, il s'ensuit que les actions qui la garantissent lui appartiennent; il pourrait donc intenter l'action en complainte si quelque trouble était apporté à sa possession, l'action en réintégrande si quelque usurpation s'était produite.

Du reste, s'il négligeait de les intenter, l'administration, qui est créancière de la délivrance, pourrait, comme tout autre

— 178 —

créancier et aux termes de l'article 1166, exercer ces actions que l'exproprié débiteur de l'immeuble omettrait d'exercer.

Nous avons supposé jusqu'ici que le propriétaire, au moment où l'expropriation s'est produite contre lui, était en possession de l'immeuble. Mais il pourrait très-bien arriver qu'à ce moment l'immeuble fût possédé par autrui; et que, nonobstant le jugement d'expropriation, cette possession continuât à s'exercer pendant le temps nécessaire pour prescrire la propriété.

Ainsi l'expropriation est poursuivie et prononcée contre moi véritable propriétaire, inscrit comme tel sur la matrice des rôles; mais un tiers, en vertu d'un juste titre et de bonne foi, possède déjà cet immeuble depuis neuf ans. Le jugement d'expropriation m'a enlevé ma propriété pour la transférer à l'administration; mais comme en droit je conserve la possession, je pourrais interrompre la prescription, et me faire réintégrer dans la possession qu'en fait je n'exerce pas. L'administration pourrait également interrompre la prescription : elle n'en fait rien, et je néglige de mon côté d'opérer cette interruption. Une année s'écoule; le tiers, s'il n'y avait pas eu expropriation, aurait acquis la propriété de l'immeuble contre l'exproprié. Aura-t-il acquis cette propriété contre l'administration? Celle-ci aura-t-elle à pratiquer contre lui une nouvelle expropriation? Non, assurément. Dès le moment du jugement d'expropriation, la propriété a été déplacée à l'égard de tous; dès ce moment aussi, tous ceux qui avaient un droit quelconque sur l'immeuble n'ont pu avoir autre chose qu'un droit à l'indemnité; dès lors par conséquent, nul n'a pu acquérir par prescription relativement à cet immeuble autre chose qu'un droit à cette indemnité.

Nous verrons plus loin comment se règle le droit de celui au profit duquel, dans l'espèce, s'est accomplie la prescription.

Dès que l'expropriation est prononcée, l'immeuble appartenant désormais à l'administration, le propriétaire n'en peut plus disposer; il ne peut donc plus consentir relativement à cet immeuble une vente ni une donation; ou du moins, ces actes ne pourraient jamais avoir pour effet que de conférer à l'acheteur ou au donataire le droit tel quel de l'exproprié.

Ils constitueraient aussi pour eux un titre de possession, de sorte que si, contre toute probabilité, ils possédaient l'immeuble au regard de l'administration pendant le temps voulu pour prescrire, au bout de ce temps ils en seraient propriétaires.

Toutes les hypothèques conventionnelles que le propriétaire pourrait consentir après la cession amiable ou le jugement d'expropriation seraient absolument nulles. On ne peut en effet consentir une hypothèque sur un bien dont on n'est pas propriétaire. Il est bien entendu que nous raisonnons, et désormais continuerons de raisonner dans la seule hypothèse réellement pratique, celle où l'immeuble atteint par l'expropriation ne se trouve pas rétroactivement avoir continué d'être la chose de l'exproprié.

De même, si les créanciers de l'exproprié obtenaient contre leur débiteur, postérieurement au jugement d'expropriation, un jugement emportant hypothèque judiciaire, cette hypothèque qui est générale ne porterait pas sur l'immeuble exproprié. Cet immeuble ne peut plus être considéré comme faisant partie du patrimoine du débiteur.

La même observation s'appliquerait aux hypothèques légales si l'une des causes qui donnent naissance à ces hypothèques survenait postérieurement au jugement d'expropriation. Dans ce cas, l'immeuble atteint ne serait pas grevé de l'hypothèque légale.

L'expropriation prononcée transporte immédiatement, avons-nous dit, la propriété de l'immeuble à l'administration; c'est elle conséquemment qui devra supporter la perte de l'immeuble : *Res perit domino.*

Mais quels soins l'ancien propriétaire, en tant que possesseur, devra-t-il apporter à la conservation de cet immeuble? Il sera tenu comme toute personne qui détient une chose dont elle doit faire la délivrance. Il devra les soins d'un bon père de famille (art. 1137, C. N.). Il sera donc responsable, non-seulement du dol et de la faute, mais encore de la négligence que n'apporterait pas à l'administration de ses biens le propriétaire diligent.

Ce n'est que très-exceptionnellement que, chez nous, la responsabilité du débiteur d'un corps certain s'apprécie sur des bases moins rigoureuses.

§ II. — Du droit à l'indemnité.

De même que la propriété de l'immeuble se trouve immédiatement acquise à l'administration, de même, un droit irrévocable à l'indemnité est acquis à l'exproprié.

D'où il suit que, si la chose vient à périr après la cession amiable ou le jugement d'expropriation, mais avant le règlement et le payement de l'indemnité, l'ancien propriétaire n'aura pas moins droit à la valeur représentative de son immeuble, tel qu'il se comportait au moment de la translation de propriété.

Ainsi, l'expropriation d'une maison a été prononcée; celui qui en était propriétaire en a exercé la rétention. Or, voici que la maison vient à être détruite par un cas fortuit, la foudre, ou un incendie qui ne résulte pas du fait du rétenteur.

Que devra payer l'administration? Sera-ce la valeur du terrain bâti, ou celle du terrain nu? La règle que nous venons d'indiquer résout la question.—Au moment de la translation de propriété, le terrain était bâti. L'indemnité doit être fixée d'après la valeur du terrain bâti.

Du reste ce principe ne blesse en rien l'équité. Dans l'espèce, l'exproprié avait conservé, il est vrai, la possession de la chose, mais il ne retenait l'immeuble que pour la garantie du payement de l'indemnité. Cette garantie lui échappe. L'administration, de son côté, perd l'avantage qu'elle eût pu tirer, soit de la construction si elle devait être conservée, soit des matériaux, si la démolition de l'édifice devait être faite.

Quand l'indemnité n'a pas été acceptée à l'amiable, la loi accorde à l'administration un délai de six mois à partir du jugement d'expropriation, pour poursuivre la fixation de cette indemnité; passé ce délai les parties peuvent requérir elles-mêmes que cette fixation ait lieu, et, six mois après la décision du jury à cet égard, si l'indemnité n'est ni acquittée ni consignée, les intérêts (art. 55) courent de plein droit à leur profit.

La situation nouvelle faite à l'ancien propriétaire sera, dans certains cas, plus avantageuse que celle d'un vendeur ordinaire au regard d'un simple particulier; dans d'autres, chose étrange, elle sera moins avantageuse.

En effet, si les offres de l'administration n'ont pas été acceptées, celle-ci a six mois pour poursuivre la fixation de l'indemnité : elle peut donc toujours se donner ce délai; puis, l'indemnité une fois fixée, ce n'est qu'autant qu'on ne l'acquitte ni ne la consigne dans les six mois de la décision du jury, c'est-à-dire souvent plus d'un an après le jugement d'expropriation, que les intérêts courent de plein droit. Or, un vendeur ordinaire peut toujours, par une simple sommation, se ménager les intérêts du prix de vente (art. 1652 C. N.).

En sens inverse, sans cette sommation, quel que soit le temps écoulé, les intérêts de ce prix ne sont jamais dus au vendeur tant qu'il exerce son droit de rétention; tandis qu'à la personne atteinte par l'expropriation, ils sont dus de plein droit, du moins six mois après la décision du jury.

Lorsque l'ancien propriétaire a accepté les offres de l'administration, l'article 59 de la loi de 1841 lui fait une position qui n'est pas non plus tout à fait aussi favorable que celle qui résulterait de l'application des principes généraux.

A la vérité, si le propriétaire l'exige, l'indemnité doit être versée à la caisse des consignations, et cela dans un délai assez court (art. 59, 21, 25, 26 et 27, loi de 1841). Mais cette caisse ne commence à servir des intérêts qu'après les soixante jours qui suivent la consignation, et elle ne paye ensuite qu'un intérêt de 3 0/0, qui par conséquent est inférieur au taux légal.

En résumé, de plein droit et sans sommation, les intérêts courent pour l'ancien propriétaire contre l'administration, tandis qu'ils ne courraient jamais de plein droit contre un particulier, au profit d'un vendeur qui exerce le droit de rétention.

Mais, avant l'expiration d'un certain délai, ils ne seront jamais dus à l'exproprié, quand même il aurait cédé amiablement son immeuble; tandis que dès le lendemain de la vente, par une simple sommation, un vendeur ordinaire pourrait se les assurer.

Le propriétaire pourrait-il réclamer et obtenir une indemnité distincte pour la privation de l'industrie spéciale qu'il exerçait dans l'immeuble dont il a été exproprié?

La question s'est présentée relativement à une personne « qui « réclamait, tant en son nom que comme tuteur de son fils mineur, « une indemnité pour la nue-propriété et l'usufruit de la maison « expropriée sur eux, et en outre, en son nom personnel, une in-« demnité pour l'industrie d'aubergiste exercée par lui dans cette « maison [1] ». La Cour de cassation a décidé que, l'industrie ap-partenant au propriétaire à un titre séparé et distinct de son droit de propriété, il y avait lieu d'en faire l'objet d'une demande d'in-demnité séparée, et que le jury devait déférer à cette réclama-tion; elle s'est fondée sur ce que le premier paragraphe de l'ar-ticle 39 prescrit au jury de prononcer des indemnités distinctes en faveur des parties qui les réclament à des titres différents.

Cette décision de la Cour de cassation nous paraît erronée. D'abord elle s'appuie évidemment sur une fausse interprétation de l'art. 39, § 1er, de la loi de 1841. Cet article signifie seulement que, à la différence de ce qui se passe pour l'usufruitier, les fer-miers, locataires, usagers, etc., pourront, comme le proprié-taire lui-même, conclure à la fixation d'une indemnité spéciale en ce qui les concerne. Il n'exprime nullement que le proprié-taire, ou les autres personnes contenues dans son énumé-ration, puissent, en quelque sorte, décomposer leurs titres propres, et même, ce qui serait plus exact, se faire des titres particuliers et propres, de manière qu'un marchand de vin, par exemple, locataire de la maison atteinte par l'expropriation, puisse réclamer une indemnité comme locataire et une indem-nité comme marchand de vin.

1. Cass. Ch. civ. Arrêt du 22 mai 1865 (D. 1865. 5. 175).

Ensuite, s'il est vrai de dire qu'une indemnité distincte puisse être due par l'administration aux particuliers, à raison de ce dont elle les prive, il n'est pas vrai que l'administration qui enlève au propriétaire l'immeuble dans lequel il exerce une industrie le prive de cette industrie ; donc, elle n'a pas à l'en indemniser. De même, quand elle prive un locataire du droit qu'il aurait d'occuper un certain lieu où son industrie s'exerce avec plus ou moins d'avantage, elle le prive bien des droits résultant de son bail ; mais son industrie lui reste.

Il s'ensuit donc pour nous que le propriétaire n'a droit qu'à une indemnité afférente à son immeuble, indemnité qui sera évidemment d'autant plus forte que le fonds servait à une certaine industrie, et était situé dans des conditions particulièrement favorables ; mais il n'aura pas du tout la possibilité de prétendre qu'une indemnité spéciale lui soit allouée à raison même de son industrie dont on ne l'exproprie pas.

Ce que nous disons du propriétaire doit s'appliquer au locataire, à l'usager, et nous en ferons plus bas encore l'application à l'usufruitier.

§ III. — *Du droit de préemption.*

Après le payement de l'indemnité, l'exproprié ne pourrait plus prétendre retenir son immeuble : il doit le délivrer à l'administration ; celle-ci dispose de cet immeuble, et souvent l'applique en totalité aux travaux d'utilité publique.

Quelquefois, au contraire, les terrains ne sont pas intégralement employés ; la loi, dans ce cas, accorde aux particuliers à qui ces terrains ont appartenu la faculté d'en redevenir propriétaires ; c'est une rétrocession qu'ils peuvent réclamer et que l'administration n'a pas le droit de leur refuser, lors même que le propriétaire, au moment où il a touché l'indemnité pour son immeuble, aurait eu déjà la prévision du changement de destination que cet immeuble allait subir [1].

1. La Cour de cassation, par un arrêt du 27 avril 1863, a jugé en ce sens.

Cependant le droit de préemption ne s'exercerait pas pour les terrains acquis par l'administration sur la réquisition du propriétaire (art. 62, Loi de 1841). Mais si aucune partie de l'immeuble n'était employée aux travaux d'utilité publique, l'ancien propriétaire pourrait-il invoquer son droit de préemption pour racheter la totalité ? L'affirmative nous paraît certaine. On comprend en effet que l'exproprié ne puisse pas exercer son droit de préemption sur les terrains dont il a requis l'acquisition : il a dû penser en effet que ces terrains resteraient disponibles. En les reprenant, il se jouerait en quelque sorte de l'administration.

Au contraire, s'il réclame la totalité de son immeuble, c'est parce que cet immeuble considéré dans son entier a pour lui une utilité que l'immeuble morcelé ne peut pas lui offrir. Les travaux n'ayant point lieu, l'administration ne peut se plaindre de ce que les choses soient rétablies dans leur état primitif.

Du reste, s'il y avait un intérêt à préférer dans le cas qui nous occupe, ce serait celui du propriétaire : car le droit de préemption a été établi tout en sa faveur. La preuve en est dans l'article 60 de la loi de 1841, aux termes duquel le prix des terrains rétrocédés ne peut jamais excéder la somme pour laquelle les terrains ont été acquis par l'administration. Le propriétaire a donc pour lui toutes les chances favorables puisqu'il profitera toujours des plus-values, et que, si l'immeuble a diminué de valeur, le prix de la rétrocession pourra être inférieur au taux de l'indemnité première.

Il va de soi que le droit de préemption peut s'exercer, soit que les immeubles aient été acquis pour l'exécution de travaux dans l'intérêt de l'État, soit que les travaux s'accomplissent dans l'intérêt du département ou d'une commune.

Il est à remarquer aussi que l'administration ne pourrait alléguer que les terrains ne reçoivent pas, il est vrai, leur destination première, mais qu'ils vont être employés pour d'autres travaux actuellement en projet. La prétention de l'administration, qui voudrait ainsi retarder l'exercice du droit de préemption, ne pourrait nullement être admise; et si les terrains repris par leur ancien propriétaire étaient en effet plus tard compris dans un tracé d'expropriation, il y aurait lieu à reprendre toutes les formalités indiquées ci-dessus, en un mot à opérer une nouvelle translation de propriété, et à fixer une indemnité dont le chiffre pourrait être très-différent de celui de la précédente.

Relativement à l'exercice du droit de préemption une question peut se poser : Aux termes de l'article 60, ce droit peut être exercé par l'ancien propriétaire ou par ses ayant-droit. Le mot ayant-droit comprend d'abord les héritiers ou les légataires universels ; mais pourrait-il s'entendre des ayant-cause à titre particulier ?

Nous n'hésitons pas à penser que si l'exproprié cédait à quelqu'un le droit éventuel qu'il a d'exercer la préemption, le cessionnaire de ce droit pourrait ensuite l'exercer en effet. Les créanciers le pourraient également (art. 1166 et 2093 C. N.).

Mais si une personne dont le terrain a été exproprié en partie vendait à un tiers la portion de terrain laissée en dehors du plan parcellaire, l'acheteur ne pourrait pas prétendre plus tard acquérir par droit de préemption les parties de terrains qui, atteintes par le tracé, sont demeurées libres par suite de l'inexécution des travaux.

En effet, ce n'est pas ce terrain qu'on lui a vendu ; et ainsi, en exerçant le droit de préemption, cet acheteur serait en dehors des termes du contrat. Pour qu'il pût avoir cet avantage, il faudrait qu'on en eût fait l'objet d'une clause spéciale de la convention. A défaut d'une pareille clause, l'ancien propriétaire ou les ayant-droits dont nous avons parlé ci-dessus pourraient seuls exercer le droit de préemption.

Il est une hypothèse qui n'est guère que spéculative, mais qui cependant peut faire l'objet d'une question :

Si la parcelle sur laquelle pourrait s'exercer le droit de préemption contre l'État avait une valeur supérieure à un million, faudrait-il une loi pour autoriser cette aliénation du domaine de l'État ? — La négative n'est pas douteuse pour nous.

En effet, la loi du 1er juin 1864, qui soumet à l'autorisation législative l'aliénation des immeubles domaniaux d'une valeur supérieure à un million, excepte de sa disposition les immeubles dont l'aliénation serait régie par des lois spéciales. Or, nous trouvons précisément dans la loi de 1841 une de ces lois spéciales. Cette dernière loi n'est donc nullement modifiée, dans le cas qui nous occupe, par loi du 1er juin 1864. C'est ce qui a été reconnu dans le rapport de la commission au Corps législatif, lors de l'examen du projet de la loi du 1er juin 1864.

§ IV. — *Des dénonciations que doit faire le propriétaire.*

La translation de propriété résultant du jugement d'expropriation ou de la cession amiable que l'exproprié a faite de son immeuble impose encore une obligation à l'ancien propriétaire : c'est celle de faire connaître à l'administration diverses personnes qui peuvent avoir des droits sur l'immeuble exproprié.

L'administration connaîtra forcément le propriétaire ou du moins celui que nous supposons propriétaire. Il était inscrit sur la matrice des rôles ; c'est contre lui que la procédure a été suivie.

Il n'en est pas de même des autres intéressés. L'administration n'est pas censée connaître les usufruitiers usagers, titulaires de servitudes, fermiers et locataires. Aussi la loi a-t-elle imposé au propriétaire qui a conféré aux intéressés leurs droits, ou qui est intervenu dans les actes dont ces droits résultent, l'obligation de les faire connaître.

La seule différence qu'il y ait à cet égard entre la cession à l'amiable et le jugement d'expropriation est que, quand il y aura eu cession amiable, les usufruitiers, usagers ou autres qui pouvaient avoir des droits sur l'immeuble exproprié auront été désignés dans l'acte de cession : le propriétaire n'aura donc pas à faire de ces personnes une dénonciation spéciale.—Toutefois, nous admettrions bien que si elles n'avaient point été déclarées dans l'acte de cession, le propriétaire pourrait toujours les

faire connaître dans le délai de huitaine, à compter de la notification à lui faite du jugement qui a donné acte du consentement.

Dans tous les cas, l'administration ne peut rester indéfiniment exposée à des recours de la part des divers intéressés, et
ceux d'entre eux qui, par la négligence du propriétaire, n'auront pas été connus de l'administration en temps utile ne pourront agir que contre le propriétaire, pour obtenir de lui les
indemnités auxquelles ils avaient droit.

D'après le Code civil, ou du moins certainement d'après l'article 834 C. Pr., la transmission entre-vifs et à titre onéreux
de la propriété d'un immeuble ou de tous les démembrements
de la propriété, tels qu'usufruit, usage, servitudes, etc., qui
pouvaient être établies sur les immeubles, était censée connue
de tous, par le seul consentement des parties.

Conséquemment, les droits d'usufruit, d'habitation, d'usage,
les droits de servitude ne devaient pas plus être ignorés de l'administration qu'ils ne devaient l'être de tout autre tiers, et cependant l'art. 21 de la loi de 1841 prescrivait au propriétaire
d'appeler et de faire connaître à celle-ci les personnes qui avaient
de ces droits sur l'immeuble atteint par l'expropriation.

C'était là évidemment une faveur faite à l'administration; la
loi la dispensait en quelque sorte de se rappeler des souvenirs,
d'avoir des préoccupations, elle la mettait en un mot sur un
autre pied que les simples particuliers.

Aujourd'hui la loi de 1855 n'admet plus que, par le seul consentement intervenu entre un vendeur et un acheteur, entre
celui qui démembre son fonds et celui qui acquiert le démembrement, les tiers puissent être considérés comme ayant no-
tion de l'acte qui a eu lieu.

Cette loi a fait à peu près retour au système de la loi de brumaire; la propriété et ses démembrements ne sont acquis à
l'égard des tiers que par la transcription.

Un usufruit, une servitude, qui n'auraient pas été transcrits
conformément à l'art. 2 de la loi du 23 mars 1855 n'existeraient

donc pas pour les tiers, et pas plus évidemment pour l'administration que pour un simple particulier.

Mais l'usufruit ou le droit de servitude transcrit doit-il exister pour elle comme il existerait pour tout autre, de telle sorte
que le propriétaire atteint par l'expropriation n'ait plus, comme
le prescrivait la loi de 1841, à dénoncer à l'administration expropriante les personnes au profit desquelles existent des démembrements de la propriété?

Nous sommes profondément convaincu qu'il doit toujours les
indiquer à l'administration. En effet, autrefois, sans transcription, tout le monde, aux yeux de la loi, connaissait parfaitement
les modifications qui se produisaient à titre onéreux par acte
entre-vifs dans la propriété. Malgré cela, le propriétaire, quand
il y avait expropriation, devait faire connaître à l'administration
ceux qui avaient des droits d'usufruit, d'usage et d'habitation,
ou des servitudes sur le fonds.

Aujourd'hui, aux yeux de la loi, les tiers ne connaissent plus
les modifications de la propriété qu'autant que l'acte dont cette
modification résulte a été transcrit; la transcription les fait connaître parfaitement à tout le monde, mais elle ne les fait pas
plus connaître que ne les lui faisait connaître autrefois l'acte
passé entre les parties dans le silence du cabinet. Eh bien! le
propriétaire atteint par l'expropriation devra donc encore, comme
avant la loi de 1855, renseigner l'administration, surabondam-
ment si l'on veut, sur des faits qui sont cependant complète-
ment à la connaissance de celle-ci.

Un autre procédé d'argument nous amènerait du reste à la
même conclusion. A une époque où la propriété et ses démembrements étaient en principe établis à l'égard de tous, par le seul
consentement, ils ne l'étaient pas au regard de l'administration
expropriante. Aussi, la loi de 1841 prescrivait-elle au propriétaire de faire connaître à l'administration ceux qui avaient sur
l'immeuble des droits de servitude, soit réelle soit personnelle.

Depuis que la loi de 1855 a décidé que la propriété et ses démembrements ne seraient en principe établis à l'égard des tiers

que par la transcription des actes qui les constituent, l'administration qui exproprie n'a pas évidemment été destituée de la situation avantageuse et exceptionnelle qui lui était faite : la transcription ne lui apprend rien de plus que ne lui apprenait autrefois l'acte passé entre l'aliénateur et l'acquéreur de droits réels. Le propriétaire atteint par expropriation doit donc aujourd'hui, comme autrefois, lui faire connaître les personnes qu'énonce l'art. 21, § 1.

Il est des personnes que l'art. 21 désigne sous la dénomination d'*autres intéressés*, qui n'ont point traité avec le propriétaire, que celui-ci peut à la rigueur ne pas connaître, et pour lesquelles on ne devait pas lui imposer la même obligation.

Sous cette expression d'*autres intéressés* nous devons comprendre celui qui se prétend véritable propriétaire, ceux qui auraient le droit d'agir en résolution ou en rescision, les créanciers privilégiés ou hypothécaires [1].

Ces personnes seront en demeure de se présenter dans le délai de huitaine à compter de la publication qui, conformément à l'art. 15, § 1, est faite du jugement d'expropriation ou de la cession à l'amiable.

En le décidant ainsi, nous rectifions le texte de la loi ; il est évident en effet, qu'on ne pouvait circonscrire les intéressés du deuxième paragraphe de l'art. 21, dans un délai de huitaine à compter de l'avertissement de l'art. 6, puisque ce délai s'accomplit avant le jugement d'expropriation, avant même l'arrêté de cessibilité. Si on suivait à la lettre le texte de la loi, il en résulterait que le délai accordé aux intéressés pour faire valoir leurs droits serait expiré avant même que ces droits eussent pris naissance, ce qui est inadmissible.

Le propriétaire aurait-il à dénoncer à l'administration toutes

---

1. Nous verrons plus loin quelle utilité il y a pour ces créanciers à intervenir dans le délai de huitaine à compter de la publication prescrite par l'article 15, § 1.

les servitudes qui peuvent grever son immeuble? Quant aux servitudes constituées par acte entre vifs, aucune d'elles ne peut être aujourd'hui ignorée du propriétaire du fonds, puisque la loi de 1835 art. 2-1° prescrit la transcription du droit de servitude. Il est certain que le propriétaire atteint par l'expropriation aura toujours connu les servitudes conventionnelles, soit qu'elles procèdent de lui ou des précédents propriétaires du fonds. Cependant, comme la loi de 1841 ne le soumet à l'obligation de dénoncer que les personnes qui ont traité avec lui, ou dont le droit résulte de titres dans lesquels il est intervenu, nous ne le déclarerons pas forcé de faire connaître les servitudes résultant d'actes auxquels il serait totalement resté étranger. Il ne devrait pas davantage dénoncer les personnes qui auraient acquis des servitudes par *prescription* ou par *testament*. Dans tous ces cas les propriétaires de fonds dominants devraient se faire connaître dans les huit jours qui leur sont accordés par l'art. 21, à peine d'être déchus de tout recours, sinon contre le propriétaire qui aurait reçu indemnité pour un fonds considéré comme libre, du moins contre l'administration.

Le créancier antichrésiste est-il du nombre des intéressés qui doivent se faire connaître eux-mêmes à l'administration, ou au contraire le propriétaire le doit-il dénoncer?

En bonne logique, le propriétaire de l'immeuble contre lequel l'expropriation se poursuit, ayant traité avec l'antichrésiste, on aurait dû décider qu'il aurait à faire connaître celui-ci comme il doit faire connaître les personnes qui ont sur l'immeuble des servitudes résultant de ses titres ou d'actes dans lesquels il serait intervenu. Mais la loi ayant, dans le 1er § de l'article 21, déterminé par voie d'énumération les divers intéressés que doit dénoncer le propriétaire, nous n'oserions pas étendre la disposition de ce premier alinéa au delà de ses termes précis.

L'antichrésiste est donc rangé parmi les intéressés auxquels fait allusion le 2e § du même article, et il doit se faire connaître dans le délai qui leur est accordé. S'il ne s'est pas présenté dans ce délai, il n'existe point comme antichrésiste pour l'administration, encore que, conformément à la loi de 1855, l'acte constitutif de son droit ait été transcrit : nous venons de voir que cette transcription n'était pas considérée comme le faisant connaître à l'administration. Il sera donc, vis-à-vis de celle-ci, déchu de tout droit à l'indemnité. Toutefois, si l'indemnité n'avait pas été touchée par le propriétaire, le créancier antichrésiste pourrait encore, au moyen d'une opposition au payement, s'en assurer le bénéfice dans la mesure de sa créance, et ne se dessaisir de l'immeuble que contre le payement de cette indemnité, ou du moins contre sa consignation, droit qui appartiendrait au propriétaire lui-même s'il n'avait pas donné son immeuble en antichrèse.

A raison de l'assimilation possible entre l'emphytéose et un bail à long terme, on pourrait être porté à décider que le propriétaire contre lequel l'expropriation a lieu dût aussi dénoncer l'emphythéote. Nous sommes bien convaincu que les rédacteurs de la loi de 1841 n'eussent pas manqué de le mentionner dans le 1er § de l'article 21 s'ils avaient songé à lui ; mais comme ils n'en ont rien fait, que d'ailleurs il y a entre l'emphytéose et le bail des différences assez notables, nous pensons qu'il vaut mieux considérer comme limitative l'énumération contenue dans le premier paragraphe de l'article 21, et admettre que l'emphytéote devrait se faire connaître lui-même dans la huitaine des publications.

En ce qui concerne les superficiaires, ou ceux qui auraient la propriété des parties profondes du terrain, la question ne peut se poser qu'autant que le propriétaire du sol, nonobstant l'existence d'un droit de superficie ou d'un droit de souterrain, passerait pour avoir la propriété du dessus et du dessous.

En effet, ce droit de superficie n'est autre chose qu'un droit de propriété effectif des parties d'immeuble superposées au sol, comme la propriété d'un souterrain est un droit de propriété effectif des parties profondes du sol ; dans ces conditions, les superficiaires seraient portés au rôle de la contribution, à

raison de leur propriété propre, et ce serait contre eux que l'expropriation se poursuivrait; aucun lien ne les rattachant au propriétaire du sol, celui-ci n'aurait aucune dénonciation à en
faire; il agirait pour son propre compte, eux agiraient pour le
leur.

Mais, dans le cas où l'administration aurait agi seulement
contre le propriétaire du sol, considéré comme propriétaire du
tout, le superficiaire ou le propriétaire du souterrain devrait
nécessairement se faire connaître, par application du deuxième
paragraphe de l'art. 21. Il est impossible de le décider autrement. Le véritable propriétaire doit en effet se déclarer lui-
même, compris qu'il est dans les intéressés du deuxième paragraphe de l'art. 21, lorsque l'expropriation a été poursuivie
contre un propriétaire apparent.

Les sous-locataires n'ont point traité directement avec le
propriétaire. Celui-ci devrait-il les faire connaître ?

Le doute ne peut guère se justifier que par l'art. 1753 du
C. N. Aux termes de cet article, d'après l'interprétation la plus
généralement admise, le propriétaire aurait une action directe
contre le sous-locataire jusqu'à concurrence du prix de sous-
location; cela étant, on pourrait prétendre que le sous-locataire, à tort ou à raison, est considéré par la loi comme ayant
lui-même traité avec le locateur; qu'il est du nombre de ceux
dont le droit se fonde sur un titre émané du propriétaire lui-
même : d'ailleurs, pourrait-on ajouter, le sous-locataire est
un locataire, comme un protuteur ou un cotuteur est un
tuteur.

Néanmoins, la décision de l'art. 1753 est tellement excentri-
que, tellement en dehors de tous les principes, que les meil-
leurs esprits résistent à admettre le droit direct du propriétaire
contre le sous-locataire, et penchent à ne considérer ce propriétaire que comme tout autre créancier de l'article 1166.

Quel que soit le parti que l'on prenne sur la nature du droit
du propriétaire, dans le cas de l'art. 1753, nous pensons que si
la loi de 1841 restreint le propriétaire à certaines dénonciations,

c'est qu'elle suppose connus de lui et investis par lui de droits contre lui les personnes dont l'énumération est donnée dans le premier paragraphe de l'art. 21.

Les sous-locataires devraient donc eux-mêmes se faire connaître à l'administration dans la huitaine de la publication qui a dû être faite de la cession amiable ou du jugement d'expropriation (art. 15, § 1, et art. 21 de la Loi du 3 mai 1841).

De la solution que nous avons adoptée dans ces diverses questions, il résulte que, parmi les intéressés compris dans le deuxième paragraphe de l'art. 21, outre ceux qui auraient à exercer des actions en revendication, résolution ou rescision, outre les créanciers privilégiés ou hypothécaires, on doit ranger les titulaires de droits réels qui pourraient avoir acquis ces droits, soit par prescription, soit par actes dans lesquels le propriétaire actuel ne serait pas intervenu ; on doit y ranger aussi le créancier antichrésiste, l'emphytéote, le superficiaire, le propriétaire d'un souterrain, les sous-locataires.

Si ces intéressés ne se sont pas présentés dans le délai qui leur est accordé, ils seront déchus de *tout droit à indemnité* vis-à-vis de l'administration. Mais, au regard de celui qui a touché l'indemnité, ils pourront quelquefois exercer un recours selon les hypothèses que nous examinerons.

Un arrêt de la Cour de cassation[1] a admis que la cession amiable, faite par un propriétaire à une compagnie concessionnaire de travaux publics, a pour effet de décharger ce propriétaire de l'obligation de faire connaître les titulaires de droits réels dont nous avons parlé ; que le propriétaire est affranchi de toute responsabilité vis-à-vis de ces ayants-droits, et que la compagnie concessionnaire seule est tenue de rechercher les personnes qui peuvent avoir des droits à l'indemnité.

Cet arrêt n'est réellement pas acceptable. En effet, quand,

1. Cass. 10 janv. 1865. D. P. 1865. 1. 180.

après un traité passé avec l'administration dans l'intérêt de laquelle l'expropriation se pratique, une compagnie concessionnaire se charge de faire exécuter à ses frais un travail public, cette compagnie est subrogée aux droits et obligations de l'administration ; c'est elle qui poursuit l'expropriation. Mais cela ne modifie en rien la situation respective de l'exproprié et de l'expropriant. Au lieu d'avoir affaire à l'administration, le propriétaire a affaire à la compagnie concessionnaire, et, comme le payement des indemnités est à la charge de la compagnie, c'est à elle aussi que le propriétaire doit faire connaître les ayant-droit à ces indemnités.

Or, quand il y a cession amiable, le propriétaire doit déclarer à l'administration, quand il passe avec elle l'acte de cession, les personnes qui pourraient avoir sur son immeuble des droits à titre d'usufruitiers, titulaires de servitudes, ou locataires. A défaut de cette déclaration, il pourrait encore les faire connaître à l'administration dans le délai accordé par le premier paragraphe de l'article 21. Ces intéressés pourraient se révéler eux-mêmes. Mais, dans aucun cas, la compagnie concessionnaire, pas plus que l'administration dans les droits de laquelle elle est subrogée, n'aurait à rechercher elle-même ces divers intéressés.

Les concessionnaires de travaux publics, aux termes formels de l'art. 63, exercent tous les droits conférés à l'administration. Celle-ci aurait le droit de prétendre déchus à son égard les intéressés que le propriétaire ne lui aurait pas dénoncés ou qui ne se seraient pas révélés eux-mêmes, conformément aux deux alinéas de l'art. 21 : les concessionnaires ont l'exercice de ce même droit.

CHAPITRE III.

EFFETS DE LA TRANSLATION DE PROPRIÉTÉ A L'ÉGARD
DES TITULAIRES DE DROITS RÉELS.

Vis-à-vis des personnes qui ont des droits réels sur l'immeuble, l'expropriation a nécessairement pour conséquence de priver ces personnes de l'exercice de leurs droits sur ledit immeuble. Les titulaires de ces droits ne peuvent prétendre les conserver contre l'administration, puisque leur prétention aurait pour effet d'empêcher l'exécution des travaux d'utilité publique.

Ceux qui, sans avoir de droits sur l'immeuble, auraient des droits par rapport à l'immeuble, les preneurs de biens ruraux, les locataires de maisons, verraient aussi leur droit résolu.

Parmi toutes ces personnes, les unes deviennent, comme le propriétaire, créanciers d'une indemnité distincte, les autres voient leur droit se reporter sur cette indemnité; seulement, comme le propriétaire aussi, elles peuvent prétendre n'être pas dessaisies de l'exercice de leur droit sur les biens atteints, tant que la représentation de ce droit ne leur aura pas été fournie. L'usufruitier, par exemple, qui régulièrement se trouve en possession du fonds, ne serait pas tenu d'abandonner ce fonds tant que l'indemnité n'aurait pas été servie, et cela, quand même le propriétaire consentirait à se montrer plus coulant.

Le propriétaire qui a consenti sur son immeuble des droits d'usufruit, d'usage, ou d'habitation, ou des servitudes, ou qui a donné à bail ce même immeuble, étant tenu de faire connaître les personnes à qui ces droits appartiennent et que par suite l'expropriation intéresse, l'administration n'a pas à les rechercher. Quand elle a rempli les formalités que la loi lui impose, elle est en sûreté; et, après un certain délai, elle peut payer à ceux qui, pour elle, ont seuls droit à l'indemnité.

Si le propriétaire s'est conformé à l'obligation que lui impose l'art. 21, § 1er, les ayant-droit débattront eux-mêmes leurs intérêts avec l'administration.

S'il ne s'est pas occupé de les faire connaître, ces divers intéressés pourraient certainement, dans le même délai de huitaine, se produire eux-mêmes et conserver par là leurs droits contre l'administration. Ils auraient quelquefois grand intérêt à être créanciers de celle-ci plutôt que créanciers du propriétaire, qui peut être dans une mauvaise situation de fortune ; la disposition de l'art. 21 n'a été introduite qu'en leur faveur; on ne peut pas l'interpréter contre eux.

Si, à défaut de les avoir fait connaître en temps utile, ces intéressés se sont trouvés déchus de leur droit vis-à-vis de l'administration, le propriétaire qui a reçu l'indemnité sera exposé à un recours de leur part, car, s'ils ne peuvent agir contre l'administration qui s'est valablement libérée, ils peuvent demander au propriétaire de leur tenir compte de l'indemnité à laquelle ils avaient droit. En réalité, le propriétaire a touché plus qu'il ne lui était dû, car il a reçu indemnité pour un fonds libre, et ce fonds libre vaut plus qu'un fonds grevé de droits réels.

Ainsi, si nous supposons un immeuble grevé de servitudes conventionnelles, le propriétaire du fonds dominant qui n'aura pas été dénoncé à l'administration et ne se sera pas non plus présenté lui-même aura un recours contre le propriétaire du fonds servant, car celui-ci aura touché la représentation du droit actif afférent à un fonds qui ne lui appartenait pas et, conséquemment, devra compte de la somme représentative de ce droit au propriétaire du fonds dominant.

Le résultat de son action sera de faire fixer par le tribunal civil une somme équivalente à celle qu'il aurait pu obtenir du jury et que le propriétaire lui devra rembourser. Les usagers, fermiers et locataires, tous ceux, en un mot, qui, d'après l'art. 21 de notre loi, peuvent prétendre à une indemnité distincte, pourraient également venir réclamer au propriétaire et devant les tribunaux civils une somme représentative de leur droit.

Quant à l'usufruitier dont le droit se reporte sur l'indemnité allouée au propriétaire, son recours n'aurait pas pour objet de faire déterminer par le tribunal une indemnité distincte, mais seulement de faire décider que l'indemnité allouée au propriétaire lui serait remise moyennant caution. Il pourrait aussi y avoir lieu pour lui à réclamer des dommages-intérêts, car le nu-propriétaire, en ne le dénonçant pas à l'administration, l'a mis hors d'état de pouvoir exiger une fixation d'indemnité par le jury, indemnité qui eût peut-être été plus considérable que celle dont le propriétaire s'est contenté.

Le résultat de l'action de l'usufruitier, dans ce cas, serait de faire déterminer une somme plus forte que celle acceptée à l'amiable par le propr'étaire et sur laquelle devrait porter son droit d'usufruit.

§ 1. — *Du droit des titulaires de servitudes.*

L'expropriation peut atteindre, soit un fonds grevé de servitudes, soit un fonds au profit duquel existent des servitudes. Dans l'un et l'autre cas, et soit que l'expropriation porte sur le fonds dominant, soit qu'elle porte sur le fonds servant, la servitude pourra être éteinte et remplacée par une créance en indemnité.

Si l'expropriation atteint le fonds dominant, le propriétaire de ce fonds obtiendra une indemnité dans laquelle il sera évidemment tenu compte du droit actif qui a augmenté la valeur de l'immeuble. Réciproquement, si l'expropriation atteint le fonds servant, le propriétaire du fonds dominant ne pourra pas généralement conserver le bénéfice de la servitude : quoique n'étant pas exproprié de son fonds, il sera exproprié de son droit réel et pourra réclamer une indemnité.

Nous supposons, bien entendu, que la servitude n'avait point été établie précisément sous la condition qu'elle serait mise à néant, et sans indemnité, dans le cas où une expropriation pour cause d'utilité publique viendrait à modifier la destination du fonds servant ; aucun dédommagement n'étant dû alors au

13

propriétaire du fonds dominant, tout le bénéfice serait pour le propriétaire du fonds servant qui aurait une indemnité d'autant plus forte, qu'au regard de l'administration son fonds pourrait être considéré comme libre.

Il est des servitudes que l'expropriation anéantira nécessairement d'une façon absolue. Ainsi, par exemple, un passage est intercepté, et le passage ne peut plus s'exercer sur le tronçon qui ne se relie plus au fonds dominant. Le propriétaire de ce fonds devra recevoir la valeur de son droit. Quelquefois au contraire l'exécution des travaux publics n'empêchera nullement l'exercice de la servitude: ainsi il est certain que si le fonds servant était seulement traversé par une route ou un chemin, il n'y aurait aucun obstacle au maintien de la servitude, et le propriétaire du fonds dominant, n'étant point privé de son droit, ne pourrait prétendre à une indemnité. Pour qu'un titulaire de droit réel puisse obtenir une indemnité, il faut que l'accomplissement des travaux d'utilité publique lui fasse encourir une perte effective et appréciable en argent.

Si l'on suppose une servitude qui, éteinte quant à la partie de l'immeuble comprise dans les travaux, puisse subsister encore quant à la partie que les travaux n'atteignent pas, on pourra, dans certains cas, concevoir que le droit de servitude, à raison même de son caractère d'indivisibilité, se reporte sur cette partie. De là une question possible, et que nous allons tâcher de décider :

Lorsque le propriétaire du fonds servant se trouvera dans le cas de l'application de l'article 50 de la loi de 1841, et aura usé de son droit de requérir l'acquisition totale de son terrain, le titulaire de la servitude pourra-t-il faire déclarer son droit réel résolu, ou, au contraire, devra-t-il le voir se reporter exclusivement sur la portion non utilisée?

Ainsi, supposons qu'une maison soit expropriée. On n'avait besoin que de la partie nord de la maison, et le propriétaire a exigé qu'on la lui achetât tout entière. Or, la servitude qui pèse sur la maison peut être telle que, nonobstant son caractère d'indivisibilité, l'exercice ne s'en conçoive que par rapport à la partie que les travaux n'atteignent pas, la partie sud par exemple ; les travaux portent à gauche ; et à droite se trouve un fonds au profit duquel existe une servitude *tigni immittendi* ou *oneris ferendi* ou autre de ce genre. On peut dire que dans ce cas le propriétaire du fonds dominant ne subit aucune expropriation ; et conséquemment n'a droit à aucune indemnité, l'étendue plus ou moins considérable de la maison que l'administration a dû acheter n'ajoutant rien au droit de servitude dont il s'agit.

Si, au contraire, le droit de servitude est tel qu'il porte sur l'ensemble du bâtiment, il est certain qu'une indemnité sera due au propriétaire du fonds dominant. Mais cette indemnité sera-t-elle de toute la servitude ? Car, notons-le bien, nous supposons que l'exercice de la servitude n'est pas rendu impossible par les travaux : si un cas fortuit avait réduit de moitié le bâtiment, il est bien certain que la servitude se concentrerait sur ce qui en reste ; mais ici le cas n'est pas tout à fait un cas fortuit : seulement il est incontestable qu'il doit être indifférent au propriétaire d'un fonds dominant d'avoir une servitude sur un immeuble appartenant à l'administration, ou de l'avoir sur un bien particulier.

La servitude, selon nous, persistera donc sur tout ce que les travaux n'atteignent pas, sauf qu'il sera dû au propriétaire du fonds dominant une indemnité souvent assez médiocre et représentative uniquement de l'inconvénient qu'il peut y avoir pour lui à la réduction de l'étendue d'un bien sur chacune des parties duquel la servitude devrait se reporter, jusqu'à extinction des dernières molécules du fonds, dans le cas où successivement elles viendraient à périr.

Enfin, si l'on suppose une servitude sur un bâtiment, servitude que l'expropriation d'une partie du bâtiment asservi atteint dans sa totalité, par exemple la servitude *non altius tollendi*, qui ne peut plus peser contre l'administration, il est clair que le propriétaire du fonds dominant aura droit à une indemnité intégrale.

On peut supposer que le fonds exproprié soit non une maison, mais un terrain que l'administration a pu être obligée d'acheter en totalité, en vertu de l'article 50, sur la réquisition du propriétaire, parce que l'on en prenait plus des trois quarts et que la parcelle ainsi réduite, inférieure à dix ares, n'était contiguë à aucun terrain appartenant au même propriétaire.

Si les travaux ne rendent pas illusoire la servitude, elle se concentrera également sur le terrain laissé en dehors des travaux, sauf indemnité, fondée sur ce que la partie qui reste du fonds asservi pouvant périr, il n'y aurait pas possibilité de reporter la servitude sur les parties atteintes par l'expropriation.

Si le propriétaire reprenait par droit de préemption ce terrain qui, d'abord destiné aux travaux publics, n'a pas reçu cet emploi, les servitudes revivraient-elles sur ce terrain ?

La négative n'est pas douteuse.

En effet, quand le propriétaire exerce son droit de préemption, l'expropriation n'est point résolue : il y a rétrocession; c'est un nouveau contrat passé entre l'administration et le propriétaire; ce contrat ne peut avoir pour résultat de mettre à néant les effets du premier, et cela d'autant moins que le propriétaire du fonds dominant a dû recevoir son indemnité.

§ II. — *Du droit de l'usufruitier.*

Il y aurait eu grande difficulté pour le jury à fixer immédiatement le capital d'une indemnité à laquelle un usufruitier eût pu prétendre. La durée de l'usufruit est extrêmement variable; étant subordonné à l'existence de l'usufruitier, ce droit peut s'éteindre d'un moment à l'autre.

Pour pouvoir immédiatement attribuer à l'usufruitier une indemnité représentative de la valeur de son droit, il faudrait donc tenir compte de l'âge de l'usufruitier, de son état de santé, de telles ou telles probabilités qui donneraient lieu à des calculs, le plus souvent fort incertains. A ces difficultés d'appréciation le législateur de 1841 a su échapper, en décidant qu'une seule indemnité doit être fixée par le jury, eu égard à la valeur totale de l'immeuble (art. 39, 2° alinéa), et par cette expression de valeur totale, il faut entendre les valeurs réunies de l'usufruit et de la nue-propriété [1].

L'usufruit doit alors se reporter sur cette indemnité : il devient un usufruit de choses fongibles. La somme fixée est remise à l'usufruitier qui en devient propriétaire et s'en sert à sa guise, sous la condition de restituer au nu-propriétaire un capital équivalent, lors de l'extinction de son droit d'usufruit.

Seulement, pour assurer au nu-propriétaire la restitution, l'usufruitier doit donner caution (art. 39, 3e alinéa), les père et mère usufruitiers légaux en sont seuls dispensés.

Si l'usufruitier ne trouve pas de caution, on appliquera alors l'article 602 du C. N., § 2. L'indemnité payée par l'administration sera placée, l'exproprié demeurera propriétaire du capital et l'usufruitier touchera les revenus.

Les droits de l'un et de l'autre seront ainsi sauvegardés.

Que devrait-on décider, si le titre constitutif d'usufruit dispensait l'usufruitier de fournir caution ?

Devrait-on considérer cette dispense comme s'appliquant à l'indemnité ?

Nous ne le pensons pas. En effet, quand l'usufruit a été constitué, le propriétaire n'avait en vue qu'un usufruit portant sur un immeuble. On conçoit qu'il ait facilement dispensé l'usufruitier de donner caution. Mais maintenant cet immeuble est remplacé par un capital qui peut être en peu de temps dissipé ; il est impossible d'admettre que le propriétaire ait eu l'intention de maintenir cette même dispense pour le cas où son droit de propriété, et par suite le droit d'usufruit, au lieu de porter sur un immeuble, dont le détournement n'est pas à craindre, porterait uniquement sur une somme d'argent.

Comme nous venons de le voir, il y a, quant au règlement des droits de l'usufruitier, exception au principe général posé par la loi de 1841 (art. 39), à savoir que le jury doit fixer pour chacun des ayants-droit une indemnité distincte.

---

1. Cass. Arrêt du 23 mai 1864. D. P. 1864. 5. p. 168.

Mais on peut se demander, par rapport à l'usufruitier, ce que nous nous sommes demandé plus haut par rapport au propriétaire : L'usufruitier qui exercerait dans l'immeuble exproprié une industrie spéciale aurait-il droit à l'offre et à la fixation d'une indemnité distincte ; pourrait-il prétendre que l'exercice de cette industrie est indépendant de son droit d'usufruit, et que, ne pouvant plus exercer cette industrie, il a droit à un dédommagement particulier ?

Nous pensons que l'usufruitier n'a jamais droit à une indemnité distincte.

L'exercice d'une industrie spéciale sur l'immeuble exproprié ne constitue jamais qu'un mode de jouissance. Quand, par suite de l'expropriation, il perdra son droit d'usufruit, il ne sera en définitive exproprié que de son droit réel et ne pourra réclamer aucune autre indemnité que celle qui est réellement représentative de ce droit.

Si même, pour l'exercice de cette industrie spéciale, il avait fait sur le fonds exproprié certaines constructions, il n'aurait point encore, dans ce cas, droit à une indemnité distincte. En effet, il est certain que ces constructions qui ont ajouté de la valeur au fonds exproprié, feront allouer au propriétaire une indemnité plus forte que si les améliorations n'avaient point été faites.

Or, comme le droit de l'usufruitier se reporte sur la somme allouée au propriétaire, l'usufruitier touchera des revenus plus considérables et sera ainsi indirectement, mais réellement indemnisé de ses travaux ; à l'extinction de l'usufruit, la somme tout entière reviendra au nu-propriétaire, sans qu'il en soit rien distrait comme représentation des améliorations réalisées par l'usufruitier sur le fonds.

Ce système est du reste en parfaite harmonie avec le principe général du Code civil et pleinement consacré par l'art. 599, 2ᵉ alin.

Mais, si l'usufruitier ne peut pas réclamer une indemnité distincte à raison de l'industrie qu'il exerce dans l'immeuble exproprié, n'aurait-il pas droit à un dédommagement spécial pour le préjudice que va lui causer son déplacement ?

Pour l'affirmative, on a prétendu que l'usufruitier, dans le droit de jouissance qu'il conserve sur l'indemnité, ne trouve aucune compensation du préjudice qu'il éprouve par suite de son déplacement; que ce préjudice, dans certains cas, peut être considérable, et peut s'évaluer indépendamment de toutes les causes qui mettent fin au droit d'usufruit.

En ce sens, la Cour de cassation a jugé, par arrêt du 23 mai 1864[1], que, à raison de ce préjudice, une question spéciale devait être posée au jury et qu'une indemnité distincte devait être allouée à l'usufruitier pour son déplacement. Elle s'est fondée sur ce que « le préjudice particulier de déplacement causé « à l'usufruitier par la nécessité de quitter les lieux qu'il occupe « n'est pas de nature à être pris en considération dans l'évalua- « tion totale de l'immeuble, ni à influer sur son prix; qu'ainsi, « l'usufruitier n'obtiendrait aucune réparation à raison de ce « préjudice, si son droit se bornait à prendre sa part d'usufrui- « tier sur le prix de l'immeuble, évalué comme si le préjudice « n'avait pas existé; que si, au contraire, le dommage causé « à l'usufruitier était accepté par le jury comme formant un des « éléments de l'évaluation totale, le capital profitant à la nue- « propriété se trouverait accru par une part à prendre sur la « somme allouée en réparation d'un préjudice dont cette nue- « propriété n'aurait point à souffrir. »

Ce raisonnement nous paraît faux en ce qu'il isole le proprié- taire de l'usufruitier, tandis qu'en réalité le jury doit les con- fondre dans une seule et même personne. Le droit de l'usufrui- tier ne doit point être décomposé en plusieurs éléments; l'usufruitier avait la jouissance de l'immeuble; cette jouissance, il pouvait se la procurer, soit en occupant lui-même le fonds, soit en la donnant à bail; lorsque l'indemnité se discute, il ne manque pas, s'il a jugé à propos d'occuper l'immeuble lui- même, au lieu de le louer à un tiers, de faire valoir les avan- tages de la situation de l'immeuble, de signaler les inconvénients

1. D. P. 1864. 5. 170.

qui résulteront pour toute personne en droit d'occuper cet immeuble, d'avoir à le quitter, avantages dont la représentation, inconvénients dont l'indemnité sont dus au propriétaire lui-même et dont l'appréciation accroîtra le chiffre de la somme sur laquelle va porter le droit d'usufruit. — Ainsi, j'ai l'usufruit d'une maison de campagne située en Touraine. L'expropriation va me forcer à habiter la ville ou à me reporter sur un pays moins gracieux ; tout cela aura été signalé par moi, et tout cela, ne l'eussé-je pas même signalé, aura dû être pris en considération, l'usufruit d'une maison de campagne dans un pays charmant ayant en soi-même une tout autre valeur que l'usufruit d'une habitation dans la Sologne.

L'indemnité sera donc, et, dans tous les cas, doit être toujours la représentation exacte du droit de l'usufruitier. Celui-ci sera toujours parfaitement indemnisé par le report de son droit sur la somme d'argent attribuée au propriétaire.

§ III. — Du droit de l'usager.

L'usage peut être considéré comme un usufruit restreint. Car, comme l'usufruit, il donne droit de percevoir les fruits de la chose ; seulement l'usager les perçoit dans les limites de ses besoins et de ceux de sa famille, tandis que l'usufruitier les recueille en totalité.

Lorsque l'usager sera, par l'effet du jugement d'expropriation, privé de son droit, ce droit sera reporté sur l'indemnité. Mais la difficulté est de savoir comment on réglera le droit de l'usager. Si ses besoins devaient être invariables, on s'en tirerait facilement. L'usager toucherait sur l'indemnité allouée au propriétaire la somme nécessaire pour la production de revenus correspondants à la quotité de fruits naturels qu'il percevait sur l'immeuble. Mais ses besoins peuvent varier, et c'est là une considération qu'on peut invoquer pour prétendre que l'usager recevra une indemnité spéciale.

À l'appui de cette opinion, on doit remarquer qu'elle a pour elle le texte de la loi, car l'art. 39, § 2, ne fait aucune exception pour les usufruitiers; et, conséquemment, on peut dire que c'est seulement pour eux qu'il y a lieu de reporter la jouissance sur la somme allouée à titre d'indemnité.

Bien que l'intention du législateur, en introduisant la disposition de l'art. 39, § 2, ait été d'éviter pour le jury des appréciations difficiles et souvent inexactes, que les mêmes difficultés d'appréciation se présentent pour l'usage, cependant, comme l'on ne pourrait allouer à l'usager, sur l'indemnité fixée par le jury, une somme calculée d'après ses besoins actuels qu'en laissant le surplus de l'indemnité aux mains du propriétaire, comme l'usager devrait fournir caution de restituer, à l'expiration de son droit, le capital de la somme qu'il aurait reçue, comme le propriétaire, de son côté, devrait s'engager sous caution à lui fournir une somme supplémentaire en cas d'augmentation de ses besoins, toutes choses que la loi ne prescrit pas et qui entraîneraient de nombreuses complications, nous décidons que l'usager aura droit à une indemnité distincte. Sans doute, tous les calculs de probabilité auxquels il faudra se livrer sont difficiles; mais ce n'est pas une raison pour qu'on ne les fasse pas, puisque, nonobstant l'art. 917, où se manifeste aussi la volonté du législateur d'éviter des difficultés de calculs, on les fait souvent en matière de legs et même par rapport à l'usufruit, quand il y a lieu à réduction (art. 1970 par analogie).

Si l'usage appartenait à des êtres moraux, à des communes, par exemple, alors il ne serait pas subordonné aux mêmes chances d'extinction que le droit d'usage prévu par le Code; sa durée et même son importance seraient au contraire le plus souvent assez nettement déterminées.

Dans ce cas, l'art. 39, § 1er, serait parfaitement applicable, parce que l'on pourrait se rendre assez bien compte de la perte subie par l'usager.

Nous devons donc décider par *a fortiori* que les personnes morales, communes ou établissements publics qui seraient, par suite de l'expropriation, atteints dans leur droit d'usage recevraient une indemnité distincte.

§ IV. — *Du droit de l'emphytéote.*

Si le fonds atteint par l'expropriation avait été donné à emphytéose (nous supposons, bien entendu, que ce droit est établi par un acte authentique ou ayant date certaine), devrait-on fixer l'indemnité par rapport à la pleine propriété de l'immeuble et la remettre à l'emphytéote qui en jouirait comme en jouirait l'usufruitier, et qui, comme celui-ci, fournirait caution de la restituer au propriétaire, lors de l'extinction de son droit, ou bien y aurait-il lieu à attribuer à l'emphytéote d'une part, et au propriétaire d'autre part, une indemnité distincte ?

La question a été portée à la Cour de cassation, qui ne l'a point résolue et en a laissé l'appréciation aux tribunaux ordinaires, décidant que le jury devait fixer, d'une part, deux indemnités distinctes pour le cas où il serait jugé que l'emphytéote et le propriétaire ont droit chacun à une indemnité; d'autre part, une indemnité unique, pour le cas où le tribunal déciderait que les droits de l'emphytéote se reporteraient comme droit réel sur l'indemnité allouée au propriétaire[1]. C'est là un expédient qui ne nous paraît pas acceptable. Nonobstant le caractère de réalité généralement reconnu à l'emphytéose et les rapprochements qu'on peut en faire avec l'usufruit, nous pensons que les rapports doivent plutôt s'établir avec le bail; l'emphytéose est surtout un bail à longues années; on sait toujours combien de temps elle doit durer encore, et on peut aisément apprécier quelle perte l'emphytéote encourt par suite de l'expropriation. Il n'y a donc pas de raison, d'après nous, pour étendre à l'emphytéose une exception que la loi de 1841 n'a admise que pour le cas d'usufruit; l'emphytéote recevra donc de l'expropriant une indemnité distincte, calculée tant sur la durée que devait encore avoir sa jouissance, que sur les travaux dont le propriétaire lui aurait tenu compte; nous n'admettons nullement la

1. Cass. 10 juillet 1843. D. P. 1844. 1. 47.

fixation de deux indemnités distinctes, dont l'une pour le cas
où il serait jugé que l'emphytéose est une relation d'un certain
ordre, et l'autre pour le cas où il serait jugé qu'elle est une relation d'un autre ordre : un droit est toujours ce qu'il est, ou il
n'est pas.

§ V. — *Du droit des superficiaires et propriétaires de souterrains.*

En principe, la propriété du sol emporte la propriété du dessus et du dessous (art. 552 C. N.). — Cependant il peut se faire
qu'un tiers soit propriétaire des parties profondes du sol, d'un
souterrain, ou de tout ou partie d'un bâtiment, de la superficie
(art. 553 C. N.). Les superficiaires se peuvent très-bien concevoir dans notre Code. On peut même dire qu'ils y sont implicitement reconnus. L'article 664 suppose en effet que les différents
étages d'une maison appartiennent à divers propriétaires.

Au superficiaire, comme au propriétaire du souterrain, une
indemnité serait due, et cette indemnité serait distincte de celle
attribuée au propriétaire du sol. Le doute à cet égard ne peut pas
être un instant possible ; le propriétaire du souterrain ou le superficiaire, étant, comme le propriétaire du sol même, privé de
sa propriété.

§ VI. — *Du droit des propriétaires de mines.*

Une mine pourrait être atteinte par une expropriation.

D'après la législation actuellement en vigueur en matière de
mines (Loi du 21 avril 1810), la mine forme une propriété complétement distincte et indépendante de la propriété superficielle ;
la mine en elle-même fait très-souvent l'objet d'une concession
à d'autres personnes que le propriétaire du sol. Les concessionnaires sont tenus de fournir un dédommagement aux propriétaires des fonds sous lesquels les galeries d'exploitation peuvent
passer.

Ce dédommagement peut être une somme fixe, payée une fois

pour toutes ; il peut consister, et c'est le cas le plus fréquent, en une redevance annuelle.

Dans tous les cas, les concessionnaires de la mine, lorsque celle-ci sera atteinte par une expropriation, auront droit à une indemnité distincte, représentative de la valeur de la partie de la mine qui constitue leur propriété et dont on les prive.

Si l'expropriation atteint tout à la fois et la mine et le fonds en dehors de la mine, le propriétaire du fonds en dehors de la mine recevra naturellement une indemnité distincte, pour la propriété de ce fonds, dans laquelle indemnité on aura eu soin de tenir compte du droit qu'il pouvait avoir des prestations de la part des concessionnaires de la mine.

Mais si l'expropriation portait sur la mine elle-même sans atteindre la surface, le propriétaire sous le terrain duquel passe la mine n'aurait absolument droit à rien dans le cas où une indemnité lui aurait été fournie une fois pour toutes par la compagnie expropriée, pour le dommage que les galeries d'exploitation pratiquées sous son terrain peuvent lui occasionner. L'expropriation ne pourrait ouvrir pour lui droit à une indemnité, que dans le cas où recevant des concessionnaires de la mine une redevance annuelle, il se trouverait, par suite de l'expropriation, privé de son droit à cette redevance.

L'on peut se demander si, dans le cas de percement d'un tunnel, le propriétaire a le droit de forcer l'administration à acheter la totalité de sa propriété, c'est-à-dire non pas seulement le sous-sol nécessaire pour le travail, mais encore la partie correspondante à la surface :

La Cour de Cassation, par arrêt du 1er août 1866, a jugé dans le sens de la négative [1].

Elle s'est fondée sur ce que l'art. 553, C. N., en admettant que la propriété du sous-sol peut être acquise par un tiers, même par prescription, suppose bien que la propriété de ce sous-sol peut faire l'objet d'une appropriation particulière et distincte ;

1. Cass. ch. civ. D. P. 1866. 1. 309.

sur ce que l'article 50 de la loi du 9 mai 1841, en autorisant le propriétaire à requérir, dans certains cas, l'expropriation et le payement d'une indemnité, pour la totalité de sa propriété, n'y a point compris celui où une partie du sous-sol est expropriée.

Enfin, dans le sens de ce système, on a fait remarquer que l'on ne pouvait même pas dire qu'il y eût pour l'exproprié une perte, puisque le jury est toujours maître de fixer une indemnité proportionnée au dommage de toutes sortes dépendant de l'expropriation ; — que, d'après la loi sur les mines, la question n'a pas fait de doute pour le législateur, puisque les compagnies concessionnaires de mines peuvent acquérir le sous-sol et ne sont pas forcées d'acquérir la superficie.

Malgré la valeur de ces arguments, nous nous rattachons de préférence à la solution donnée par un précédent jugement du tribunal civil de la Seine, du 5 juin 1862 [1] ; et nous pensons que le propriétaire du sol serait en droit d'exiger qu'on l'expropriât du tout.

Remarquons en effet que l'art. 552 C. N. ne dit point que le propriétaire du sol est en même temps propriétaire du dessus et du dessous, ce qui pourrait se prêter à la décomposition qu'on prétend faire de son droit; mais il dit : la propriété du sol *emporte* la propriété du dessus et du dessous. Il suit de là que, quand on prétend percer un tunnel sous le fonds d'un particulier, il est en droit de dire : pour avoir la propriété du dessous, exropriez-moi de tout mon immeuble, mettez-vous dans le cas d'être propriétaire du sol.

L'administration ne pourrait certainement pas prétendre indemniser le propriétaire, du dessus, sans l'indemniser en même temps du sol et de dessous. Donc, si elle ne peut exproprier le dessus sans exproprier le sol et le dessous, elle ne doit pas pouvoir exproprier le dessous sans exproprier le sol et le dessus, la

---

1. Cette opinion a également été adoptée par la cour impériale de Paris, confirmant, dans un arrêt du 26 juillet 1864 (S. 1865. 2. 108) un jugement du tribunal civil de la Seine du 8 décembre 1863.

propriété du dessous ne se rattachant pas moins à la propriété du sol que la propriété du dessus.

La preuve que les choses doivent s'entendre ainsi se trouve dans la loi même de 1810, invoquée tout à l'heure dans le système contraire au nôtre. Il est si vrai que l'on ne doit pas en principe pouvoir priver des parties profondes de son fonds le propriétaire du sol, qu'il a fallu une loi formelle pour établir la possibilité du contraire en matière de mines et dans des circonstances où il s'agit de ne pas laisser inexploitées les richesses minérales du pays.

Lors donc qu'on ne sera pas dans le cas de mines, c'est-à-dire dans le cas d'exception, il faudra s'en tenir à la règle; et la règle, nous le répétons, est formulée par l'art. 552, C. N. « La «propriété du sol emporte la propriété du dessus et du dessous. »

Quant à l'argument tiré de l'art. 50 et qui consiste à dire que le propriétaire n'est autorisé à requérir l'acquisition totale de son fonds que dans deux cas spéciaux où celui-là n'est pas compris, il constitue une véritable pétition de principe, car, dans l'espèce qui nous occupe, le propriétaire n'a pas à réclamer l'expropriation de la totalité de son fonds, précisément parce que jamais l'administration ne peut l'exproprier de moins.

Il est entendu que lorsqu'il n'y a plus connexion entre la propriété du sol et la propriété du dessus ou du dessous, le propriétaire du sol ne serait plus indemnisé de ce qui ne serait plus sa chose; ce serait alors le superficiaire ou le propriétaire du souterrain qui recevrait l'indemnité afférente soit au dessus, soit au dessous.

Observations particulières.

L'expropriation peut rendre impossible l'exécution de certains engagements. Ainsi, une personne s'est engagée à construire sur mon fonds; ce fonds vient à être exproprié; il est évident que la construction ne peut pas être exécutée; par suite, je ne toucherai qu'une indemnité afférente à un terrain nu et conséquemment moindre que celle qui m'aurait été allouée, si ce terrain avait été bâti; néanmoins, je ne pourrai réclamer aucun dédommagement à celui qui s'était engagé à bâtir, car s'il ne bâtit pas, c'est parce que la chose ne lui est plus possible, et cette impossibilité d'exécuter son engagement ne résulte pas de son fait. — La seule chose que je puisse exiger de lui, ce serait la restitution des valeurs qu'il aurait reçues par avance en vue de la construction à faire.

On peut supposer qu'une personne se soit engagée à procurer à une autre personne la propriété d'un fonds appartenant à autrui; dans ce cas, il est certain que la personne vis-à-vis de laquelle l'engagement ne serait pas exécuté, et cela parce que le propriétaire du fonds qui devait lui être fourni se verrait exproprié, n'aurait aucun droit contre l'administration ni contre le débiteur du fonds, car, si celui-ci ne fournit pas le fonds, c'est par l'effet d'une force majeure.

Si le fonds était dû par le propriétaire même, on pourrait bien encore dire que, l'expropriation se produisant, ce propriétaire est par une force majeure empêché d'exécuter son obligation; seulement, comme il a contre l'administration une action en indemnité et que, aux termes de l'art. 1303, quand la chose due est mise hors du commerce sans la faute du débiteur, il est tenu, s'il y a quelques actions en indemnité par rapport à cette chose, de les céder à son créancier, nous pensons que, par application de cet article, l'action en indemnité passerait au tiers.

Dans le cas où l'exproprié consentirait, postérieurement au jugement d'expropriation, une aliénation de l'immeuble, au profit d'un tiers, il ne pourrait conférer à ce tiers que les droits qu'il a lui-même, c'est-à-dire des droits à une indemnité. Si l'exproprié n'avait pas d'autre créancier que ce tiers, nous n'hésiterions pas à considérer celui-ci comme investi du droit de toucher seul l'indemnité représentative de la valeur de l'immeuble; si, au contraire, il y avait d'autres créanciers, il ne viendrait qu'en concours avec eux sur cette indemnité.

Il en serait différemment si l'exproprié avait véritablement cédé sa créance en indemnité. Le cessionnaire aurait alors seul droit à cette indemnité, à supposer, bien entendu, que les formalités prescrites pour que la cession vaille à l'égard des tiers autres que le cédant, aient été accomplies (art. 1690 C. N.).

CHAPITRE IV.

EFFETS DE LA TRANSLATION DE PROPRIÉTÉ RELATIVEMENT AUX ACTIONS RÉELLES.

Nous avons vu que lorsque des travaux d'utilité publique ont été prescrits, et que l'expropriation doit avoir lieu, il est impossible de laisser subsister aucun droit réel sur l'immeuble atteint. Cet immeuble doit en effet nécessairement rester à l'administration qui l'a acquis. La même nécessité entraîne aussi l'extinction des actions réelles sur ce même immeuble. Il est donc exact de dire avec l'article 18 de la loi de 1841 « que les « actions en résolution en revendication et toutes autres actions « réelles ne pourront arrêter l'expropriation ni en empêcher « l'effet ».

Mais cet article ne dit point que les actions réelles seront mises à néant par l'expropriation ; au contraire, elles se suivront, et cela devant les tribunaux ordinaires. La décision rendue en cette circonstance, si elle déclare bien fondée la prétention de celui qui exerce l'action réelle, aura pour effet de déplacer le droit à l'indemnité, et de la faire attribuer à celui qui aura triomphé dans son action.

§ I. — *Des actions en revendication.*

1° *Des actions en revendication d'un immeuble.* — Le jugement d'expropriation sera rendu le plus ordinairement contre le véritable propriétaire ; mais il arrive souvent qu'une personne apparaît pour tous comme propriétaire, sans l'être en réalité ; de sorte que l'administration pourra poursuivre l'expropriation contre une personne qui, bien que portée à la matrice du rôle

comme propriétaire, ne sera que possesseur. Du reste, que
celui à qui l'on s'adresse soit propriétaire ou non, il subira fatalement la perte du terrain qui doit être atteint par les travaux.
Si le véritable propriétaire faisait reconnaître son droit contre le
possesseur et l'évinçait, s'il faisait rétablir son nom sur le rôle de
la contribution, avant que les formalités du titre II ne fussent accomplies; il est certain que désormais la procédure de l'expropriation se suivrait contre lui, c'est contre lui que le jugement
d'expropriation serait prononcé s'il n'acceptait pas la cession
amiable du terrain, c'est à lui que les offres seraient faites, le
tout comme nous avons vu ci-dessus.

Si son droit de propriété n'était reconnu qu'après le jugement
d'expropriation ou fort peu de temps auparavant, lorsque déjà
toutes les formalités du titre II auraient été accomplies, et que la
procédure aurait été suivie contre le possesseur actuellement
évincé mais inscrit cependant comme propriétaire à la matrice
des rôles, le véritable propriétaire, pour avoir droit à recevoir de
l'expropriant la notification des offres, devrait intervenir et se
faire connaître dans le délai de huitaine que l'article 21, § 2, accorde à tous intéressés pour faire valoir leurs droits.

Son droit de propriété est-il établi avant l'expiration des délais et l'accomplissement des formalités après lesquels il est procédé au règlement de l'indemnité, ce règlement se fera avec lui
et non pas avec le tiers inscrit par erreur sur la matrice cadas-
trale, lequel en réalité n'a pas de droits à cette indemnité[1].

Mais, si au moment où l'indemnité doit être réglée, le droit
de celui qui se présente comme véritable propriétaire et qui,
bien entendu, s'est fait connaître à l'administration dans le délai de huitaine, n'était pas encore prouvé, s'il était l'objet d'une
contestation, comment faudrait-il procéder?

Le jury ne devrait point pour cela surseoir au règlement de
l'indemnité: il la fixerait provisoirement, et la somme fixée serait

[1] Cass. ch. civ. 13 déc. 1865. D. P. 1865. 5. 186.

11

consignée, pour être, lorsque le débat serait vidé, attribuée à celui qui aurait été reconnu véritable propriétaire.

Quant à la contestation sur le droit en lui-même, le jury n'aurait point à la juger. Ce litige serait renvoyé devant les tribunaux civils (art. 39 § 4). L'article 48, en disant que le jury est juge de la sincérité des titres et de l'effet des actes, ne lui donne cette mission de juger qu'autant que les titres ou les actes seraient de nature à modifier l'évaluation de l'indemnité. Dans les autres cas, l'indemnité pouvant le plus souvent être évaluée, abstraction faite du propriétaire, il est indifférent pour le jury de savoir qui est propriétaire véritablement.

Supposons maintenant que le véritable propriétaire ne se soit pas présenté dans le délai de huitaine. D'après les termes de la loi il n'a plus aucun droit vis-à-vis de l'administration (art. 21 § 2), car il n'y a pour elle de propriétaire que celui qui est inscrit à la matrice des rôles, et c'est à lui seulement que les offres ont dû être notifiées.

Cependant si le véritable propriétaire faisait reconnaître son droit avant que l'indemnité ne fût acquittée, il pourrait toujours faire opposition au payement; mais s'il ne le faisait reconnaître que quand l'indemnité aurait été tout à la fois réglée et payée, il n'aurait plus de recours que contre le tiers qui l'a reçue et qui était considéré par l'administration comme propriétaire.

Or, il est des cas où ce recours sera sans objet :

Supposons en effet qu'un tiers tienne l'immeuble, en vertu d'un juste titre et de bonne foi, d'une personne qui n'en était pas propriétaire, et que le propriétaire véritable réside dans le ressort de la Cour impériale de la situation de l'immeuble. L'acheteur possède l'immeuble pendant neuf ans; puis cet immeuble vient à être exproprié pour cause d'utilité publique. Une année s'écoule encore sans que l'administration ait payé l'indemnité; le tiers acquéreur a possédé pendant dix ans; la prescription s'est accomplie à son profit; lui seul a droit à l'indemnité. En vain le véritable propriétaire se présenterait-il alors, et viendrait-il, sur la représentation de ses titres de propriété, faire des réclamations : on lui répondrait que le droit à l'indemnité a été acquis contre lui par la possession continuée pendant dix ans, possession que la cession amiable de l'immeuble ou le jugement d'expropriation n'ont pu interrompre.

Ainsi, le propriétaire qui par l'effet d'une prescription aura été privé de son droit, sera mal fondé à venir réclamer l'indemnité si le temps nécessaire pour la prescription de la propriété s'est accompli, contre lui et au profit du possesseur, avant le règlement et le payement de l'indemnité.

Mais supposons que l'indemnité ait été réglée et payée au possesseur avant que le temps de la prescription se soit accompli au profit de celui-ci. Régulièrement ce possesseur n'aurait pas eu droit à l'indemnité puisqu'il n'était pas propriétaire au moment où elle lui a été payée, et désormais il ne peut plus prétendre accomplir la prescription qui était en voie de cours lorsqu'il a reçu l'indemnité, puisque, à ce moment, il a cessé de pouvoir retenir et par suite de posséder l'immeuble qui avait été considéré comme lui appartenant.

Or, le véritable propriétaire se présente et vient réclamer l'indemnité à un moment où la prescription ne se serait pas encore trouvée accomplie au profit de l'ancien possesseur s'il avait conservé la possession du fonds (nous nous plaçons toujours dans l'hypothèse d'une prescription de dix ans). Le propriétaire devra-t-il réussir dans son action récursoire, qui, bien entendu, ne pourra s'exercer que contre l'ancien possesseur ? Devra-t-il obtenir de ce dernier la restitution de l'indemnité ? Nous le pensons. Le véritable propriétaire aurait alors contre le possesseur une *condictio indebiti* pour se faire remettre la somme que celui-ci a indûment touchée.

Mais si le véritable propriétaire ne se présente qu'à un moment où le possesseur eût acquis la propriété du fonds dans le cas où il eût continué de le posséder, nous croyons qu'alors ce possesseur aura valablement touché l'indemnité et ne devra rien restituer. Il est vrai que le propriétaire pourrait lui dire :

Au moment où vous avez touché l'indemnité, la chose n'était

pas dans votre patrimoine, mais bien dans le mien ; conséquemment, vous avez touché le prix de ma chose, c'est-à-dire une
somme qui ne vous était était pas due, dès ce moment vous avez
été envers moi redevable du prix, et maintenant encore, quel
que soit le temps écoulé depuis, vous ne me le devez pas moins ;
dès l'instant où vous avez touché l'indemnité, vous avez cessé de
posséder, et il faudrait que trente ans se fussent écoulés depuis
cet instant pour que mon action contre vous fût prescrite.

Mais l'ancien possesseur à qui l'indemnité a été remise répondrait, et, selon nous, avec plus de raison :

Si, au moment où vous vous avisez de faire constater que la
propriété de la chose vous a appartenu, j'étais encore en possession de cette chose, je pourrais vous opposer que j'ai prescrit,
et je garderais contre vous la chose même ; que si j'avais vendu
cette chose à un tiers contre lequel vous agiriez actuellement en
revendication, il vous opposerait également qu'il en est désormais propriétaire ; vous ne recouvreriez pas pas la chose contre
lui ; lui, de son côté, n'aurait pas à recourir par voie de garantie contre moi pour me réclamer le prix qu'il m'en a donné :
de toute façon, ce prix me resterait. Or, pourquoi, ayant subi
une aliénation forcée, serais-je traité plus défavorablement que
si j'avais aliéné volontairement l'immeuble ?

2° *Des actions en revendication d'un droit réel.* — Les personnes ayant des droits réels sur l'immeuble pourraient avoir
à revendiquer leur droit réel, tout aussi bien que s'il s'agissait
de la propriété.

Ainsi, un véritable usufruitier pourrait avoir à revendiquer
son droit d'usufruit contre un usufruitier apparent. S'il ne se
présentait qu'après le règlement de l'indemnité, le résultat de son
action serait de le substituer à celui-ci, comme devant jouir du
prix ; et il est clair que si ce prix avait déjà été payé à l'usufruitier apparent pour que celui-ci en jouît conformément aux
principes du quasi-usufruit, le véritable usufruitier pourrait se
le faire rendre.

Il n'aurait aucun recours contre l'administration, tandis que si le prix n'avait pas encore été servi, ce serait entre ses mains que l'indemnité devrait être versée.

À cet effet, le véritable usufruitier dont le droit aurait été reconnu devrait faire opposition au payement du prix.

§ II. — *Des actions en résolution.*

Le vendeur d'immeubles a une double garantie du payement du prix qui lui est dû : un privilége et une action en résolution.

Le privilége lui assure d'être payé sur le montant de l'indemnité, par préférence à tous créanciers, même hypothécaires antérieurs.

L'action en résolution ferait, d'après les principes du droit commun, rentrer dans son patrimoine l'immeuble franc et quitte de toutes charges du chef de l'acheteur, parce que celui-ci ne lui en payerait pas le prix. Par application du principe que celui qui n'a sur une chose qu'un droit résoluble ne transmet sur cette chose qu'un droit soumis à résolution, elle ferait sortir également l'immeuble des mains des sous-acquéreurs.

Cet effet ne peut se produire contre l'administration expropriante.

Si l'immeuble, vendu sous cette condition résolutoire tacite que le prix sera payé, est exproprié entre les mains de l'acquéreur avant le payement du prix, on peut bien concevoir que le vendeur exerce encore son action en résolution ou son privilége; mais, comme par le fait de l'expropriation, son droit est transporté sur le prix, il ne pourra jamais obtenir que ce prix, qui fait l'objet d'une subrogation réelle à l'immeuble. Encore faut-il que pour exercer l'un ou l'autre de ces droits il se soit conformé aux prescriptions des articles 17 ou 21 de la loi de 1841. Il est facile de comprendre que l'exercice du privilége n'aurait pas pour le vendeur absolument le même effet que celui de l'action en résolution : cette dernière, si le vendeur triomphe, aura pour résultat rétroactif de la faire considérer comme n'ayant pas cessé d'être propriétaire de l'immeuble jusqu'au moment de l'expropriation; il aura donc droit à prendre toute l'indemnité, tandis que s'il exerce seulement son privilège, il pourra se trouver primé par des créanciers nantis du chef de son acheteur d'un privilège général sur l'immeuble vendu (art. 2102 et 2103 C. N.).

À quelles conditions le vendeur pourra-t-il réclamer cette indemnité? S'il n'était qu'un de ces simples intéressés dont parle le deuxième § de l'article 21, il serait déchu de tout droit à l'indemnité, faute de s'être présenté dans le délai de huitaine à compter de la publication de l'article 15. Mais le vendeur est un créancier dont le droit a des objets multiples. Outre le droit de rétention, qu'il pourrait exercer même contre l'administration s'il n'avait pas livré à son acheteur et que l'expropriation se fût poursuivie contre celui-ci comme porté à la matrice du rôle, il a un privilège, il a une action en résolution.

La multiplicité de ses droits doit nécessairement lui faire une condition particulière et jusqu'à un certain point variée.

Veut-il exercer son droit de résolution; il devra se faire connaître dans la huitaine qui suit la publication prescrite par l'article 15. L'exercice de ce droit ne lui permettra certainement pas de reprendre l'immeuble contre l'administration; mais son action, si elle réussit, lui assurera l'avantage d'exiger la fixation du prix par le jury, dans le cas où l'acheteur aurait accepté une indemnité à l'amiable, et de toucher la totalité de l'indemnité, sans préférence aucune pour ces privilèges généraux dont parle l'article 2101, et que l'article 2105 fait passer avant les privilèges spéciaux sur les immeubles; et, de cette indemnité, fût-elle même supérieure au prix de la vente qu'il avait d'abord faite, rien n'appartiendra à l'acheteur ni à ses créanciers; tout lui restera.

Le vendeur veut-il user de son privilège: il peut se dispenser de se révéler dans la huitaine, mais il ne doit pas négliger d'inscrire son privilège dans la quinzaine de la transcription du jugement d'expropriation ou de la cession amiable. Il n'y aura pour lui aucun danger à se contenter de son privilége, lorsque, ayant bien vendu, à un prix par exemple supérieur à celui que le jury déterminé, il se trouvera en présence d'un acheteur parfaitement solvable, ou aura déjà touché une grande partie du prix, étant d'ailleurs suffisamment garanti pour le reste parce que, lors même que des privilégiés généraux le primeraient, il resterait encore plus de deniers qu'il ne lui en est dû. Dans ce cas il n'aurait aucun intérêt à faire considérer la vente comme n'ayant jamais eu lieu.

Le vendeur a-t-il omis de remplir les formalités qui pourraient lui assurer, au regard de l'administration, soit l'exercice de son action en résolution, soit l'exercice de son privilége : il ne sera plus pour elle qu'un créancier ordinaire de l'acheteur.

Mais pour cet acheteur ne sera-t-il également qu'un simple créancier ? Nous ne le pensons pas. Dès qu'il n'est plus qu'en présence de l'acheteur, nous le faisons rentrer dans les termes du droit commun, et nous lui appliquons la loi du 23 mars 1855. Il aurait donc pour inscrire son privilége et conserver son action en résolution le délai de 45 jours de cette loi de 1855.

Ce délai lui sera utile toutes les fois que l'expropriation aura suivi de près la vente et qu'en dehors du délai de quinze jours à compter de la transcription, terme le plus long qu'il ait contre l'administration, il y aurait encore un certain nombre de jours à courir pour compléter les 45 jours.

Si, dans ce cas, le vendeur prétend exercer son privilége, et par conséquent maintenir sa qualité de vendeur, il aura évidemment un droit exclusif à l'indemnité dans la mesure de son prix de vente, réserve faite toutefois de la préférence des créanciers ayant priviléges généraux sur les meubles (art. 2105, C. N.).

S'il préfère agir en résolution, il ne sera plus privilégié puisqu'il ne sera plus vendeur, la résolution ayant pour effet de le faire considérer comme n'ayant jamais vendu. Alors de deux choses l'une : ou le montant de l'indemnité n'aura pas été remis par l'administration à l'exproprié, qui aura, par exemple, refusé de le recevoir, auquel cas la consignation en aura eu lieu, ou bien le prix aura été payé à cet exproprié et sera entré dans son patrimoine général.

Si l'administration a encore entre les mains le montant de l'indemnité, ou l'a consigné, il est individualisé, et comme l'article 18, en disant que le droit des réclamants est transporté sur le prix, subroge réellement le prix à l'immeuble, l'ancien vendeur le touchera exclusivement, et de plus, pour les dommages-intérêts qui auront pu être alloués par le tribunal, il agira sur le reste du patrimoine de l'acheteur.

Si le prix est entré dans le patrimoine général de l'exproprié, naturellement l'ancien vendeur exercera sa créance comme tout autre créancier.

De telle sorte que dans le cas où l'exproprié n'aurait qu'une fortune purement mobilière, l'ancien vendeur ne viendrait qu'au marc le franc avec les autres créanciers.

Il est clair que si l'exproprié a des immeubles, grâce à l'hypothèque judiciaire résultant du jugement de résolution, le vendeur aura pu se ménager des droits de préférence, comme il se sera ménagé un droit de suite.

Raisonnons maintenant dans l'hypothèse où il n'aurait pas conservé son privilège, et conséquemment où, d'après l'art. 7 de la loi du 23 mars 1855, il ne pourrait plus agir en résolution contre les personnes qui ont des droits réels sur l'immeuble.

Les créanciers hypothécaires de l'exproprié qui auraient conservé leurs droits par des inscriptions toucheraient l'indemnité jusqu'à concurrence du montant de leur créance ; le surplus en devrait-il être attribué au vendeur ?

Nous ne le croyons pas. Le vendeur, ayant perdu son privilège et son droit de résolution, pour ne s'être pas inscrit dans le délai fixé par la loi de 1855, n'est plus qu'un créancier purement chirographaire : aussi, quand même l'indemnité aurait été consignée, et ainsi ne serait pas confondue dans le patrimoine général du débiteur, le vendeur n'aurait sur cette indemnité que le droit de venir en concours avec les autres créanciers, chirographaires comme lui.

A la vérité, lorsque, faute d'avoir accompli les formalités que la loi lui impose, un créancier privilégié perd son privilége, il ne cesse point pour cela d'être créancier hypothécaire ; mais pour que son droit d'hypothèque soit efficace, il faut que l'objet sur lequel ce droit porterait soit susceptible d'hypothèque. Or, ce n'est pas le cas, lorsqu'une somme d'argent se trouve, comme dans la matière qui nous occupe, subrogée à l'immeuble qu'affectait le privilége.

Dans tout ce que nous venons de dire nous n'avons supposé qu'une clause de résolution tacite, laquelle est sous-entendue dans tout contrat synallagmatique, pour le cas où l'une des parties n'exécute pas un engagement.

S'il y avait une clause de résolution expresse, si la vente, par exemple, avait eu lieu à pacte de rachat, aucune complication évidemment ne pourrait se produire. L'expropriation se pratiquant contre l'acheteur, le vendeur, à la condition toujours d'intervenir dans la huitaine, se procurerait l'avantage de faire fixer par le jury le montant de l'indemnité, et de toucher sur cette indemnité la différence entre le prix d'expropriation et le prix qu'il a touché de l'acheteur.

Nous supposons, ce qui est inévitable, que le vendeur ne manquera jamais de se décider pour le rachat, quand la somme à recevoir de l'administration excédera celle qu'il a reçue de l'acheteur.

S'il avait négligé d'intervenir dans la huitaine, l'indemnité serait fort valablement remise aux mains de l'acheteur ; elle se confondrait dans son patrimoine général, et quoique pendant tout le délai convenu pour le rachat le vendeur puisse déclarer qu'il entend jouir de son droit de résolution, il pourra souvent ne retirer aucun avantage de l'exercice de ce droit, s'il se trouve en présence d'une personne devenue insolvable.

§ III. — *Des actions en nullité ou en rescision.*

Il pourrait se faire que des tiers aient le droit d'agir en nullité de l'acte en vertu duquel la personne expropriée s'est trouvée investie de la propriété de l'immeuble. Ces actions en nullité pourront être fondées sur le dol, la violence, l'erreur sur la substance et parfois sur la personne, la lésion dans certains cas, la minorité, l'interdiction, etc.

Malgré l'expropriation, elles subsisteront, mais n'auront jamais pour effet que de déplacer le droit à l'indemnité ; elles se suivront devant les tribunaux ordinaires, pour qu'il soit prononcé sur la demande en nullité et pour que l'on puisse savoir à qui l'indemnité reviendra.

Pour conserver ses droits vis-à-vis de l'administration, celui qui a le droit d'agir en nullité ou en rescision doit se faire contre dans le délai de huitaine indiqué ci-dessus.

Si la rescision est déjà prononcée au moment où l'expropriation se produit, bien que l'administration ait valablement poursuivi l'expropriation contre celui qui était inscrit comme propriétaire à la matrice des rôles, le règlement de l'indemnité devra avoir lieu entre elle et l'aliénateur qui a triomphé, pourvu, bien entendu, qu'il se soit révélé dans la huitaine. Celui contre lequel la rescision a été prononcée ne pouvant plus être considéré comme propriétaire, ne peut plus, à ce titre, prétendre à une indemnité.

Si l'action en nullité est pendante au moment où l'expropriation se produit, nous pensons que le demandeur en nullité devrait faire à l'expropriant, dans le même délai de huitaine, notification de l'ouverture de l'instance ; que sur cette notification, bien que le propriétaire, ou du moins celui qui est porté comme tel au rôle de la contribution foncière, accepte ses offres, l'expropriant devrait subir la fixation par le jury de l'indemnité que réclame celui qui agit en nullité, sauf à n'être tenu que de l'indemnité fixée à l'amiable envers le défendeur qui triompherait ; du reste, tant que le jugement de rescision ne serait point prononcé, l'administration n'aurait qu'à consigner la somme la plus forte.

Enfin, si la personne à qui appartient l'action en nullité ou en rescision ne se présentait qu'après les délais l'expropriant serait hors de toute atteinte dès qu'il aurait payé le prix à celui qui est inscrit sur la matrice du rôle.

Après que l'administration s'est valablement libérée, celui qui a obtenu le jugement de rescision pourrait encore intervenir par voie de recours contre le tiers qui a reçu l'indemnité et qui l'a reçue indûment, étant, par l'effet rétroactif du jugement de rescision, considéré comme n'ayant jamais été propriétaire de l'immeuble exproprié. Mais celui qui exerce le recours peut se trouver en présence d'un insolvable, et, ne pouvant plus requérir la fixation du prix par le jury, il sera forcé de se contenter d'un prix que le tiers soumis à l'action en nullité aura peut-être accepté facilement, précisément parce qu'il sentait le faux de sa position.

CHAPITRE V.

EFFETS DE LA TRANSLATION DE PROPRIÉTÉ A L'ÉGARD DES CRÉANCIERS.

Les créanciers de l'exproprié font évidemment partie des intéressés auxquels l'expropriation peut porter préjudice ; ces créanciers peuvent être chirographaires, n'ayant d'autre garantie de payement que le droit de faire saisir et vendre sur leur débiteur les biens de celui-ci, tant qu'ils sont dans son patrimoine. Ils peuvent être privilégiés ou hypothécaires, c'est-à-dire nantis de sûretés spéciales portant sur les biens du débiteur, subsistant sur ces biens malgré l'aliénation qui en peut être faite, enfin assurant aux créanciers le payement de leur créance, s'ils se sont conformés à certaines prescriptions de la loi, pour conserver leurs droits, et s'ils ne sont pas primés par des créanciers préférables par leur qualité ou par la date de leurs inscriptions. Les créanciers peuvent aussi avoir un droit de rétention par rapport à l'immeuble, ce qui arrivera par exemple s'ils le tiennent en antichrèse.

§ I. — *Des créanciers chirographaires.*

Les créanciers chirographaires perdent par suite de l'expropriation une partie de ce gage général que tout créancier a sur les biens de son débiteur. Si celui-ci dissipe le montant de l'indemnité qui lui a été allouée, ils pourront dire que jusqu'à un certain point l'expropriation leur a causé un préjudice ; mais comme ils n'avaient point de sûretés spéciales et qu'en définitive ils n'auraient pu empêcher leur débiteur de disposer de ses biens, et d'y substituer une valeur mobilière facile à faire disparaître, ils ne peuvent pas se plaindre ; seulement la créance au prix étant une valeur qui se trouve substituée dans le patrimoine du débiteur à celle que représentait l'immeuble a transmis l'administration, il est clair qu'ils auraient pu faire opposition au payement du prix. Ils auraient même pu, aux termes de l'article 1166, intervenir, et, comme exerçant les droits de leur débiteur, requérir la fixation de l'indemnité par le jury. Pour cela, il n'est même pas nécessaire qu'ils se soient dénoncés à l'administration, puisque ce ne sont pas leurs droits propres qu'ils exercent, mais bien ceux du propriétaire leur débiteur, lequel a certainement contre l'administration le droit de ne pas se contenter d'une indemnité à l'amiable.

§ II. — *Des créanciers privilégiés ou hypothécaires.*

Les créanciers privilégiés ou hypothécaires ont un droit réel sur les biens de leur débiteur, droit qui subsiste, même après l'aliénation de ces biens, et que l'expropriation ne peut pas anéantir. Seulement, toujours en vertu du principe que l'immeuble exproprié doit arriver à l'administration libre de toutes charges, la situation qui est faite à ces créanciers en matière d'expropriation et ce mode de conservation de leurs intérêts diffèrent du droit commun.

Selon le droit commun, en effet, l'immeuble aliéné passant à l'acquéreur, grevé de toutes les hypothèques que le débiteur peut avoir consenties sur cet immeuble, il faut nécessairement que l'acquéreur, s'il ne veut être exposé aux poursuites des créanciers, remplisse certaines formalités destinées à affranchir l'immeuble des charges dont il est grevé. Ces formalités sont celles de la purge des priviléges et des hypothèques. Le tiers détenteur qui veut purger doit offrir aux créanciers la somme équivalente à son prix d'acquisition ; et, si les créanciers jugent que cette somme est inférieure à la valeur réelle de l'immeuble, ils peuvent requérir la mise de l'immeuble aux enchères et adjudications publiques, ce qui a toujours pour effet, à moins que le tiers acquéreur lui-même ne se porte adjudicataire, de faire sortir l'immeuble du patrimoine de celui-ci.

Cet effet ne peut donc pas se produire en matière d'expropriation.

En droit commun, le tiers acquéreur qui ne veut pas purger a encore un autre moyen de se libérer vis-à-vis des créanciers, il peut renoncer à son acquisition, il peut délaisser l'immeuble.

Or, le délaissement ne peut pas avoir lieu de la part de l'administration. Elle n'a donc plus qu'une ressource, le payement de ceux qui ont conservé leurs droits sur l'immeuble atteint par l'expropriation.

Les droits des créanciers sont irrévocablement transportés sur l'indemnité, dès le moment où la propriété esacquise à l'administration, c'est-à-dire dès le moment de la cession amiable ou du jugement d'expropriation. Mais ces créanciers ne pourront venir par préférence aux autres intéressés réclamer cette indemnité que s'ils ont conservé leurs droits conformément à la loi.

Or, au moment où le jugement d'expropriation est prononcé, il peut se faire que les droits des créanciers hypothécaires soient déjà garantis par une inscription. Alors leur rang est immédiatement fixé vis-à-vis des autres créanciers hypothécaires, si aucun de ceux-ci n'était dispensé de l'inscription pour le droit de préférence.

Ou bien leur hypothèque valablement consentie n'a pas été

encore inscrite ; dans ce cas, l'inscription par eux prise dans le délai de quinzaine à compter de la transcription conservera leurs droits tout aussi bien qu'une inscription antérieure à la cession amiable ou au jugement d'expropriation.

Ainsi, dans l'une et l'autre hypothèse, l'administration ne pourra payer l'indemnité au préjudice des créanciers inscrits en ordre utile ; elle devra leur notifier en même temps qu'au propriétaire et aux autres intéressés le prix qu'elle offre comme indemnité (si toutefois, comme nous le verrons, ces créanciers se sont fait connaître en temps utile).

Si les créanciers se contentent du prix offert, ce prix leur est distribué selon l'ordre de leurs inscriptions ; s'ils le trouvent insuffisant, alors ils requièrent la fixation de l'indemnité par le jury ; c'est la garantie que la loi d'expropriation a substituée à la faculté de surenchérir, conséquence du droit de suite, et accordée aux créanciers en droit commun.

Le refus d'acceptation des offres de la part d'un seul créancier hypothécaire pourra toujours mettre obstacle à ce que le propriétaire traite à l'amiable et entraînera nécessairement la fixation de l'indemnité par le jury. Les créanciers auront avantage à la requérir, puisque par ce moyen ils auront chance d'obtenir plus, mais jamais moins que la somme offerte par l'administration.

Le jury étant suffisamment renseigné, et son impartialité résultant de la manière dont il est composé, les créanciers seront assurés d'obtenir la véritable valeur de l'immeuble.

Enfin il peut arriver que les créanciers hypothécaires laissent passer sans prendre aucune inscription le délai de quinzaine de l'article 17. Dans ce cas, leurs hypothèques étant considérées comme non avenues au regard de l'administration, ils seront complétement déchus de ce qui pour eux dans leurs rapports avec celle-ci peut être considéré comme la représentation du droit de suite. L'administration n'aura donc aucun recours à craindre de leur part, et pourra payer aux créanciers inscrits en temps utile ou aux divers intéressés énoncés en l'art. 21.

Certains créanciers privilégiés, le vendeur et le copartageant, certains créanciers à hypothèques légales, les femmes mariées, mineurs et interdits reçoivent de la loi de 1855 un délai de faveur pour s'inscrire et conserver ainsi leur droit de primer tous créanciers dont l'hypothèque a été inscrite postérieurement à la naissance de la dette que garantit l'hypothèque légale ou le privilége.

Nous avons décidé que ce délai ne devait pas leur être accordé en matière d'expropriation et qu'ils n'avaient jamais au delà du délai de quinzaine à compter de la transcription, délai que l'article 17 de la loi de 1841 accorde à tous créanciers sans distinction.

Mais en sens inverse, quand même l'année accordée à la femme, au mineur ou à l'interdit pour s'inscrire et conserver à son hypothèque le rang que lui accorde l'article 2135 C. N.; quand même les 45 jours accordés au vendeur ou au copartageant pour s'inscrire comme créancier privilégié, seraient écoulés avant l'expiration du délai de quinzaine de la loi de 1841, nous leur accorderions encore tout ce délai de quinzaine pour s'inscrire comme privilégiés ou hypothécaires légaux.

A l'expiration de ce délai de quinzaine, si la femme, le mineur ou l'interdit ne se sont point inscrits, ils ne sont pas absolument déchus de tout droit à l'indemnité : ils peuvent encore venir par préférence sur cette indemnité tant qu'elle n'est pas payée ou que l'ordre n'est pas réglé définitivement entre les créanciers.

D'après le système que nous suivons, la position de ces créanciers à hypothèque légale est donc tantôt plus favorable, tantôt moins favorable qu'elle ne le serait d'après le droit commun. Elle est plus favorable dans le cas où l'année de grâce accordée par la loi de 1855 serait expirée avant l'achèvement du délai de quinzaine de notre art. 17 : dans ce cas en effet, le délai du droit commun est pour eux prolongé. Elle est moins favorable au contraire dans le cas où l'année de faveur court encore au moment où expire le délai de quinzaine. Il est vrai que les créanciers à hypothèque légale dont nous parlons conservent, même après ce délai, leur droit de préférence, mais s'ils laissent sans opposition payer le prix aux autres créanciers, ou si l'ordre est définitivement réglé entre ceux-ci, la veuve, le majeur, ou le ci-devant interdit n'ont plus aucun droit.

Quinze jours après la transcription, le droit du créancier inscrit au plus tard dans ce délai étant irrévocablement fixé selon l'ordre de son inscription par rapport à celle des autres créanciers, le renouvellement de son inscription serait inutile, quand même cette inscription devrait être périmée avant le règlement de l'indemnité. Le créancier n'en conserverait pas moins son droit tel qu'il l'a eu à l'expiration du délai de quinzaine [1].

Il en serait différemment si l'inscription devait se trouver périmée dans le temps qui s'écoulerait entre le jugement d'expropriation et l'expiration de ce délai de quinzaine depuis la transcription. Le créancier aurait dans ce cas grand intérêt à renouveler son inscription.

D'après la loi de 1833, les créanciers inscrits devaient, comme le propriétaire et les autres intéressés énoncés en l'art. 21, recevoir une notification des offres. L'art. 23 de la loi de 1833 portait : « L'administration notifie aux propriétaires, *aux créan-* « *ciers inscrits* et à tous autres intéressés qui auront été dési- « gnés ou qui seront intervenus en vertu des art. 21 et 22, les « sommes qu'elle offre pour indemnités ». La loi de 1841 n'a pas reproduit les mots *aux créanciers inscrits*; la notification des offres n'est donc plus faite qu'au propriétaire et aux autres intéressés énoncés en l'art. 21.

On a pensé que l'obligation de notifier les offres individuellement à chaque créancier inscrit « pouvait entraîner de grandes « dépenses et occasionner de longs retards;... ce ne sont pas « des propriétés entières que l'on est obligé d'acquérir pour les « grands travaux publics, mais un nombre infini de parcelles « de propriétés diverses; quelle ne serait donc pas dès lors la « complication de la procédure, si, à chacune de ces dépossès-

1. Cass. 30 janv. 1865, D. P. 1865. 1. 76.

« sions partielles on eut dû lever un état des inscriptions et
« notifier à tous les créanciers inscrits ?... ! »

Cependant un créancier inscrit en temps utile, conservant
contre l'administration, et comme équivalent du droit de suite,
le droit de requérir la fixation de l'indemnité par le jury, il faut
bien qu'il connaisse le prix offert par l'administration, et qu'il
ait à déclarer s'il se contente de ce prix. Mais comment les
offres seront-elles portées à sa connaissance? Sera-ce par la publication qui en sera faite conformément à l'art. 23, § 2, ou au
contraire sera-ce par une notification individuelle?

Par application d'un principe que nous avons déjà exprimé,
l'inscription, suffisante pour rendre notoire à tous l'existence
de créanciers hypothécaires, n'est pas suffisante aux yeux du
législateur de 1841 pour la faire connaître à l'administration.
Les créanciers hypothécaires, quoique inscrits, ne sont réputés
connus de celle-ci, que s'ils se sont fait connaître dans le délai
de huitaine. Dans ce cas l'administration aura à notifier ses
offres à chacun d'eux en particulier. Dans le cas contraire, elle
n'a aucune notification à leur adresser : la publication prescrite
par l'article 23 *in fine* les met en demeure de déclarer dans
la quinzaine suivante s'ils acceptent ou non les offres.

De ce système il suit que les créanciers hypothécaires inscrits
dans la quinzaine de la transcription du jugement, ou disposés
à s'inscrire dans ce délai, comme c'est leur droit, pourront conserver le bénéfice de recevoir la notification des offres, en se faisant connaître dans la huitaine de la publication de l'acte translatif de propriété, sous la condition bien entendu, pour ceux qui
alors ne seraient point encore inscrits, de prendre inscription
dans le nombre de jours qu'il faut pour compléter la quinzaine
à compter de la transcription. — Dans la quinzaine qui suit les
offres faites à qui de droit et la publication de ces offres, les hypothécaires comme les autres intéressés sont tenus de déclarer

1. *Mon.* 20 juin 1810.

15

s'ils acceptent ou non, et, s'ils n'acceptent pas, d'indiquer le montant de leurs prétentions; dans ce délai conséquemment, ils peuvent exiger la fixation d'une indemnité par le jury.

Mais si, ne s'étant point fait connaître dans le délai de huitaine, n'ayant point reçu de notification individuelle, ayant été mis en demeure uniquement par la publication des offres, ils n'ont pas déclaré leur acceptation ou leur refus dans la quinzaine qui leur était accordée à cet effet, pourront-ils néanmoins après cette quinzaine expirée requérir la fixation de l'indemnité par le jury?

L'affirmative a été admise par M. Foucart. —

Dans le sens de son opinion on pourrait argumenter de ce que la publication des offres, quand les créanciers habitent fort loin de l'immeuble exproprié, est un moyen tout à fait illusoire de les porter à leur connaissance.

D'après ce système l'administration serait indéfiniment exposée à voir apparaître des créanciers.

Nonobstant la notification des offres faite au propriétaire, nonobstant l'acceptation par lui de ces offres, le créancier qui n'aurait pas reçu de notification individuelle conserverait le droit de venir demander une fixation par le jury. « La suppres« sion des notifications individuelles aux créanciers inscrits,» dit M. Foucart, « est un moyen de diminuer les frais et d'abréger « les délais, de même que la dispense de la purge, lorsque la « valeur de l'immeuble est moindre de 500 fr. L'administration « emploiera l'un et l'autre de ces moyens à ses risques et pé« rils; mais les créanciers inscrits non avertis par une notifica« tion spéciale, ou non mis en cause conformément à l'article « 28, conserveront le droit de faire fixer l'indemnité par le « jury, de même que les créanciers vis-à-vis desquels on n'a « pas purgé conservent le droit d'exiger de l'État le montant « du prix, quoique ce prix ait été déjà payé au propriétaire. »

Nous ne partageons pas cette opinion. La preuve contraire nous paraît consacrée par la loi de 1841 elle-même. Il nous semble résulter de l'article 24 que les créanciers comme tous autres intéressés conservent le droit de demander la fixation de

l'indemnité par le jury, à la condition d'avoir, dans la quinzaine
qui suit la publication des offres, déclaré qu'ils ne les acceptent
point, et indiqué le montant de leurs prétentions. Faute de
l'avoir fait, la purge est opérée contre eux ; ils n'ont plus conséquemment l'équivalent du droit de suite, droit qui, ne l'oublions
pas, ne se résume jamais que dans la faculté d'exiger la fixation
de l'indemnité par le jury (art. 17 *in fine*).

Seulement, le droit de suite pour eux perdu laisse subsister le
droit de préférence, et conséquemment, tant que le montant de
l'indemnité n'aura pas été payé ou que l'ordre n'aura pas été
réglé définitivement entre les créanciers qui se seront présentés
dans la quinzaine prescrite par l'article 24, ils pourront arriver
à leur rang sur le montant de l'indemnité acceptée par le propriétaire, ou fixée par le jury à la demande des autres créanciers. C'est ainsi qu'aux termes formels de l'article 17, 2° alin.,
les femmes, mineurs et interdits dont les hypothèques, parfaitement dispensées d'inscription quant au droit de préférence,
disparaissent au regard de l'administration, c'est-à-dire quant
au droit d'exiger la fixation de l'indemnité par le jury, quand
elles n'ont pas été inscrites dans la quinzaine de la transcription
du jugement d'expropriation ou du traité à l'amiable, conservent
le droit d'être payés sur le montant de l'indemnité, tant que le
propriétaire ou ses créanciers en ordre utile ne l'ont pas encore
touchée.

Si le système de M. Foucart pouvait être admis, mieux
vaudrait pour l'administration avoir continué d'être tenue
comme elle l'était sous la loi de 1833, de notifier ses offres à
tout créancier inscrit ; car alors ce créancier inscrit aurait eu
comme tous autres intéressés à prendre parti sur l'acceptation ou le
refus dans la quinzaine de cette notification (art. 24 loi de 1841).

Malgré la généralité de l'expression du deuxième paragraphe
de l'art. 21, les autres intéressés, il est évident pour nous qu'on
ne doit pas comprendre les créanciers privilégiés ou hypothécaires parmi les intéressés que la loi déclare déchus de tous droits à
l'indemnité (ce qui ne doit s'entendre qu'au regard de l'admi-

nistration) s'ils ne se sont pas fait connaître dans le délai de huitaine, à compter de la publication prescrite par l'art. 15.

Nous pourrions d'abord raisonner de la façon suivante : De deux choses l'une : ou les créanciers ont pris, ou ils n'ont pas pris d'inscription dans le délai qui leur est accordé à cet effet. S'ils n'ont pas pris d'inscription, ils n'ont aucun droit sur l'indemnité vis-à-vis de l'administration. Si, au contraire, ils ont pris inscription, l'administration les connaîtra forcément, puisque, au nombre des mentions que l'inscription doit contenir, se trouvent celles du nom, prénom et domicile du créancier. (articles 2148 et 2150 C. N.).

Quand même le créancier interviendrait dans la huitaine, s'il n'est pas inscrit, son intervention ne lui donne absolument aucun droit, et s'il est inscrit, quand même il n'interviendrait pas, son inscription sauvegarde ses intérêts, et l'administration ne peut méconnaître le droit de ce créancier.

Nous ne nous contentons pas de ce raisonnement, parce que certains actes, suffisants pour faire connaître à tous l'existence de droits réels portant sur l'immeuble exproprié, ne sont pas jugés suffisants pour les faire connaître à l'administration : c'est ce que nous avons admis et démontré, quand il s'est agi de savoir si la transcription des actes constitutifs d'usufruit, de servitude, etc., prescrite aujourd'hui par la loi de 1855, dispensait le propriétaire de faire connaître ces personnes. Or, ce qui est vrai quand il s'agit de la transcription pourrait l'être aussi quand il s'agit de l'inscription.

Mais nous nous fonderons sur un argument mathématique :

Aux termes de l'art. 16, la transcription de l'acte translatif de propriété n'a lieu qu'après l'accomplissement des formalités de publicité prescrites par l'art. 15. Cette transcription peut avoir lieu quelques heures après la publication, si l'on veut, mais enfin elle n'a lieu qu'après la publication. Or, nous avons vu que les intéressés compris dans le deuxième paragraphe de l'art. 21 sont déchus de tous droits vis-à-vis de l'administration s'ils ne les ont pas fait valoir dans la huitaine de la publication. Les créanciers hypothécaires ont, au contraire, pour s'inscrire et conserver leurs droits, quinze jours qui commencent à courir au plus tôt à compter de la publication. Eh bien! s'ils ont quinze jours pour s'assurer de la conservation de leur droit, ils ne sont pas évidemment au nombre de ceux qui sont déchus si, dans la première huitaine même de ces quinze jours, ils ne se sont pas fait connaître à l'administration.

En résumé, l'inscription conserve les droits du créancier sur l'indemnité; seulement ce créancier, s'il veut avoir le bénéfice d'une notification des offres à lui faite particulièrement, doit se faire connaître à l'administration dans le délai de huitaine à compter de la publication du jugement d'expropriation ou du traité amiable. A défaut par lui de s'être fait connaître, il sera censé averti des offres faites par l'administration, et dans les quinze jours de la publication de ces offres, il sera tenu de déclarer ses prétentions. S'il négligeait de le faire, il n'aurait plus le droit de requérir la fixation par le jury, il aurait seulement son droit de préférence sur le prix non encore distribué entre les autres créanciers.

D'après la loi de 1855, les hypothèques conventionnelles judiciaires ou légales soumises à la nécessité de l'inscription devraient s'évanouir dès la transcription opérée par l'administration, comme elles s'évanouiraient à partir de la transcription opérée par un particulier acquéreur ordinaire, si elles n'avaient pas été inscrites auparavant.

D'après la loi de 1841, que nous croyons devoir maintenir, elles ne s'évanouiront que si elles n'ont pas été inscrites dans le délai de quinzaine à compter de cette même transcription. Cette solution favorise, il est vrai, les créanciers plus qu'ils ne le seraient d'après le droit commun, mais l'administration ne court aucun danger, puisqu'elle ne payera jamais qu'une fois, pourvu qu'elle ait soin de ne pas payer avant l'expiration du délai de quinzaine, et avant d'avoir requis du conservateur des hypothèques un état des inscriptions prises dans ce délai.

On peut supposer qu'il s'agit d'hypothèques légales de femmes mariées, de mineurs ou d'interdits.

En matière ordinaire, tant que le mariage ou la tutelle existe, ces hypothèques au point de vue du droit de préférence sont dispensées de l'inscription ; après la dissolution du mariage ou la cessation de la tutelle, la veuve, le mineur devenu majeur, l'interdit relevé de l'interdiction, ont un an pour s'inscrire, et conserver ainsi à leurs hypothèques le rang qu'elles tiennent de la loi ; après l'année, cette hypothèque ne daterait que du jour des inscriptions qui pourraient être prises.

Si l'immeuble sortait par aliénation des mains du débiteur de ces personnes pour passer entre les mains d'un particulier, et cela avant l'expiration de l'année de faveur que la loi de 1855 établit, l'inscription pourrait en être prise utilement dans ce délai de faveur, nonobstant même la transcription de l'acte d'acquisition, sauf pourtant le droit pour l'acquéreur de remplir les formalités établies pour la purge des hypothèques légales.

Dans le cas d'aliénation de l'immeuble, après l'expiration de l'année accordée à la femme veuve, au majeur ou à l'interdit relevé de l'interdiction, sans inscription prise par eux, la propriété de l'immeuble serait libre entre les mains de l'acquéreur dès qu'il aurait opéré la transcription de son titre.

Si nous supposons au contraire que l'immeuble passe à l'administration, pour cause d'utilité publique, et cela après l'expiration de l'année fixée par la loi de 1855, l'hypothèque de la veuve, du mineur devenu majeur, ou de l'interdit relevé d'interdiction, devenant une hypothèque ordinaire, ou, pour parler plus exactement, devenant une hypothèque légale soumise à la formalité de l'inscription, bien qu'elle dût s'évanouir au regard d'un acquéreur ordinaire à partir de la transcription que celui-ci aurait faite de son titre, nous ne dirions pas qu'elle dût s'évanouir dès la transcription opérée par l'administration.

On pourrait trouver étrange que celle-ci soit dans ce cas moins favorisée qu'un particulier, mais nous rappellerions l'observation

que nous avons faite tout à l'heure; quel inconvénient y a-t-il
pour l'administration, au court délai de quinzaine pendant lequel
le droit de la veuve, du mineur devenu majeur ou du ci-devant
interdit pourra se révéler, et que lui importe-t-il de payer son prix
entre les mains de ceux-ci plutôt qu'entre les mains du propriétaire atteint par l'expropriation?

Mais si, au moment où l'expropriation se produit, l'hypothèque
légale dispensée en principe d'inscription n'a point cessé d'être,
parce que le mariage, la minorité, ou l'interdiction subsiste
encore, ou parce qu'il ne s'est pas écoulé une année depuis
que le mariage est dissous, que le mineur est devenu majeur ou
que l'interdit est relevé de son interdiction; l'expropriation ayant
eu lieu, et l'administration ayant transcrit, les incapables dont
nous parlons auraient-ils aujourd'hui pour pouvoir s'inscrire contre l'administration ce délai d'une année ou le temps qui resterait à courir de cette année?

Nous ne le croyons pas; car, comme nous l'avons dit plus haut,
quoique la loi de 1855 ait abrogé l'art. 834 C. Pr., auquel très-
évidemment la loi de 1841 se rattachait par le passé, néanmoins
elle n'a pas abrogé la loi de 1841 elle-même.

Il s'ensuit qu'à nos yeux et précisément parce que cela est
favorable à l'administration, les hypothèques légales devraient être
inscrites dans la quinzaine de la transcription; faute de quoi, les
femmes, mineurs et interdits n'auront plus que des droits sur le
montant de l'indemnité tant qu'elle n'aura pas été payée ou que
l'ordre n'aura pas été réglé définitivement entre les créanciers.

Dans ce cas, évidemment, l'administration est plus favorisée
qu'un acquéreur ordinaire, mais cela s'explique parfaitement
parce qu'il importe avant tout que l'administration puisse promp-
tement se dessaisir des sommes qui doivent arriver aux mains
des divers intéressés. Le terme que la loi de 1841 assigne aux
créanciers pour se révéler a eu précisément pour objet d'empêcher que le droit de l'expropriant ne soit tenu trop longtemps
en suspens; le même intérêt subsiste aussi bien depuis la loi
de 1855.

D'ailleurs l'article 17 de la loi de 1841 trouvait suffisante la mesure prise pour garantir les femmes, les mineurs et les interdits à une époque où ces personnes étaient certainement plus protégées qu'elles ne le sont depuis la loi de 1855 : ces mesures doivent donc être encore suffisantes aujourd'hui, et pour que nous puissions nous résoudre à décider autrement, il faudrait que la loi de 1855 eût positivement abrogé la disposition de l'art. 17.

Le vendeur ou le copartageant ont reçu de la loi de 1855 une position exceptionnelle. Ils peuvent utilement inscrire le privilége que leur confèrent les articles 2108 et 2109 C. N. dans les quarante-cinq jours à compter de l'acte de vente ou de partage, nonobstant toute transcription d'actes faite dans ce délai.

Doit-on leur accorder la même faveur au regard de l'administration, ou doit-on au contraire les circonscrire dans le délai de quinzaine de l'article 17 de la loi de 1841 ?

Les raisons que nous venons de donner pour trancher la question, en ce qui concerne les femmes, mineurs et interdits, nous amènent également à décider que le vendeur ou le copartageant auront seulement pour inscrire leur privilége contre l'administration les quinze jours que leur accorde à compter de la transcription, l'article 17 de la loi du 3 mai 1841.

Mais si, lorsque l'administration transcrit, il y a moins de quinze jours à courir pour que l'année qui suit la dissolution du mariage, la majorité ou la main-levée de l'interdiction, soit expirée, s'il y a moins de quinze jours à courir pour les 45 jours à compter de la vente ou du partage accordés par la loi de 1855 au vendeur ou au copartageant pour s'inscrire, soient expirés, accorderons-nous toujours à ces créanciers privilégiés ou hypothécaires le délai de quinzaine à compter de la transcription, délai qui leur est accordé par l'article 17 de la loi de 1841 ? Nous sommes porté à le croire. Le privilége ou l'hypothèque, soit de la femme, soit du mineur devenu majeur, soit de l'interdit relevé d'interdiction, est toujours au moins une hypothèque ordinaire ; donc puisque les créanciers hypothécaires auraient, d'après ce que nous avons constaté, le délai de quinzaine pour se révéler, nous pensons que le vendeur, la femme et autre, dont le droit sera dégénéré en hypothèque simple, devront aussi jouir pleinement de ce délai.

§ III. — Du créancier antichrésiste.

L'antichrésiste est un créancier en la possession duquel on a remis un immeuble pour sûreté de sa dette.

Moins favorable que le privilége ou l'hypothèque, l'antichrèse ne confère pas de droit de suite ; elle donne seulement au créancier la faculté, quand sa créance est productive d'intérêts, d'imputer les fruits de l'immeuble sur les intérêts, et s'il y a du surplus, sur le capital de sa créance.

L'antichrèse donne également au créancier le droit de rétention en vertu duquel il peut ne point se dessaisir de l'immeuble tant que ce qui lui est dû à lui-même ne lui est pas payé.

Quelle sera, en matière d'expropriation, la situation de l'antichrésiste ?

Si l'immeuble donné en antichrèse n'avait pas été exproprié pour cause d'utilité publique, le propriétaire n'aurait pu le reprendre sans payer à l'antichrésiste tout ce qu'il lui devait ; il n'aurait pas pu davantage conférer à un tiers acquéreur le droit d'entrer en possession de l'immeuble sans que l'antichrésiste fût désintéressé.

Vis-à-vis de l'administration expropriante, le créancier antichrésiste pourra bien encore exercer son droit de rétention, à l'effet d'obtenir le payement de sa créance ; mais pourra-t-il, comme en matière ordinaire, retenir la possession de l'immeuble jusqu'à payement intégral ? Non, certainement. En effet, il faut qu'à un moment donné l'expropriant puisse avoir l'immeuble libre de toutes charges et de tous droits réels : ce résultat sera obtenu par le payement ou la consignation de l'indemnité ; et les intéressés ne pouvant exiger autre chose que la fixation de cette indemnité par le jury, l'antichrésiste ne pourra pas prétendre être complétement désintéressé par l'administration, si le montant de l'indemnité est inférieur au montant de sa créance ;

dans ce cas, il devra cependant abandonner l'immeuble, sauf recours pour le surplus contre le propriétaire. L'administration ne sera jamais tenue que jusqu'à concurrence de la valeur de l'immeuble fixée par le jury.

Dans quel rang l'antichrésiste en concours avec d'autres créanciers viendra-t-il réclamer sa part dans l'indemnité? Le montant lui en devra être attribué par préférence au propriétaire et aux créanciers chirographaires; il leur sera préféré, car l'expropriation n'a pu modifier sa situation à leur égard; et si l'expropriation n'avait pas eu lieu, ils auraient bien pu faire saisir et vendre sur leur débiteur l'immeuble donné en antichrèse, seulement l'adjudicataire aurait été tenu de verser le prix de son adjudication entre les mains du créancier antichrésiste; les chirographaires n'auraient eu droit qu'à la portion de ce prix qui aurait excédé les sommes dont l'antichrésiste était créancier. Les choses doivent se passer ici d'une façon analogue.

Par rapport aux créanciers hypothécaires, d'après la loi du 23 mars 1855, qui soumet l'antichrèse à la formalité de la transcription, nous devons décider que l'antichrésiste primera les créanciers hypothécaires inscrits postérieurement à la transcription de son titre, mais il sera primé par tous les créanciers inscrits antérieurement.

L'antichrésiste n'étant pas de ceux qui, aux termes de l'art. 21, § 1, doivent être déclarés par le propriétaire, est obligé de se faire connaître à l'administration dans le délai de huitaine accordé par le deuxième paragraphe du même article. S'il n'apparaissait pas dans ce délai, il aurait perdu le droit de requérir la fixation de l'indemnité par le jury et devrait se contenter de l'indemnité acceptée à l'amiable ou fixée par le jury à la requête des autres créanciers. Il pourrait venir alors, au rang que nous lui avons assigné, réclamer sa part de cette indemnité, que nous supposons n'avoir point encore été payée au propriétaire ou distribuée entre ses créanciers.

Si le créancier auquel l'immeuble a été donné en antichrèse était un créancier à terme, le débiteur qui par l'expropriation

— 239 —

perdrait la propriété de cet immeuble serait-il privé du bénéfice du terme envers cet antichrésiste?

Nous entendons bien que dans la mesure du prix fixé par le jury, l'antichrésiste a dû être immédiatement satisfait. On l'expropriait de son droit réel d'antichrèse : il a dû toucher une indemnité préalable; mais nous supposons que l'indemnité fixée n'est pas égale au montant de la créance que l'antichrèse garantissait. Dans ce cas aura-t-il pour le surplus le droit de se retourner immédiatement contre le débiteur? — En ce qui concerne les créanciers hypothécaires, l'affirmative n'est pas douteuse, car, dès que l'immeuble sur lequel porte leur garantie échappe à leur débiteur, et c'est ce qui arrive quand il y a expropriation, ils peuvent toujours exiger leur remboursement immédiat (article 2131 C. N.).

Mais l'article qui contient cette disposition n'est relatif qu'aux hypothèques, et nous ne sommes pas disposé à étendre à l'antichrèse l'application d'un texte tout exceptionnel.

Sans doute si l'immeuble donné en nantissement venait à périr par le fait du débiteur, le créancier, par application de l'art. 1188, pourrait exiger son remboursement immédiat. Mais ce n'est pas le cas où nous nous trouvons; car l'expropriation n'est pas autre chose qu'un cas fortuit pour le débiteur; et l'article 1188, en déclarant le débiteur déchu du bénéfice du terme, dans le cas où par son fait il aurait diminué les sûretés de son créancier, lui conserve par *à contrario* ce bénéfice, dans le cas où les sûretés auraient été diminuées par cas fortuit.

L'équité de ce système se remarque surtout si l'on suppose que la dette garantie par antichrèse ne produit pas d'intérêt, ou ne produit qu'un intérêt très-faible.

Ainsi je vous ai donné en antichrèse un immeuble valant 100,000 fr. pour la garantie d'une dette de 120,000 fr. qui ne produit pas d'intérêts, et que je ne dois vous rembourser que dans quinze ans. L'État m'exproprie : quelle bonne raison y aurait-il de me forcer à vous payer immédiatement les 20,000 fr., montant de la différence entre les 100,000 fr. que vous avez déjà touchés et le chiffre effectif de ma dette, puisque, d'après notre convention, je ne devrais vous rembourser cette dette que dans quinze années, et qu'en vous la remboursant immédiatement, je vous ferais en réalité, par application des principes de la capitalisation de l'intérêt, obtenir 40,000 fr. et plus, au lieu de 20,000 fr. qui vous sont dus? Est-ce que je serais forcé de vous rembourser immédiatement, dans le cas où l'immeuble que vous avez exigé de moi comme votre garantie aurait péri totalement ou serait en partie diminué de valeur, par l'effet d'un cas fortuit?

On nous dira qu'en matière d'hypothèque, l'art. 2131 conduit à ce résultat injuste; mais c'est précisément pour cela qu'il ne faut pas l'étendre en dehors des cas où la loi l'admet formellement.

CHAPITRE VI.

EFFETS DE LA TRANSLATION DE PROPRIÉTÉ A L'ÉGARD DES LOCATAIRES ET SOUS-LOCATAIRES.

§ Ier. — Des Locataires.

L'expropriation prononcée a pour effet de résoudre immédiatement les baux consentis sur l'immeuble exproprié. Il est tout aussi impossible que le droit d'un locataire soit conservé, qu'il serait impossible de maintenir le droit d'un usufruitier ou d'un usager sur un immeuble affecté à des travaux d'utilité publique. C'est l'utilité publique même qui commande la résolution des droits des particuliers. Cette résolution sera subie par le locataire comme par l'expropriant.

Dès le moment de la translation de propriété naît la dette de l'indemnité. A cette indemnité le locataire a un droit immédiatement acquis, et ce droit ne pourrait lui être enlevé par aucune déclaration contraire; il en serait ainsi, lors même que le locataire serait resté en possession des lieux atteints par l'expropriation, lors même qu'il y serait demeuré sans que l'administration protestât, lors même que son bail primitif serait arrivé à son terme d'échéance, sans que l'administration se fût mise en possession des lieux; elle ne serait pas dispensée pour cela de lui payer l'indemnité à laquelle il a eu droit dès l'abord.

Les mêmes effets résulteraient également bien du jugement qui, en vertu du décret du 26 mars 1852 relatif aux rues de Paris, prononcerait l'expropriation de la totalité des immeubles atteints, lorsque les parties restantes de ces immeubles ne seraient pas d'une étendue ou d'une forme qui permette d'y élever des constructions salubres; un pareil jugement prononce véritablement, même par rapport à la partie d'immeuble qui n'est pas nécessaire pour les travaux, une expropriation pour cause d'utilité publique.

Il suit de là que les locataires de la partie d'immeuble atteinte par application du décret de 1852 peuvent se prévaloir de la ré-solution des baux, et réclamer l'indemnité à laquelle l'article 39 de la loi de 1841 leur donne droit. Ils le peuvent aussi bien que les locataires de la partie de ce même immeuble, affectée aux travaux (Cass. 0 août 1864).

Mais devrait-on également reconnaître cet effet résolutoire à l'acquisition faite par l'administration, et en vertu de l'article 50 de la loi de 1841, de la totalité de l'immeuble?

Ainsi, par exemple, le propriétaire d'un bâtiment dont il n'é-tait nécessaire d'acquérir qu'une portion pour cause d'utilité publique a requis qu'on le lui achetât en entier.

Le locataire que nous supposons locataire de tout le bâtiment pourra-t-il demander à l'administration une indemnité pour la résiliation totale de son bail?

D'abord, une remarque qui se présente naturellement est que l'acquisition faite en vertu de l'article 50 n'ayant lieu que d'après une demande adressée par le propriétaire au magistrat directeur du jury, on ne peut pas à proprement parler dire que cette ac-quisition soit faite pour cause d'utilité publique, puisque, au moment où le propriétaire la requiert, l'expropriation est déjà prononcée, la translation de propriété des immeubles nécessaires a déjà eu lieu, et d'ailleurs l'exécution des travaux n'exige nullément l'emploi de la partie de bâtiment qui est en dehors du plan parcellaire; si donc cette acquisition n'a pas le caractère d'une acquisition pour cause d'utilité publique, on ne peut pas non plus lui en attribuer les effets, et en particulier, dans le cas qui nous occupe, le bail, pour ce qui concerne la partie acquise en vertu de l'article 50, ne sera pas résolu de plein droit; il ne le serait qu'autant qu'il plairait au locataire de se prévaloir du droit que lui reconnaît l'article 1722 C. N.

On retomberait en un mot dans l'hypothèse d'une vente ordinaire, et cet article 1722 ainsi que les suivants du C. N. devraient être appliqués. L'administration aurait à respecter pour toutes les parties d'immeuble qu'elle n'a acquises qu'en vertu de la disposition de l'article 50 de la loi de 1841, le bail à date certaine, dans lequel n'aurait pas été réservée pour l'acquéreur la faculté d'expulser le locataire.

Pour la partie contenue dans le plan parcellaire, le bail sera résolu et elle devra indemnité selon les principes que nous verrons plus bas :

Pour les parties en dehors de ce plan, elle respectera le bail, sauf bien entendu le droit, pour le locataire, de demander une réduction de prix, que les tribunaux ordinaires auraient à fixer s'il ne s'entendait pas à l'amiable avec l'administration, ou de demander la résiliation même du bail.

Nous avons dit que dès le moment de la translation de propriété le locataire dont le droit est résolu ne peut plus prétendre qu'à une indemnité. Cette indemnité sera distincte de celle allouée au propriétaire et réglée ou à l'amiable ou par le jury d'expropriation, proportionnellement à la perte que le locataire éprouve. On lui enlève toujours le bénéfice de quelque droit personnel; il est juste qu'on l'en indemnise.

Les locataires sont du nombre des intéressés qui, aux termes de l'art. 21 de notre loi, doivent être dénoncés à l'administration par le propriétaire. Cette dénonciation conserve leur droit à l'indemnité. Mais ce droit à une indemnité pourra être fort différent selon la nature du bail, selon les clauses qui auraient accom-

pagné la convention. Il importe d'examiner les diverses modifications que le droit du locataire peut subir.

Quand il n'y a pas de bail écrit, c'est-à-dire lorsque le bailleur
peut toujours donner congé à son locataire, il est certain que
l'expropriation n'ouvrira pour celui-ci aucun droit à indemnité,
si l'administration qui succède au droit de propriétaire signifie
le congé au locataire, en observant les délais fixés par l'usage
des lieux (art. 1736 C. N.).

Mais si l'administration avait besoin de procéder immédiatement aux travaux, elle exproprierait en réalité le locataire du
droit qu'il a à ces délais, et dans ce cas elle lui en devrait compte
dans une indemnité particulière.

S'il y a bail écrit, et que ce bail vienne à expirer avant que les
immeubles soient devenus la propriété de l'administration, il est
clair que le preneur n'aura droit à rien (art. 1737 C. N.). Cependant, si, à l'expiration du bail, il était laissé en possession et s'il
y était encore au moment de la translation de propriété, il se
trouverait dans la situation d'un preneur qui n'a point de bail
écrit, et alors ce que nous venons de dire pour ce genre de
preneur devrait lui être appliqué, c'est-à-dire que l'administration, en lui signifiant le congé dans le délai fixé par l'usage des
lieux, se trouverait déchargée de l'obligation de lui payer une
indemnité, sauf pourtant le cas où les travaux étant exécutés
presque aussitôt, le locataire expulsé n'aurait pas eu en réalité
le temps qui lui était accordé par la loi.

Si le bail est authentique, ou sous seing privé mais de date
certaine, et s'il n'a pas été dit que dans le cas de vente, l'acquéreur pourrait expulser le fermier ou locataire, celui-ci, privé
par l'expropriation de tous les avantages de son contrat fatalement rompu ainsi que nous l'avons dit, aurait droit à une
indemnité, et cela, quand même en fait l'administration le lais-
serait en possession.

Sous ce rapport elle diffère d'un acheteur ordinaire qui res-
pecte nécessairement le droit réservé au preneur, et ne lui doit
rien. La raison de la différence, c'est que l'expropriation sup-

prime tous les droits que des tiers peuvent avoir sur la chose ou par rapport à la chose.

Et, à cet égard, il faut mettre la cession amiable consentie à l'administration par le propriétaire sur le même pied que l'expropriation par jugement.

Prenons maintenant le cas où le bail, authentique ou à date certaine, a réservé à l'acquéreur le droit d'expulser le fermier ou locataire.

Considérons d'abord le locataire dans ses rapports avec l'administration :

Aux termes de l'article 1748 C. N., « l'acquéreur qui veut « user de la faculté réservée par le bail d'expulser le fer- « mier ou locataire, en cas de vente, est en outre tenu d'avertir « le locataire au temps d'avance usité dans le lieu pour les « congés :

« Il doit aussi avertir les fermiers de biens ruraux au moins « un an à l'avance. »

De cette disposition, il résulte que si le locataire ou fermier n'est pas averti selon les prescriptions de la loi civile, il doit toujours recevoir de l'administration une indemnité ; indemnité distincte et fixée par le jury, à raison du préjudice qui résulte pour lui de n'avoir point été averti, ou de l'avoir été trop tard pour pouvoir s'établir ailleurs dans des conditions avantageuses.

Dans cette même hypothèse que déciderons-nous quant aux rapports du preneur et du bailleur ?

Admettrons-nous que tout doit se passer entre ces personnes selon les dispositions du C. N.; que par conséquent le preneur évincé aura contre son bailleur action pour se faire payer ou les dommages-intérêts fixés par l'acte de bail, ou à défaut de stipulation à cet égard, l'indemnité que déterminent les articles 1745, 1746 et 1747 C. N., indemnité qui en cas de contestation serait fixée non plus par le jury, mais bien par les tribunaux ordinaires ?

Ou dirons-nous au contraire que les dommages-intérêts n'étaient stipulés que pour le cas où l'expulsion du loca-

taire, proviendrait du fait du bailleur, qui, par une vente
volontaire de son immeuble, en serait la cause première; que
l'expropriation étant un cas de force majeure le bailleur ne doit
à son locataire aucuns dommages-intérêts, et que ces dommages-
intérêts ne peuvent être demandés par le locataire qu'à l'administration, auteur de l'éviction qu'il subit?

D'après cela, les dommages-intérêts dont il est question aux
articles 1745, 1746 et 1747 C. N. entreraient dans l'évaluation
faite par le jury de l'indemnité due au locataire.

Ce système nous semble préférable. En effet, soit qu'il y ait eu
cession à l'amiable, soit qu'il y ait eu jugement d'expropriation,
le bailleur pourra toujours dire au preneur : « Il n'a pas dépendu
de moi d'empêcher qu'on ne m'enlevât l'immeuble dont aujour-
d'hui l'administration vous expulse; en conséquence, je ne vous
dois rien ; adressez-vous à elle. »

Du reste, l'article 1749 suppose que, même quand il y a eu
vente ordinaire, l'acquéreur peut être obligé de payer les dommages-intérêts au locataire évincé. « Les fermiers ou locataires,
dit cet article, ne peuvent être expulsés qu'ils ne soient payés
par le bailleur *ou, à son défaut, par le nouvel acquéreur*, des dommages-intérêts ci-dessus expliqués. »

Nous pensons donc que quand le bail aura réservé à l'acquéreur le droit d'expulser le fermier ou locataire, le jury devra
toujours allouer à celui-ci l'indemnité calculée d'après le taux
des dommages-intérêts qu'il pourrait réclamer à son bailleur
aux termes du droit commun.

De plus, quand le locataire ou fermier n'aura point été averti
conformément à l'art. 1748, l'administration lui devra en outre
une indemnité proportionnée à l'inconvénient résultant pour lui
de la perte des délais de congé.

Le bailleur ne serait responsable, envers son preneur, de ces
dommages-intérêts que si, ne l'ayant pas dénoncé à l'administration, il l'avait mis hors d'état de venir les réclamer au jury.

Nous nous sommes placé jusqu'ici dans l'hypothèse d'une
expropriation totale; raisonnons maintenant dans l'hypothèse

16

d'une expropriation partielle. En cas d'expropriation partielle, l'indemnité du locataire doit se régler avec l'administration, eu égard seulement à la partie d'immeuble comprise dans le tracé. Quant à la partie que les travaux ne doivent pas atteindre, le locataire ne pourra jamais, quelque illusoire que soit la conservation de sa jouissance sur cette partie, réclamer une indemnité à l'administration. Il ne doit recevoir d'indemnité distincte qu'à raison de ce que l'expropriation lui fait perdre ; or, sa jouissance peut subsister sur la portion non utilisée pour les travaux. Seulement, relativement à cette partie, les principes du droit commun seront maintenus et le locataire pourra ou rester en possession des lieux, en obtenant une réduction du prix du loyer, ou demander la résiliation du bail. A cet égard, il sera statué par les tribunaux ordinaires.

Lorsque, dans l'hypothèse d'une expropriation partielle, le propriétaire se trouvera en cas de requérir, en vertu de l'art. 50 de la loi de 1841, l'acquisition intégrale de son immeuble, les choses se passeront de la même façon ; le locataire touchera une indemnité représentative de la jouissance que les travaux lui enlèvent. Quant à la partie achetée par l'administration sur la réquisition du propriétaire, il restera locataire, ayant contre l'administration le droit qu'il aurait eu contre le propriétaire de demander une réduction du prix de loyer ou la résiliation du bail.

Il en sera ainsi toutes les fois que le bailleur n'aura pas, par le contrat de bail, réservé à l'acquéreur la faculté d'expulser le fermier ou locataire. Mais si cette faculté a été réservée à l'acquéreur et que l'administration use de son droit d'expulser le preneur, ce dernier pourra-t-il demander à son bailleur un dédommagement ?

Si c'était un cas fortuit qui le privât d'une portion de sa jouissance sur l'immeuble, le bailleur ne lui devrait certainement rien (art. 1722 C. N.). Mais ici les circonstances sont autres.

Le propriétaire, en usant du droit que lui reconnaît l'article 50 de la loi de 1841, est la cause première de l'expulsion que subit le preneur. S'il a exigé qu'on lui reprenne tout l'immeuble, c'est que sans doute il y a vu son avantage ; en conséquence, le preneur qui par le fait du bailleur est empêché de rester en possession des lieux pourra se faire payer par lui des dommages-intérêts, par application des principes généraux en matière de bail (art. 1184, 1741, 1761 C. N.).

Nous pensons cependant que, dans l'espèce, le jury d'expropriation pourrait tenir compte au bailleur exposé au recours du preneur des inconvénients qui vont résulter pour lui de ce recours ; et conséquemment lui allouer une indemnité plus forte ; car si, rigoureusement, il est vrai de dire que le bailleur donne lieu par son fait à l'expulsion du preneur, au moins n'est-il pas vrai de dire qu'il y ait eu pure fantaisie de sa part. Si les travaux d'utilité publique ne rendaient pas illusoire pour lui la conservation d'une partie, il n'aurait pas exigé l'acquisition du tout.

D'ailleurs, quand même il n'a pas exigé l'acquisition du tout, la résiliation du bail peut encore être demandée par le preneur, et alors quelle bonne raison aurait-on pour dire que le jury ne devrait se préoccuper que de la valeur intrinsèque de la partie d'immeuble atteinte par l'expropriation ? Aucune assurément. Dans ce cas encore, le jury devrait calculer l'indemnité due au bailleur, d'après le préjudice qui pourra résulter pour lui de la diminution du prix de loyer ou de la résiliation de bail que le locataire sera en droit d'exiger.

Le locataire, pour réclamer une indemnité, pourrait-il se prévaloir d'un bail qui n'aurait pas date certaine antérieure au jugement d'expropriation ?

D'après le droit commun, les actes qui n'ont pas date certaine ne peuvent (art. 1328 C. N.) pas être opposés aux tiers, ils n'ont de valeur qu'entre les parties ; or, ici on peut bien dire que l'expropriant n'est qu'un tiers par rapport au locataire ; que, par conséquent, celui-ci ne peut opposer à l'exproprant un bail qui n'a pas date certaine ; on ajoute aussi que des collusions sont à craindre : il pourrait arriver que le locataire, dans le but de toucher une indemnité à laquelle en réalité il n'aurait aucun droit, fabriquât un bail, postérieurement au jugement d'expropriation. L'administration serait ainsi fraudée.

Enfin, aux termes de l'art. 1750 C. N., l'acquéreur peut expulser sans dommages-intérêts le fermier ou le locataire dont le bail n'est pas authentique ou n'a pas date certaine : si donc le locataire a droit à une indemnité (art. 39, loi du 3 mai 1841), c'est qu'il doit présenter un bail authentique, ou sous seing privé mais de date certaine. Cette doctrine a été établie par un arrêt de cassation du 2 février 1847 et admise depuis par un arrêt de la Cour de Paris du 16 mai 1854, et par un arrêt de la Cour de Lyon du 16 mars 1855.

Dans un autre sens, et pour soutenir que la date certaine n'est pas exigée, on a dit (mais cela est bientôt dit) que le défaut de date certaine du bail n'expose pas l'expropriant à un danger bien sérieux ; que si l'administration pense que le bail n'a été fait que dans le but d'obtenir une indemnité plus forte, elle aura toujours la ressource de requérir du tribunal l'annulation de ce bail.

L'article 684 C. Pr., relatif à la vente sur saisie immobilière, dit en effet que « les baux qui n'auront pas acquis date certaine « avant le commandement pourront être annulés, si les créan- « ciers ou l'adjudicataire le demandent » ; or, l'administration est dans une situation assez analogue à celle de l'adjudicataire sur saisie immobilière.

Il nous semble facile de contester cette analogie. Quand une saisie immobilière a été pratiquée, que le prix d'achat suffit pour satisfaire tous les créanciers, et qu'ils ne se plaignent pas ; quand l'adjudicataire lui-même ne trouve aucun inconvénient à admettre l'existence d'un bail même sous seing privé, on conçoit très-bien qu'il maintienne des baux dont il touchera le prix, ou que, s'il ne les maintient pas, il remette au locataire évincé le dividende proportionnel au droit que ce locataire aurait à une indemnité contre le saisi.

Mais l'administration n'est pas dans la situation de l'adjudicataire ; si le bail qui n'a pas date certaine existe pour elle, il faudra qu'elle paie une indemnité au locataire, ce qui ne l'empêchera pas de payer aussi une indemnité à l'exproprié.

On peut être bien certain, si on lui fait l'application de l'art. 684 C. Pr. et si on la traite comme l'adjudicataire, qu'elle fera toujours déclarer la nullité des baux qui n'auront pas date certaine, et, comme la nullité, devra nécessairement être prononcée, car l'art. 684 est loin de donner un pouvoir discrétionnaire au juge; cette procédure n'aura eu d'autre résultat que de soumettre l'administration à des lenteurs et à des délais.

En second lieu, on remarque que le principe dominant relativement au droit des locataires, c'est qu'ils peuvent prétendre à une indemnité, laquelle leur est due par l'administration (article 21 et 30). S'il en est ainsi, qu'importe que l'existence de la convention qui donne droit à indemnité soit prouvée d'une façon ou de l'autre? Qu'importe que le bail ait ou non une date certaine antérieure à la translation de propriété, pourvu qu'il soit bien prouvé que ce bail existe?

Il importe évidemment beaucoup, attendu que, conformément au principe de l'effet des actes sous seing privé à l'égard des tiers, le bail qui n'a pas date certaine est comme n'étant pas pour l'administration; l'administration ne devra aucune indemnité au locataire, parce qu'il n'y a pas de locataire pour elle; cet argument qu'on nous oppose n'est donc qu'une pure pétition de principe.

Enfin on s'appuie sur ce que l'article 1743 C. N. est essentiellement contraire à ce qui se pratique en matière d'expropriation pour cause d'utilité publique; cet article porte en effet que « l'acquéreur ne peut expulser le fermier ou le locataire « qui a un bail authentique, ou dont la date est certaine ». Or, dit-on, si l'article 1743 n'est pas applicable à l'expropriation pour cause d'utilité publique, l'art. 1750 ne lui est pas applicable non plus, car ces deux articles se rattachent à un même système, et il est impossible d'exclure l'un de notre matière sans exclure également l'autre.

Mais nous ne comprenons pas cette tendance à mettre l'administration expropriante dans une situation plus mauvaise

que celle qui serait faite à tout autre acquéreur. Parce que
l'administration expulse le locataire, ce que ne pourrait pas
faire un acquéreur ordinaire, et ainsi a un avantage sur des
particuliers, il ne s'ensuit pas qu'elle ne doive pas au moins
avoir l'avantage qui appartiendrait à tout particulier de faire
déclarer inexistant un bail qui n'a pas date certaine !

Si l'immeuble est occupé par une personne à qui le premier
acquéreur venu pourrait contester la qualité de locataire, nous
ne voyons vraiment pas pourquoi cette personne serait un
locataire au regard de l'administration.

Le système qui reconnaît que le locataire a droit à indemnité,
même quand son bail n'a pas date certaine, a été admis par
la Cour de cassation dans un arrêt du 17 avril 1861. Elle a
décidé en cet arrêt qu'un bail n'ayant pas date certaine vis-à-vis
des tiers donnait droit néanmoins à une indemnité pour le
fermier ou locataire, pourvu qu'il fût constaté et reconnu que
ce bail avait été passé *de bonne foi et sans fraude.*

Nous préférons de beaucoup sa décision antérieure de 1847.

Les actes sous seing privé ne font foi contre les tiers que lorsqu'ils ont date certaine; entre les parties, ils ont la même force
que l'acte authentique. L'administration n'est certainement point
partie dans le bail : qu'est-elle donc ? Un tiers. En conséquence,
le bail qui n'a pas date certaine ne peut lui être opposé. Elle ne
devra aucune indemnité au locataire armé d'un pareil bail.

Mais ce locataire pourra-t-il recourir contre quelqu'un ? Lorsque le bailleur vend volontairement l'immeuble loué, il doit
évidemment une indemnité au preneur qui va ainsi voir rompre
son bail, lequel n'ayant pas date certaine, n'existe pas vis-à-vis
de l'acquéreur. Mais dans la matière qui nous occupe la rupture
du bail est le résultat d'un événement de force majeure : le bailleur, quoiqu'il ait reçu le prix représentatif de sa propriété, ne devra donc pas indemniser le locataire; seulement il aurait à lui
rendre une part des sommes qu'il aurait pu toucher à titre de
pots de vin, ou les loyers perçus par anticipation, à raison d'une
jouissance qui ne peut plus avoir lieu désormais.

Les partisans de l'opinion contraire à la nôtre trouvent sans doute fort rigoureux le système que nous soutenons. Nous le trouvons quant à nous parfaitement équitable ; mais, dans tous les cas, il nous paraît essentiellement juridique et rationnel, et nous ne croyons pas permis d'y substituer des décisions fondées sur des impressions personnelles.

Du reste, le preneur pourra toujours, pour peu qu'il soit soucieux de ses intérêts, se ménager une indemnité vis-à-vis de l'administration. Il lui suffira pour cela de faire enregistrer son bail avant que l'expropriation n'ait eu lieu ; il a le droit en effet de donner date certaine à l'acte, tant que l'administration n'est pas devenue, à l'égard de tous, propriétaire de l'immeuble.

La déclaration d'utilité publique, la détermination des terrains à exproprier, aucune des mesures en un mot qui précèdent l'expropriation ne peuvent lui enlever le droit de régulariser sa position vis-à-vis des tiers.

§ II. — *Des sous-locataires.*

Les sous-locataires, doivent, comme nous l'avons dit, se faire connaître eux-mêmes à l'administration dans la huitaine de la publication du jugement d'expropriation ou de la cession amiable (art. 15, § 1 et art. 21, loi de 1841).

S'ils se présentent dans ce délai, leurs droits à l'indemnité sont conservés, l'administration doit leur faire des offres, et s'ils ne les acceptent pas, elle doit les appeler au règlement de l'indemnité par le jury.

Les droits des sous-locataires seraient également conservés si le locataire principal, averti lui-même en temps utile, faisait connaître ses sous-locataires à l'administration dans le délai de huitaine accordé à ces derniers pour se présenter.

Il est certain que le propriétaire, bien qu'il n'y soit point obligé, pourrait aussi les faire connaître.

Dans tous ces cas, les sous-locataires prendraient part au règlement de l'indemnité avec l'administration.

— 252 —

Mais lorsque n'ayant été dénoncés ni par le propriétaire ni par le locataire principal, ils négligeront de se présenter dans la huitaine, seront-ils absolument déchus vis-à-vis de l'expropriant de tout droit à l'indemnité ? On pourrait le croire d'après la disposition de l'article 21 § 2, qui est générale. Toutefois, la Cour de cassation a pensé que cette déchéance n'était pas absolue. Par arrêt du 9 mars 1804 [1], elle a admis « que l'admi-« nistration, avertie en temps utile qu'elle doit indemnité pour « la totalité de la jouissance locative comprise dans le bail prin-« cipal, est désormais sans intérêt et sans droit à opposer « aucune déchéance à la demande qui lui est faite de cette « indemnité, que ladite demande soit formée par le principal « locataire qui a satisfait aux conditions de la loi, ou qu'elle soit « formée par le principal locataire et les sous-locataires qui ne « sont que ses représentants ou ses ayants-droit.

« Que ces derniers peuvent dès lors exercer leur action en se « révélant à l'administration tant que les choses sont encore en-« tières, et jusqu'au moment où, faute par eux de s'être fait con-« naître, l'administration a obtenu du jury vis-à-vis du locataire « principal le règlement de l'indemnité afférente à la jouissance « locative dont il est resté seul titulaire. »

Cette opinion est également professée par MM. Peyronny et Delamarre [2]. Nous ne la partageons point; la fin de l'article 21 semble bien vouloir éviter à l'administration des incidents, dès que le délai de huit jours qu'il donne aux intéressés pour faire valoir leurs droits est expiré; conséquemment, les sous-locataires ne pourront point venir entraver une cession amiable, en débattre les conditions et le montant, requérir la fixation de l'indemnité par le jury, enfin exprimer des prétentions autres que celles du locataire, quand ils ne se seront pas fait connaître dans ledit délai.

Et remarquons que le locataire principal ne pourra pas réclamer à l'administration, soit amiablement, soit devant le jury, une

1. D. 1864. 1. 111.
2. Commentaire de l'expropriation, nos 286 et 289.

indemnité calculée eu égard à ce qu'il pourrait devoir à ses sous-locataires à titre de dédommagement ; un pareil procédé attribuerait en réalité aux sous-locataires ce que , d'après nous , la loi leur refuse, et serait de plus contraire au texte de l'article 39 qui prescrit au jury la fixation d'une indemnité distincte pour chacun des intéressés.

Dans ces circonstances , le sous-locataire déchu vis-à-vis de l'administration sera-t-il absolument privé de tout recours ? Nous n'irions pas jusqu'à le prétendre.

Supposons d'abord que le locataire principal ait été dénoncé par le propriétaire à l'administration.

Il aura reçu du jury une indemnité calculée d'après la valeur de la location ; le jury n'aura aucunement fait entrer dans son évaluation la valeur exceptionnelle que pouvait avoir la sous-location. Mais en recevant indemnité pour une maison considérée comme n'étant point l'objet d'une sous-location , il a reçu plus qu'il ne lui était dû, il a reçu une somme dans laquelle l'indemnité des sous-locataires était comprise ; car si les sous-locataires étaient venus réclamer devant le jury l'indemnité à laquelle ils auraient pu prétendre, le locataire principal aurait reçu une somme moindre.

Celui-ci devra donc, à notre avis, compte à son sous-locataire d'une fraction de cette indemnité qu'il aura touchée , fraction correspondante à la valeur de la sous-location.

Seulement le locataire principal n'aura aucunement à lui tenir compte de la valeur exceptionnelle que pouvait avoir la sous-location. Si le sous-locataire voulait obtenir cette valeur exceptionnelle, c'était à lui à se faire connaître en temps utile afin de pouvoir la demander au jury.

Ainsi, supposons une maison donnée à bail pour neuf ans, sous-louée en entier pour trois ans , dont l'expropriation aura valu au principal locataire une indemnité de 60,000 fr. Le sous-locataire devra se contenter de 20,000 fr. et ne pourra point prétendre que, à raison de son industrie, sa location de trois ans représenterait plus que cette somme.

Supposons maintenant que le principal locataire n'ait point été dénoncé par le propriétaire, et par suite ait perdu son droit contre l'administration. Pourra-t-il réclamer au propriétaire une indemnité qui couvre non-seulement ses propres droits, mais encore ceux de ses sous-locataires?

Nous ne le pensons pas, et cela par le motif que, quand même cette dénonciation du locataire principal aurait eu lieu, la situation des sous-locataires n'aurait point été modifiée. Cette dénonciation aurait, il est vrai, conservé les droits du locataire principal, mais elle n'aurait pas conservé les droits des sous-locataires, puisque le locataire principal lui-même aurait pu n'être informé de l'expropriation que par la notification à lui faite des offres de l'administration, notification qui n'a lieu qu'à un moment où le droit des sous-locataires vis-à-vis de l'administration peut être déjà perdu.

Le locataire principal ne peut donc pas prétendre que le défaut de dénonciation porte préjudice à ses sous-locataires.

Seulement il est bien entendu que le locataire principal pourra toujours réclamer, du propriétaire en faute à son égard, une indemnité calculée comme l'aurait calculée le jury. Or, au regard de l'administration, le locataire principal était locataire de toute la maison considérée comme n'étant point l'objet d'une sous-location. Il en est de même au regard du propriétaire; en effet celui-ci n'est pas censé connaître les sous-locataires; il ne devra donc qu'une indemnité calculée eu égard à la valeur de la location principale. Mais, comme nous l'avons dit, dans cette valeur de la location principale il y aura toujours une fraction correspondante à la valeur de la sous-location; c'est cette fraction que le sous-locataire pourra toujours demander au locataire principal.

En principe, le preneur a non-seulement le droit de sous-louer, mais il a même le droit de céder son bail. Selon nous, la cession de bail diffère particulièrement de la sous-location, en ce que, moyennant la signification de la cession, ou son accep-

tation dans un acte authentique par le locateur de l'immeuble,
il a le droit d'exiger directement que celui-ci le fasse jouir.
Dans ces circonstances le propriétaire aura dû lui-même dénoncer à l'administration le cessionnaire du bail, et s'il ne l'a pas
fait, ce cessionnaire aura contre lui tous les droits que nous
avons vus plus haut exercés par le locataire principal.

———

Nous terminerons ici le travail que nous nous sommes imposé; et nous ne nous dissimulons pas ses imperfections; il aurait
appelé peut-être bien d'autres développements; mais, si nous les
lui avions donnés, nous serions évidemment sorti des bornes
judicieusement assignées à de simples thèses; ajoutons que
nous eussions fait preuve d'une présomption qui nous eût justement ravi une bienveillance dont plus que personne nous res-
sentons le besoin, et dont nous espérons qu'on ne nous croira
pas indigne.

PROPOSITIONS.

———

DROIT ROMAIN.

I. Le sénat romain n'a jamais eu qualité pour déclarer l'utilité publique d'une expropriation.

II. Il n'y avait pas à Rome, préalablement à l'expropriation pour cause d'utilité publique, une procédure d'enquête organisée.

III. Le *censitor* n'avait pas pour mission de prononcer l'expropriation.

IV. Le propriétaire qui avait le droit de requérir l'acquisition totale de son terrain entamé pour la construction d'un aqueduc, n'avait pas ce même droit quand il était exproprié pour l'exécution de travaux publics d'une autre nature.

V. Il n'était pas de principe en droit romain que l'indemnité dût consister en une valeur plutôt qu'en une autre.

VI. Il n'était pas de principe que l'indemnité dût être préalable à la dépossession.

VII. Sous l'empire romain, lorsque des fonds provinciaux précédemment donnés à bail étaient employés à des travaux d'utilité publique, une indemnité était due aux preneurs de ces fonds.

VIII. Une indemnité était due aux preneurs des fonds donnés à bail par les municipes.

IX. Dans les actions de droit strict les intérêts ne courent pas même à partir de la *litis contestatio*.

X. En principe les *pacta adjecta in continenti* dans un contrat *stricti juris* sont garantis par voie d'action.

XI. Le possesseur de bonne foi faisait, dans le principe, les fruits siens, par la perception.

XII. Les pactes et stipulations n'établissent pas les servitudes comme droits réels.

XIII. La loi 34 *Mandati* est en opposition avec les lois 11 et 15 *De rebus creditis*.

DROIT FRANÇAIS.

I. Quand les biens d'un mineur ou d'un interdit sont atteints par l'expropriation, le tuteur, pour consentir la cession amiable de ces biens, doit obtenir l'autorisation du conseil de famille.

II. C'est une erreur de dire que le jugement d'expropriation est translatif de propriété au domaine public.

III. En cas de percement d'un tunnel, le propriétaire peut obliger l'administration expropriante à lui acheter non-seulement le sous-sol, mais encore le dessus.

IV. D'après la loi du 23 mars 1855, les créanciers hypothécaires et privilégiés ne peuvent s'inscrire après la transcription. En matière d'expropriation pour cause d'utilité publique, il faut décider que, nonobstant cette loi, ils ont encore, pour s'inscrire, le délai de quinzaine que leur accorde l'article 17 de la loi du 3 mai 1841.

V. D'après la loi de 1855, les actes constitutifs d'usufruit, d'usage ou de servitude, doivent être transcrits; mais on ne doit point admettre que la transcription de ces actes les porte suffisamment à la connaissance de l'administration, et que le propriétaire soit dispensé de faire connaître à celle-ci ces divers ayants-droit.

VI. L'usager a droit à une indemnité distincte de celle du propriétaire.

VII. L'usufruitier n'a pas droit à une indemnité spéciale pour son déplacement.

VIII. Le locataire ne peut pas, pour réclamer une indemnité à l'administration, se prévaloir d'un bail qui n'a pas date certaine antérieure au jugement d'expropriation.

IX. Les sous-locataires doivent se faire connaître eux-mêmes à l'administration.

X. Quand un immeuble donné en antichrèse a été exproprié, l'antichrésiste créancier à terme qui n'a obtenu du jury qu'une indemnité inférieure au montant de sa créance n'a pas le droit pour le surplus de se retourner immédiatement contre son débiteur.

XI. Le mineur émancipé ne peut pas plus recevoir en *commodat* sans une autorisation du conseil de famille et une homologation du tribunal qu'il ne pourrait sans cette autorisation et cette homologation recevoir en *mutuum*.

XII. Les pigeons des colombiers, les lapins des garennes et les poissons des étangs ne sont pas des immeubles par destination.

XIII. Tout usager d'un fonds qui se conforme à l'article 626 C. N. a le droit d'être mis en possession de l'immeuble.

XIV. La renonciation gratuite que ferait un des héritiers au profit d'un ou plusieurs de ses cohéritiers serait nulle ou constituerait une renonciation pure et simple, mais ne serait pas un acte d'acceptation.

XV. L'héritier bénéficiaire peut, sans observer de formes, faire dans l'intérêt de la succession tous les actes, à l'exception de ceux qui lui sont formellement interdits.

XVI. Les créanciers héréditaires qui se sont inscrits à fin de séparation des patrimoines dans les délais établis par la loi, ne concourent pas sur le prix provenu de la vente des immeubles de l'hérédité avec les autres créanciers du défunt.

XVII. Pour faire une donation entre-vifs ou un testament, il faut nécessairement être sain d'esprit au moment de l'acte, mais il suffit qu'à ce moment la personne quelle qu'elle soit jouisse de sa raison.

XVIII. Les créanciers d'une personne ne peuvent jamais attaquer que les actes faits par leur débiteur en fraude de leurs droits, sauf peut-être le cas où ils se plaindraient d'une renonciation à la prescription.

XIX. Chaque débiteur solidaire peut être poursuivi pour l'intégralité de la clause pénale quand la chose due sous cette clause a péri par la faute ou pendant la demeure de l'un d'eux.

HISTOIRE DU DROIT.

I. Les fiefs ne sont pas d'origine romaine, mais bien d'origine franque.

DROIT CRIMINEL.

I. Les personnes juridiques ne peuvent jamais être agents pénalement responsables de délits, sauf l'exception écrite dans la loi du 10 vendémiaire an IV.

II. Quand il y a impossibilité absolue à l'existence du crime, il ne peut y avoir ni tentative, suspendue ou achevée, ni effet manqué ; il n'y a pas de fait punissable.

III. Le jour où le délit a été commis ne doit pas être compté dans le délai requis pour la prescription de l'action publique.

IV. L'acquittement prononcé par une cour d'assises n'est pas un obstacle à une poursuite correctionnelle.

DROIT DES GENS.

I. La renonciation préalable et expresse au droit de ratification peut seule lier un souverain aux engagements contractés par son plénipotentiaire.

II. Les préparatifs de guerre que fait une nation, en temps de paix, ne justifient pas une attaque de la part d'une nation voisine, mais seulement les précautions que la prudence rend indispensables.

Vu par le Président de thèse,
VUATRIN.

Approuvé :
L'Inspecteur général,
CH. GIRAUD.

Permis d'imprimer :
Le Vice-Recteur,
A. MOURIER.

POITIERS. — IMPRIMERIE DE HENRI OUDIN.

POITIERS
TYPOGRAPHIE OUDIN.

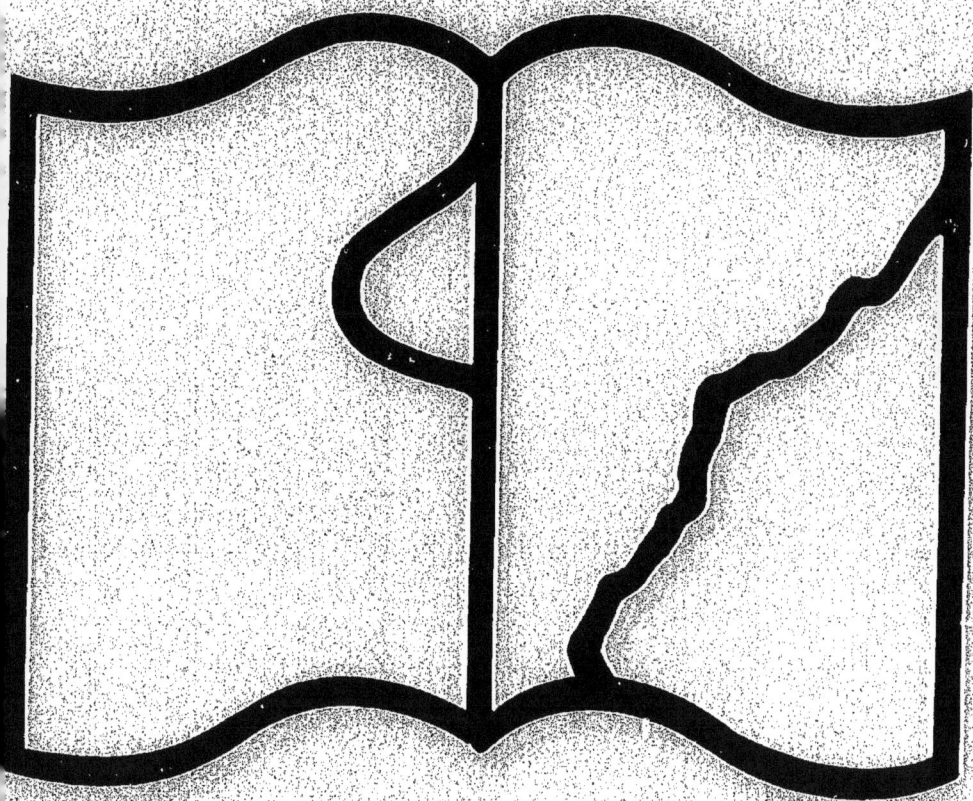

Texte détérioré — reliure défectueuse

NF Z 43-120-11

www.ingramcontent.com/pod-product-compliance
Lightning Source LLC
Chambersburg PA
CBHW060349200326
41519CB00011BA/2085